本书为国家社科基金重大招标项目"秦汉时期的国家建构、民族认同与社会整合研究"（项目编号：17ZDA180）成果

秦汉国家建构、民族认同与社会整合论集

李禹阶 李 勉 主编

中国社会科学出版社

图书在版编目（CIP）数据

秦汉国家建构、民族认同与社会整合论集/李禹阶，
李勉主编．—北京：中国社会科学出版社，2023.3
ISBN 978 - 7 - 5227 - 1419 - 6

Ⅰ.①秦…　Ⅱ.①李…②李…　Ⅲ.①中国历史—
秦汉时代—文集　Ⅳ.①K232.07 - 53

中国国家版本馆 CIP 数据核字（2023）第 024709 号

出 版 人	赵剑英
责任编辑	吴丽平
责任校对	杨　林
责任印制	李寡寡

出　　　版	中国社会科学出版社
社　　　址	北京鼓楼西大街甲 158 号
邮　　　编	100720
网　　　址	http://www.csspw.cn
发 行 部	010 - 84083685
门 市 部	010 - 84029450
经　　　销	新华书店及其他书店

印　　　刷	北京明恒达印务有限公司
装　　　订	廊坊市广阳区广增装订厂
版　　　次	2023 年 3 月第 1 版
印　　　次	2023 年 3 月第 1 次印刷

开　　　本	710×1000　1/16
印　　　张	21.5
插　　　页	2
字　　　数	275 千字
定　　　价	108.00 元

序

　　秦汉是古代中国自三代以来天翻地覆的时代。秦汉统一国家的建立，是中国统一王朝国家与汉民族形成的新起点，是一次由宗法分封制国家政体和以"诸夏"为标志的早期华夏民族向统一的君主集权制国家和统一的汉民族转化的枢纽期。它使统一的王朝国家和汉民族在产生、发展的进程中，进入一种新的国家建构与民族认同的自觉状态，一种各区域社会间政治、经济、文化、宗教的整合状态，因此具有划时代的里程碑意义。

　　秦汉时代所建立的大一统君主专制集权体制，奠定了两千多年来中国帝制国家的政治、经济、文化等制度。从历史演进看，西周建立的广域王朝国家，其分封制与世卿世禄制度，构成王权与治权层层分割的特征。它使"普天之下莫非王土，率土之滨莫非王臣"仅仅流连于一种天下、国家的政治理想。而秦代自商鞅变法后，在西秦逐步确立的君主专制集权的官僚主义政体，开始形成王权与治权的统一，过去各级领主治下的民众成为国家的编户齐民，由此真正实现了一统国家的政治体制。其后，随着秦的一统六合，驰骋天下，将这种君主集权体制推向全国，开辟了全国范围内的君主专制的官僚政治体制，由此使古代中国进入两千余年的帝制国家时代。但是，古代中国帝制的完善，却是在汉家制度中实现的。在秦二世而亡的基础上建立起的汉代制度，通过"汉承秦制"，并将"秦制"与"周道"相融合，最终完成了中国古代帝制国家制度的构建。故熊十力先生认为："汉以后二千余年之局，实自汉人开之。凡论社会、政治，与文化及学术者，皆不可不着重汉代也。"① 何怀宏先生则在否定谭嗣同等人关于两千年之政皆秦政的认识，认为秦朝建立的高度的中央集权以及郡县制和官员制，由于没有确立一种比较符合人性和人道的统治思想，故很快分崩离析。"所以，我以为比较符合事实的说法是，传统中国的两千年间，非'秦制'也，而是皆为'汉制'，而且是经过了'周文'洗礼和落实的'汉制'。"② 这些认知，应该是比较符合历史实际的。

正是在继承、改造秦旧制基础上，汉代国家进行了大范围的制度创新，重构了国家与社会的治理机制、意识形态，以及国家与民族之间的融合与认同，由此奠定了两千多年来中国帝制时代的制度、文化的基础，并在春秋战国的"诸夏"基础上实现了华夏民族与国家的认同，走上了大一统帝制国家中国家构建、民族认同、社会整合的演进道路。

但是，这种国家构建与民族认同、社会整合的历程并不是直线式发展的，而是经历了一个曲折往复的过程。秦汉亘古未有之变局，实质是以新的国家大一统政治、法律、思想、文化的力量对过去分散的区域社会进行全面渗透、整合的国家体制的建设。它对长期处于宗法贵族统治与血缘等级制下的关东六国的贵族、民众，有一个身份变化、族群认同的转换问题；也存在战国以来华夷交错的各区域社会不同的族群和民族，有一个对统一的汉民族认识转化的问题。它使秦汉时代的国家，在对各个区域（如秦统一后的关东六国）的社会整合中，出现了国家、族群、地方社会在整合、调控中的矛盾、冲突、博

---

① 熊十力：《读经示要》，载萧萐父主编《熊十力全集》第三卷，湖北教育出版社2001年版，第766页。

② 何怀宏：《影响中国两千年的并非秦制》，《环球人物》2014年第5期，第16页。

弈，以及其作用力与反作用力。也正是在这种冲突、博弈中，经过新旧王朝的替代，而不断达到了相对平衡的局面，从而使国家认同与民族认同、社会整合不断走向一致。

这里需要强调的是，在秦汉之际的国家构建与社会整合中，族群问题是一个重要问题。秦汉时代的华夷演变浪潮，是与秦汉国家的开疆拓土以及各个区域社会间的整合分不开的。族群认同是各区域社会整合的基础条件。从早期秦国的发展，一直延续到西汉及东汉时代，都是通过属地族群认知的转化，来形成政治国家认同基础上的族群、民族的融合，并且使不同历史阶段的分散族群、民族在融合中形成政治、法律意义上的"秦人""汉人"，并通过对国家的政治认同建立起内在的与国家、社会的相互联系。所以，以华夏境内的民族、族群对政治国家的认同为基础，反过来加快了区域社会在国家力量下的调控、整合进程。在秦汉国家、社会、民族的关系中，国家的政治力量是主要的推动力量，它通过国家能够运用的政治、经济、军事、文化、法律资源，大力推行其政治制度与社会整合机制，来巩固国家"化内"之地及民族边界线周边的区域性的统治，并由此确立起政治国家领域内的多元一体的民族格局，构建一种共同的民族理念与精神。所以，先秦诸夏民族向统一的汉民族的转型与汉民族认同，是被时人作为大一统国家建构及社会整合的基石来看待的。它包括诸夏向汉民族的转型，使原有分散的关东六国不同族群在汉民族旗帜下融合，并且对汉民族认同渐趋一致；同时在秦汉国家边疆内外相互错居的"戎蛮夷狄"开始对"汉民族"的认同，四方"蛮夷"的"华夏化"，使汉民族不断发展壮大；以及秦汉国家周边的各区域性国家或民族，与秦汉国家逐渐形成从属关系，从而构成以汉国家为中心的藩属朝贡体系。这几个因素使国家、民族、社会三者之间的关系有了新的变化，导致新的"天下"观及华夏政治国家理念和民族精神的初步形成，由此确立了汉民族精神的主流，并在其后两千多年的分分合合的时间里，成为中华民族凝聚的精神信念。

还应该看到，由于秦汉时代是以一种新的国家体制的构建，通过国家政治、法律、经济、文化的力量对关西、关东各区域社会进行全面渗透、整合，因此它既涉及秦汉国家的政治、经济、法律、官僚等制度层面的全面改革，也包括对各个区域基层社会的思想、文化、风俗的影响和变迁。实际上，秦汉大一统制度与官僚政治的建立，使长期处于宗法贵族统治与血缘等级制下的关东六国基层社会，产生了民众的社会心理、宗教信仰、社会生活、身份转换和认同意识转化等问题。这些问题涉及齐、楚、韩、魏、赵、燕、巴蜀等不同区域社会中曾经生活在不同的宗法结构下的旧贵及广大民众。因此，政治国家对社会的整合，其影响波及民风各异的齐、楚、韩、魏、赵、燕、巴蜀等区域社会，并且涉及这些区域社会从上至下各阶层，包括这些地域的广大民众对于政治国家的认同。也就是说，秦汉时期，在国家与社会、族群之间，在思想意识、法律文化、赋税制度、宗教信仰等方面，都存在着对立、统一中的冲突与调适的曲折反复过程。正是这个过程，使秦汉国家政体的构建与政治格局变迁复杂化。而在这种国家政治体制及治国理念的逐步确立中，秦汉时期的社会整合，包括社会结构、阶层、族群、个人身份、地域及文化、宗教信仰等方面，都存在着新的从国家到基层社会的政治等级秩序的重塑与民族关系的调整。这种重塑与调整导致秦汉国家、民族、社会三位一体的互动，并形成古代中国帝制社会两千余年来与世界其他文明古国不同的特殊演进道路。

本论集系由我主持的国家社科基金重大招标项目"秦汉时期的国家构建、民众认同与社会整合研究"（17ZDA180）的阶段性成果。论集以秦汉时期的国家、民族、社会的整合、认同、调控的互塑、互动关系为切入点，纵向、横向地阐释三者之间错综复杂的冲突、融合、调控的对立统一关系，并且以这三者之间错综复杂的关系为主线，说明秦汉国家的政体构建、运作机制的演变、国家与地方社会的关系、民族认同与国家认同的内在同一性。但由于本书毕竟是该项目各个子课题作者的阶段性成果，故其主要体现了他们对该重大问题的某些研究点、面的思考。但是，我们从这些研究点、面仍然可以看出这些作者在该问题上的创新性及思考的深度、广度。同时，由于秦汉时期的国家构建、民众认同与社会整合问题涉及面较广，故其难免百密而一疏，或在某些观点上有偏颇之处，故特请学界方家、同人给予指正为感。

李禹阶

2021 年 10 月 20 日

目 录
CONTENTS

汉制新探
　　——论西汉前期的"汉承秦制"与"汉家法周"……… 李禹阶　1

秦文化的特殊性与秦统一 ………………………… 徐卫民　26

从毛家坪的考古发现谈秦的地方行政

　　制度史 ………………………… 史党社　田　静　38

王权支配与汉代豪族对国家与社会的重构 ………… 崔向东　53

嫡长之制与我国古代王权的合法性建构 …………… 汪　荣　58

"置主法之吏，以为天下师"和"以法为教""以吏为师"

　　——先秦法家由"国家本位"向"君主本位"政治

　　思想的转型 ………………………………… 刘　力　78

论秦汉时期婚姻成立的要件

　　——从《岳麓书院藏秦简》（叁）"识劫𢢸案"说起 …… 刘　鸣　96

封授与华夏化：从外封官爵的分类看汉代的

　　民族整合 ………………………………… 尤　佳　109

先秦秦汉时期陇右地区的族群互动与认同 …………… 刘志平 127

战国秦汉的国人意识与族群认同 ………………… 陈 鹏 155

从上博简《容成氏》篇看楚人的东方政治

　　地理观 ………………………………… 李禹阶 陈 昆 174

漏刻与时间观念 ……………………………… 董 涛 198

新出简牍所见秦与汉初的田租制度及相关问题 ………… 慕容浩 223

汉代三公的罢免问题 ………………………… 蒋 波 238

西汉西北地区长城地带探究

　　——以西汉政府控制区为例 ……………… 黄永美 251

越剑剑格纹饰与越国政教文明 ……………… 樊 森 268

秦汉时期的户人与家长 ……………………… 钟良灿 281

战国秦汉时期长臂猿的形象内涵 ……………… 李 勉 314

汉制新探

——论西汉前期的"汉承秦制"与"汉家法周"

李禹阶*

摘　要： 在西汉前期的"汉制"建构中，由于政治、经济形势需求，使汉代政治制度在继承、改造秦旧制基础上，其制度创新主要源于由儒家学者所改造的周代礼仪制度，并将宗法血缘尊卑之制作为"汉制"的重要组成部分，形成"汉制"中"汉承秦制"与"汉家法周"的制度架构。这种政治体制重新建构了汉代国家与基层社会的相互关系，并适应了汉朝廷对关东广大地域的统治。

关键词： 汉制；"汉承秦制"；"汉家法周"

基金项目： 国家社科基金重大招标项目"秦汉时期的国家建构、民族认同、社会整合研究"（项目编号：17ZDA180）

汉承秦制又有所新创，由此形成独具特色的"汉制"，是目前学术界的普遍认识。但是"汉制"除了继承秦制度外，其新创之制又源于何？本文认为从汉初开始，汉代制度除了继承、改造秦旧制外，其制度创新主要源于由儒家学者根据"殷周之迹"所改造的周代礼仪制度，并由此形成"汉制"中"汉承秦制"与"汉家法周"的制度架构。

* 重庆师范大学历史与社会学院教授。

一 汉初对"秦制"的扬弃

秦是战国时各国变法最彻底、实行君主集权制最具深度和广度的国家。应该看到，孝公时代的商鞅变法并不是简单的法律设定，而是作为战国兼并战争中秦在国家治理方面的系统性制度体系。这种治理体系表现在制度上，通过中央官僚体制与郡县制、乡里连坐制的相互结合，使秦的中央集权及官僚体制不仅巩固下来，而且通过户籍及二十等爵制等各种制度，使国家力量直接深入基层乡里社会。特别是二十等爵制，按照军功、农战来为官吏、民众设定相应等级，确定人们的社会地位尊卑，经济上的分配与消费等，使民众成为国家治下的编户齐民。所以，一方面，在制度层面，秦的君主集权及官僚体制，打破了西周以来的分封（封君）制度，使民众成为直接治下的税户，从而完成国家对基层社会在政治、经济、文化上的重建；另一方面，通过二十等爵制，使民众的生存权利与政治等级相结合，整个社会基本上按照个体军功所取得的爵位高低，来确定吏、民的社会等级尊卑及经济上的贫富。

汉继秦而立。由于汉代初兴，万事俱废，于是基本承袭了秦国家的中央集权的官僚政治体制。它主要表现在以下方面：第一，在中央继承了秦王朝三公九卿的官僚体制。在这个制度中，皇帝是天下最高的主宰者，具有政权、神权、军权、宗主权集一身的特征；第二，在地方上，继承了秦的郡县制度，以郡县作为汉王朝地方政府的主要单位；第三，在国家与社会的关系上，通过二十等爵制，继续加强编户齐民制度，强化国家对民众的统治，使农民成为受政府直接管辖并交纳赋税的编户；第四，汉初法律多沿袭秦制，如萧何定律令，韩信申军法等。同时在基层社会仍然以熟悉律令的文法吏为主治政。《汉书·刑法志》："汉兴……四夷未附，兵革未息，三章之法不足以御奸，于是相国萧何攈摭秦法，取其宜时者作律九章。"① 1983 年至 1984 年，湖北江陵张家山 247 号墓出土的《二年律令》，共有竹简 527 枚，包含了 27 种律和 1 种令，共 28 种。其内容包括杀人及伤人罪、经济犯罪、官员渎职及失职罪等刑事罪刑，从中可以看出汉初法律多继承秦法并有所改革的情况。有学者曾指出，"秦律虽重于汉律，但基本原则是一致的"，"早期汉律，至少在刘邦统治期间，对秦律更多的是直接继承"。②

因此，汉代草创之初，在"立制"上更具有对秦制的继承性、依托性特征。这种对于秦制在官僚政治体制、社会法律体系的继承，构成了汉初国家体制的主干部分。

二 "汉制"再建背景

但是，秦二世而亡，不得不使时人常常反思、警醒于秦亡教训。刘邦君臣作为亡秦的目睹者和参与者，十分清楚秦亡的原因。虽然汉兴之初，万事俱废，草创之余，其国家体制亦多沿袭秦旧制。可是秦汉之际的形势毕竟发生了很大变化。这种变化使刘邦及其后的君臣们不得不考虑在袭秦旧制基础上的"更法""改制"。

秦汉之际社会形势的变革有以下特点。

第一，从秦暴政的教训中，汉代君臣认识到必须改变秦帝国严刑酷法的社会治理方式。刘邦起义是以"天下苦秦久矣"③ 为号召，以鲜明的抗秦暴政的口号来激起关东民众共同反秦的斗志，"于是少年豪吏如萧、曹、樊哙等皆为收沛子弟二三千人，攻胡陵、方与、还守丰"④。在刘邦军队西进入关前，诸将曾议曰："不如更遣长者扶义而

---

① 《汉书》卷二十三《刑法志》，中华书局 1962 年版，第 1096 页。
② 卜宪群：《秦制、楚制与汉制》，《中国史研究》1995 年第 1 期。
③ 《史记》卷八《高祖本纪》，中华书局 1959 年版，第 350 页。
④ 《史记》卷八《高祖本纪》，第 350 页。

西，告谕秦父兄。秦父兄苦其主久矣，今诚得长者往，毋侵暴，宜可下。"① 这里一方面体现了刘邦及诸将对秦暴政的深恶痛绝；同时也暗含了一个历史告诫，即统治者必须改变秦的酷法与暴政，以仁厚"长者"治民，以仁义攻心，不能单凭强力行事。故入关后，刘邦即和关中父老"约法三章"，以宽政待民。"父老苦秦苛法久已……余悉除去秦法。吏民皆按堵如故。凡吾所以来，为父兄除害，非有所侵暴，毋恐！"② 汉建立后，汉代君臣对于秦亡教训仍时时提及。如《汉书·晁错传》记晁错对秦暴政的抨击："宫室过度，耆欲亡极，民力罢尽，赋敛不节……妄赏以随喜意，妄诛以快怒心，法令烦憯，刑罚暴酷，轻绝人命，身自射杀；天下寒心，莫安其处。"③ 所以，废除秦暴酷之法，行宽政，用德治，就成为其时急务。

第二，经过周秦间的历史兴替，刘邦君臣认为秦的单线型官僚集权体制及郡县制度还不能适应对中国广大地域的统治，其必将导致"激秦孤立亡藩辅"的状况，而这正是秦庞大帝国其兴也忽，其亡亦速的根本点。尤其是在秦末战争中，关中六国旧贵兴起，也导致在反秦旗帜下六国诸侯王争相竞立。这就产生了新的帝业与王业的冲突。正如田余庆先生所谓："秦降于楚，'亡秦必楚'的话终于应验了。但是另一个同时出现的结果，却是帝业回归于王业。要想再造帝业，必须经过一场严重的斗争，这就是刘邦、项羽之战。"④ 因此这场战争引发诸侯竞起，同时也义是一次新的"再造帝业"的统一战争。在这种情况下，单纯地以旧秦之帝业治理方式来统治关东各地尚手执重兵的诸侯，显然已与时势不合。因此以重建诸侯与郡县制相互结合的办法，就成为刘邦君臣的重要决策。管东贵先生曾指出汉初政权的改

① 《史记》卷八《高祖本纪》，第356—357页。
② 《史记》卷八《高祖本纪》，第356—357页。
③ 《汉书》卷四十九《爰盎晁错传》，第2296页。
④ 田余庆：《说张楚——关于"亡秦必楚"问题的探讨》，《历史研究》1989年第2期。

造，道路有三。一是仍封异姓；二是封宗室子弟；三是废除封建，改为直辖中央的郡县制。但是刘邦经过仔细思考后，采取了封建宗室子弟的道路。原因就在于当时的形势变化，通过血缘关系控制一定的封建区域，可以吓阻中央直辖的郡县生变。① 因此，汉初采用秦的单线型官僚体制及郡县制度显然还不能适应对关东广大地域的统治。故《汉书·高五王传赞》记汉初刘邦"以海内初定，子弟少，激秦孤立亡藩辅，故大封同姓，以填天下"②。《汉书·诸侯王表·序》亦对此曰："汉兴之初，海内新定，同姓寡少，惩戒亡秦孤立之败，于是剖裂疆土，立二等之爵。……尊王子弟，大启九国。"③ 刘邦君臣认识到，在当时关东社会乃至帝国南北疆域尚不稳定的情形下，单纯的郡县制官僚政体在全国的急剧推行，显然还缺乏关东六国的旧贵、豪强，以及一般民众的认同。同时秦的大一统使帝国疆域广大，北边与南疆地势犬牙交错，民族结构复杂。如果完全依秦旧制，则易出现"激秦孤立亡藩辅"的易兴易失之势。这正是秦"至其晚节末路，张耳、陈胜连从兵之据，以叩函谷，咸阳遂危。何则？列郡不相亲，万室不相救也"④ 的重要原因。所以在刘邦取得政权以后，"惩戒亡秦孤立之败"，重建从中央到地方的政治结构，弥补秦末战争中"列郡不相亲，万室不相救"的制度性缺陷，是当时汉王朝面临的重大问题。⑤

当然，诸侯国的设立，与其时布衣将相之局与军功阶层的发展也有重要关系。高祖六年起，刘邦为了抚慰军功阶层，大封功臣列侯。

---

① 管东贵：《从宗法封建制到皇帝郡县制的演变——以血缘解纽为脉络》，中华书局 2010 年版，第 251 页。
② 《汉书》卷三十八《高五王传》，第 2002 页。
③ 《汉书》卷十四《诸侯王表》，第 393 页。
④ 《汉书》卷五十一《贾邹枚路传》，第 2338 页。
⑤ 汉初郡国并行制问题亦可参见陈苏镇《〈春秋〉与"汉道"——两汉政治与政治文化研究》第三章，中华书局 2011 年版。

但是军功阶层势力的扩大及吕氏外戚势力的发展，使刘氏皇权与军功
阶层和外戚势力处于博弈局面。因此高祖十二年，刘邦与群臣共立
"白马之盟"，即"非刘氏而王，天下共击之"。"白马之盟"是对同
姓诸侯王制度的一种制度性的肯定，刘邦订立"白马之盟"，实际上
是吕氏在中央朝廷权力一支独大、军功阶层势力不断膨胀中，以同姓
诸侯王藩卫皇室、抑制军功阶层的一种重要战略决策。李开元在评论
"白马之盟"时认为是保证"刘氏皇族对于宫廷和诸侯王国的支配
权"①的重要举措。故西汉前期，一方面，中央朝廷内军功大臣掌握
大权，辅佐皇帝治理国家；但另一方面，皇权又大立同姓诸侯王镇抚
四方，尤其是关东诸战略要地，以抑制中央执掌大权的权贵阶层。

　　第三，秦末反秦的首倡人陈胜、项羽等和主力军皆由楚地兴起。
其既属楚地之人，其习楚风，晓楚语，尊楚制，因此于起兵之际用楚
制来统属部众是自然之事。例如陈胜起兵时，初称"大楚"，为王后
乃号"张楚"。项羽起兵，由于"项氏世世为楚将，于楚制自有家传
渊源。楚旧制中诸多职官，皆见于项氏所立制中"，故为文献所载者
楚军中有诸如司徒、令尹、柱国、莫敖、连尹、连敖等旧楚官职号。②
而刘邦于汉中立国，后人主长安，一统天下，楚制显然有极大的局限
性。于是汉初君臣在修改旧楚制之余，亦在不断探索新的"汉制"内
容。在这里，我们要特别注意陆贾对议立"汉制"的贡献。据《史
记》本传，陆贾本为楚人，常随高祖左右，"时时前说称《诗》
《书》，高帝骂之曰：'廼公居马上而得之，安事《诗》《书》!'陆生
曰：'居马上得之，宁可以马上治之乎？……乡使秦已并天下，行仁
义，法先圣，陛下安得而有之？'"③ 陆贾根据秦亡天下的史实，提出

<hr>

　　① 李开元：《汉帝国的建立与刘邦集团：军功受益阶层研究》，生活·读书·新知三联书店2000年版，第209页。
　　② 参见卜宪群《秦制、楚制与汉制》，《中国史研究》1995年第1期。
　　③ 《史记》卷九十七《郦生陆贾列传》，第2699页。

建"汉"后"攻守异术"的思想，力谏刘邦由战时政策转向和平时期的"仁""礼"治国策略。在陆贾看来，秦"以法为教""以吏为师"，"事逾烦而天下逾乱，法逾滋而天下逾炽，兵马益设而敌人逾多"①。故他在汉既承秦之制时，反复主张以儒家"仁政"之学，重"德"轻"刑"，重"礼"轻"力"，以"礼制"改造秦之治政方针。在这里，需注意的是，陆贾《新语》并不是其兴来之笔，而是在与刘邦就"汉制"讨论中提出的一种新的政体建构思路。由于陆贾思想适应了当时形势，故陆贾《新语》，不仅获得了刘邦的赞扬，也得到了汉文武群臣的大力追捧。史载"陆生……每奏一篇，高帝未尝不称善，左右呼万岁，号其书曰《新语》"②。从文中来看，群臣左右高呼万岁，既是冲着刘邦这个君主的旨意，同时也是对汉初国家建构方针的认同。所以，陆贾《新语》，大致奠定了汉初国家治理与社会整合、控制的策略，其基本规模即是以"仁""礼"为主的治世方针。

第四，秦之迅速覆亡，也与其时的东、西异制有极大关联。谭其骧曾认为："自五四以来以至近今讨论中国文化，大多数学者似乎都犯了简单化的毛病，把中国文化看成是一种亘古不变且广被于全国的以儒学为核心的文化，而忽视了中国文化既有时代差异，又有其地区差异。"③ 在他看来，三辅"富人则商贾为利，豪杰则游侠通奸"，"郡国辐凑，浮食者多，民去本就末"；六郡（今甘肃东部、宁夏、陕北）则"不耻寇盗"；蜀士则以文辞显于世，但"未能笃信道德，反以好文刺讥，贵慕权势"。而关东中原的河内则"俗刚强，多豪杰侵夺，薄恩礼，好生分"；周地则"巧伪趋利，贵财贱义，高富下贫，

---

① 王利器：《新语校注》，中华书局1986年版，第62页。
② 《史记》卷九十七《郦生陆贾列传》，第2699页。
③ 谭其骧：《中国文化的时代差异和地区差异》，《复旦学报》（社会科学版）1986年第2期。

喜为商贾"；郑地"男女亟聚会，故其俗淫"，如此等等。① 秦虽然以疾风骤雨之势吞并六国，但是东西不同风，南北不同俗。除秦旧地外，关东六国的宗法血缘制及传统旧俗还大量遗留，而这种宗法体制与旧风俗显然和秦制中废除世卿世禄，家庭父子"别居异财"有着重大差异。如项羽宗族，据《史记》本传记载："项氏世世为楚将，封于项，故姓项氏。"② 而齐地田儋兄弟，《史记》本传亦记曰："故齐王田氏之族也。儋从弟荣，荣弟横，皆豪桀，宗强，能得人。"③ 故关东之地乃是宗法豪强植根之社会。因此，秦以其关中制度施行全国，有一个与关东区域社会风俗、民情不断弥合的过程。可是秦自大一统以来，以西秦的苛暴之法行与新占领诸地。云梦睡虎地 11 号秦墓中出土的《语书》是南郡守腾在秦始皇二十年对原楚地县、道官员发布的告示。其曰："凡法律令者，以教道（导）民，去其淫避（僻），除其恶俗，而使之于为善殹（也）。今法律令已具矣，而吏民莫用，乡俗淫失（泆）之民不止，是即法（废）主之明法殹（也）……"④从其可看出秦"以法为治""以吏为师"在新占领地区极力推行的情况。秦的急政苛法在关东地区的骤急推行，显然与这些地区的社会实际相左，而导致旧贵、官吏、民众的抵制与愤恨。因此，在秦末战争中，不论是旧六国民众如陈胜、吴广之流，下级官吏如刘邦、萧何、曹参、周勃、灌婴等人，以及齐、楚、魏等地的贵族、将军如项梁、项羽、魏咎、田儋、田荣等人，包括孔甲、张苍、郦食其、叔孙通等旧儒生，均成为反秦义军的首领或骨干。因此，大一统后以西秦之急政，治关东之诸地，就缺乏一个对东西、南北，包括黄河中下游与长

---

① 谭其骧：《中国文化的时代差异和地区差异》，《复旦学报》（社会科学版）1986 年第 2 期。

② 《史记》卷七《项羽本纪》，第 295 页。

③ 《史记》卷九十四《田儋列传》，第 2643 页。

④ 睡虎地秦墓竹简整理小组编：《睡虎地秦墓竹简》，文物出版社 1990 年版，第 13 页。

江流域等广大区域在社会、文化、风俗上的适应性问题。

第五，秦的科层式官僚体制的脆弱性，既是秦亡的重要原因，也是重建汉家制度的着力点。秦的官僚制度在本质上是一种科层体制。这种组织体制是以规则为管理主体的组织体系。它专注于管理的功能效率，强调对效率的追求，而淡化了对价值理想和意识形态的追求。在这种体制中，对统治者的服从是根据人们对法律和现实等级制的承认与认同，是以赏罚为主导的人身强制。从商鞅变法起，法律和爵等（赏罚）作为治国理政的工具，一切均以实际功利作为尊卑标准，平民依靠功绩可以进入统治阶层和官僚、属吏的队伍，国家与社会在结构上成为一个"逐渐抽去了世袭贵族一层，剩下的只是君主与被统治者两橛，没有许多中间阶层的逐级分权"①的二元性组织。这套组织体系，使秦在统一战争中能够形成统一的政治、经济、军事一体化格局，国家政令在基层乡村社会得以有效实施，"故以十里断者弱，以五里断者强。家断则有余，故曰：日治者王"②。但是这套官僚体制，需要大量官员对自身职位与职权的法律程序的熟悉和技术化的支持，需要有娴熟的行政管理经验。同时，这套官僚制的组织结构和管理体制，虽然能够提高组织内各方面办事效率，但由于它极度忽视组织成员的个性特征，各级官员的行动都受到规则的严格束缚，就使得组织成员的创造性、主动性受到压抑，容易滋生墨守成规、繁文缛节的官僚主义，从而变相导致组织结构的僵化。

秦统一后的情况正是如此。秦统一全国后，既缺乏大量经过秦法培训的官吏，也由于其官僚体制的刚性特征，使其不能灵活地、快速地沟通、反馈、处理各种突发事件。所以，尽管秦法在秦旧地具有对基层社会空前的整合强度和弥漫性、渗透性特征，但是当它施加于关

---

① 许倬云：《历史分光镜》，上海文艺出版社 1998 年版，第 46 页。
② 蒋礼鸿：《商君书锥指》，中华书局 1986 年版，第 40—41 页。

东地区后，其不足立即表现出来。这主要表现为国家对社会的整合缺陷及基层社会控制的灵活性。例如《史记·陈涉世家》记陈胜、吴广大泽乡起义，"攻陈，陈守令皆不在，独守丞与战谯门中。弗胜，守丞死，乃入据陈"，"当此时，诸郡县苦秦吏者，皆刑其长吏，杀之以应陈涉"。而秦之基层政权竟然缺乏有效的组织反叛与抵抗的能力。而《史记·项羽本纪》记项梁起兵，"梁复入，与守坐……于是籍遂拔剑斩守头。项梁持守头，佩其印绶。门下大惊，扰乱，籍所击杀数十百人。一府中皆慴伏，莫敢起。梁乃召故所知豪吏，谕以所为起大事，遂举吴中兵"[①]。其他各地亦大致如此。故柳宗元《封建论》慨叹曰："秦有天下，裂都会而为之郡邑，……不数载而天下大坏，其有由矣：亟役万人，暴其威刑，竭其货贿，时则有叛人而无叛吏，人怨于下而吏畏于上。""有理人之制，而不委郡邑，是矣。有理人之臣，而不使守宰，是矣。郡邑不得正其制，守宰不得行其理。"[②] 柳宗元清楚地看到秦的速亡既是其暴政苛法所致，也看到秦的官僚体制的僵化性即"郡邑不得正其制，守宰不得行其理"。其结果必然使秦从中央到郡县的层级制度充满着墨守成规、繁文缛节的僵化性、脆弱性，使秦中央政府在突发事件出现时，无力掌控郡县及基层社会的弱点立即被暴露出来。

因此，秦王朝二世而亡，并不是由于某个单一因素，而是诸种要素的合力所致。止是这些因素，使"积六世余烈"而一统天下的秦王朝迅速崩溃，而其迅速覆亡的教训亦成为汉王朝"立制"的借鉴。

三 西汉前期立制中的"汉家法周"

所谓"汉家法周"，取自《史记·梁孝王世家》记景帝时大臣

---

① 《史记》卷七《项羽本纪》，第297页。
② 柳宗元：《封建论》，载《柳宗元全集》第一册，中华书局1979年版，第71—73页。

袁盎等谓"方今汉家法周",即以周代之血缘宗法制为主线,并由儒家改造、美化的周代礼仪、继承制度,来弥补秦制之不足。司马迁曾评价法家说:"法家不别亲疏,不殊贵贱,一断于法,则亲亲尊尊之恩绝矣。……若尊主卑臣,明分职不得相逾越,虽百家弗能改也。"① 司马迁正是谈到了秦制之"尊主卑臣,明分职不得相逾越"的利,以及废除周代"亲亲尊尊之恩绝"的弊端。汉代草创之初,时日紧促,故其制度大都继承秦制,但经历秦末战争的刘邦君臣对秦制的不足亦了然心中,故在汉初议立制度时,便以"尊主卑臣"和"亲亲尊尊"作为"汉家制度"的重要组成部分。这种"汉家制度"的改立,从高祖起始,经历文、景时代,直到武帝才最终完成。

第一,汉初郡国并行制的产生。出于"激秦孤立亡藩辅"的考虑,故"汉兴之初,海内新定,同姓寡少,惩戒亡秦孤立之败,于是剖裂疆土,立二等之爵。……尊王子弟,大启九国"②,将国家中央政权的强化与区域社会控制紧密地结合在一起,将诸侯王国分封制与中央直属郡县制作为汉初国家的基本行政构成,由此形成了一套新的国家政治体制及社会整合、控制的方式。这种政治体制,沿袭了秦以来的三公九卿制,牢牢把握国家各个部门的政治权柄,集大权于中央;同时在地方推行将郡县制与分封制相结合的郡国并行制。郡国并行是在秦制基础上吸收了西周分封制理念的一种新的社会政治结构,它既通过建立皇权之"藩辅",巩固了中央王权;也因地制宜,通过关西与关东六国旧地不同的政治、经济、文化形势而采取不同的治理方式。例如汉初之封国,其疆域划分基本上以关东六国及东、南、北的边地、蛮野的族群居住地及风俗、民情为划分标准。"齐王信习楚风

---

① 《史记》卷一百三十《太史公自序》,第3291页。
② 《汉书》卷三十八《高五王传》,第2002页。

俗，更立为楚王"①"民能齐言者皆属齐"②。由于从关中至各地，交通遥远，控制不易，因此诸侯国的建立，更有利于镇辅诸边塞及战略要地。故《汉书·地理志》曰："汉兴，以其郡大，稍复开益，又立诸侯王国。"③即设立诸侯国本意便是"以其郡大，稍复开益"，随时保持中央对这些区域控制的意图。因此，西汉前期各诸侯国地处南北边鄙，大都系过去楚、赵、齐故地。

如果说在楚汉战争中，对韩信等功臣采取分封制是一种不得已的措施，那么在汉初剪除了异姓诸侯王后，刘氏分封同姓诸侯王则是一种保持天下稳定的战略决策。史载刘邦与群臣刑白马而盟，约定"非刘氏不得王，非有功不得侯。不如约，天下共击之"④，使郡国并行制度由战争时期的被动接受异姓王变为主动封立同姓王。这不仅是刘邦集团对周代分封制和秦代君主集权制的利弊得失缜密思考的结果，也标志着汉王朝在政治统治方式上的成熟。而为了抬高王国藩辅地位，汉初"掌治王国"权力在规制上明确划归诸侯王，"金玺盩绶，掌治其国"。其后"会孝惠、高后时，天下初定，郡国诸侯各务自拊循其民"⑤。其王国官职制度与中央政府官职大致相同。只有在景帝中五年后，由于中央与王国的矛盾激化，则令诸侯王不得复治国，天子为王国置吏，省御史大夫等官职。因此，郡国并行制是汉初皇权治下的一种宗法血缘制属性的屏卫体制，是积极吸取周秦以来统治经验的产物，它对"汉法"在各区域的迅速推行，保持南北边鄙地区的稳定发挥了重要作用。

第二，以"仁政""德治"弥补秦治法之不足。针对"秦以刑罚

---

① 《汉书》卷一下《高帝纪下》，第51页。
② 《史记》卷八《高祖本纪》，第384页。
③ 《汉书》卷二十八下《地理志下》，第1639页。
④ 《汉书》卷四十《张陈王周传》，第2047页。
⑤ 《史记》卷一百六《吴王濞列传》，第2822页。

为巢，故有覆巢破卵之患"① 的情形，早在汉初，思想家们就对秦的严刑峻法多有抨击。例如陆贾就认为，"夫形（刑）重者则心烦，事众者则身劳；心烦者则刑罚纵横而无所立，身劳者则百端迴邪而无所就"②。故他提出汉新立制，应当重"德"轻"刑"，重"礼"轻"力"，改造秦之治政旧略。为了推崇"仁""礼"，陆贾还从本体论的高度，将"礼""德"提到"天道""天地之性"的宇宙（社会）本体与规律的地位。"天地之性，万物之类，怀德者众归之，……故设刑者不厌轻，为德者不厌重。"③ 由此可以看出，陆贾十分重视"仁""礼"在汉初治国安天下中的作用。陆贾所谓的"仁"与"礼"，实际上即先秦儒家所倡扬的三代之礼，尤其是周代礼仪。故陆贾说"仁""礼""王道"，常以"五帝""尧、舜""汤、武""文王""周公"等"先圣"相并举。如《新语·明诚第十一》："昔汤以七十里之封，升帝王之位；周公自立三公之官，比德于五帝三皇；斯乃口出善言，身行善道之所致也。"如此等等，不一而足。在陆贾看来，"仁者道之纪，义者圣之学。学之者明，失之者昏，背之者亡"④；"仁者以治亲，义者以利尊。万世不乱，仁义之所治也"⑤，所以汉代君主应该像五帝三皇、文武、周公那样"握道而治，据德而行，席仁而坐，仗义而强"⑥。

史载陆生《新语》"每奏一篇，高帝未尝不称善，左右呼万岁。"⑦ 而"仁""礼"包含的"亲亲尊尊之恩"则在汉初得到了提倡与强化。从高帝始，汉皇室就逐渐重视儒家提倡的宗法、礼仪的文

---

① 王利器撰：《新语校注》，第 51 页。
② 王利器撰：《新语校注》，第 118 页。
③ 王利器撰：《新语校注》，第 117 页。
④ 王利器撰：《新语校注》，第 34 页。
⑤ 王利器撰：《新语校注》，第 34 页。
⑥ 王利器撰：《新语校注》，第 28 页。
⑦ 《史记》卷九十七《郦生陆贾列传》，第 2699 页。

化传统。《汉书》本纪载高祖刘邦于公元前196年发出了求贤诏，并亲自祭祀孔庙，"以大牢祠孔子"，开帝王祭孔、尊儒之先河。文帝时期，许多儒士被朝廷任用为官。如治《尚书》的伏生被任命为太常，治《诗》的申公、韩婴被征为博士，治《礼》的徐生善被任命为礼官大夫。景帝时期，以治"易"著名的丁宽，为梁孝王将军拒吴楚叛军有功，号为"丁将军"；治《春秋》的董仲舒、治《公羊春秋》的胡毋生、治《尚书》的张生被征为博士，韩婴被任命为常山太傅，王臧被任命为太子太傅。景帝时并始立《诗》《书》《春秋》的经学博士。经学博士的设立，表明了汉代重视、吸纳儒经和儒士的积极态度。

文、景年间，随着时日渐移，以"仁""礼"为汉"立制"，倡行"王道"之举更盛。尤其是在文帝时代的贾谊，大力抨击汉初之"承秦之败俗"，大力提倡立新去旧的"改制""更法"，要求通过改正朔，易服色，法制度，定官名，兴礼乐来重新审视汉初对秦制的继承，重建"汉制"之新标准、新内容。据《汉书·礼乐志》，在贾谊看来，"汉承秦之败俗，废礼义，捐廉耻，今其甚者杀父兄，盗者取庙器，而大臣特以簿书不报期会为故，至于风俗流溢，恬而不怪，以为是适然耳"，① 由此他向文帝建议："改正朔，易服色，法制度，定官名，兴礼乐，易服色……悉更秦之法。" 要求更改法度，创新"汉制"。《汉书》本传记曰："谊以为汉兴二十余年，天下和洽，宜当改正朔，易服色制度，定官名，兴礼乐。……文帝廉让未皇也。然诸法令所更定，及列侯就国，其说皆谊发之。"② 贾谊政治思想的根本，是用血缘宗法性的礼仪制度弥补秦法之单纯注重刑律之弊，以"礼制"来"别贵贱""等上下"，凸显中央君主集权制度。"夫立君臣，等上

---

① 《汉书》卷二十二《礼乐志》，第1030页。

② 《汉书》卷四十八《贾谊传》，第2222页。

下，使父子有礼，六亲有纪，此非天之所为，人之所设也。……秦灭四维不张，故君臣乖而相攘，上下乱僭而无差，父子六亲殄戮而失其宜。"①贾谊的更法、改制主张虽然因军功阶层的阻扰而未能全面实施，但是"诸法令所更定，及列侯就国，其说皆谊发之"②，说明贾生的"改制"主张，在"诸法令"及"列侯就国"等方面得到了部分实施。班固曾发议论曰："追观孝文玄默躬行以移风俗，谊之所陈略施行矣。"③宋人欧阳修亦认为："且以谊之所陈，孝文略施其术，犹能比德于成康，况用于朝廷之间……"④史载由贾谊提倡的"改历服色事"等事，其后亦在儒士公孙臣等努力下许多为朝廷所采纳。史载文帝十四年（前166年），鲁人公孙臣"上书陈终始传五德事，言方今土德时，土德应黄龙见，当改正朔服色制度"⑤。次年，"黄龙见成纪。文帝召公孙臣拜为博士，与诸生申明土德，草改历服色事。……夏四月，文帝始幸雍郊，见五畤祠，衣皆上赤"⑥。说明了贾谊革除汉初"承秦之败俗"的思想，为其后"礼""仁"进一步嵌入"汉制"奠定了基础。

在"汉制"建设中，周代的宗法血缘尊卑之制作为"汉制"的重要部分，在议决朝廷大事上也起着重要作用。《史记·梁孝王世家》记景帝时，朝堂围绕立刘武为皇太子事，发生了激烈争论。大臣袁盎等曰："殷道亲亲者，立弟。周道尊尊者，立子。""方今汉家法周，周道不得立弟，当立子。"⑦最后迫使权倾一时的窦太后停止立弟之议，而使梁王归就国。这说明"方今汉家法周"的"周制"在当时

① 贾谊撰，阎振益、钟夏校注：《新书校注》第三《俗激》，中华书局2000年版，第92页。
② 《汉书》卷四十八《贾谊传》，第2222页。
③ 《汉书》卷四十八《贾谊传》，第2265页。
④ 王兴国：《贾谊评传》，南京大学出版社2011年版，第319页。
⑤ 《史记》卷十《文帝本纪》，第429页。
⑥ 《汉书》卷二十五上《郊祀志上》，第1212—1213页。
⑦ 《史记》卷五十八《梁孝王世家》，第2091页。

的"汉制"中有着重要地位,并与"秦制"互补,构成"汉制"的重要内容。

第三,汉初即实行"以孝治天下",将周之血缘宗法制之伦理规范作为"治天下"的道德准则。秦代商鞅变法,为了达到巩固君主专制的目的,将国家政治思想充分地狭窄化、限域化。他除了将普通平民大众置于与国家对立的立场外,还对贵族阶层、官僚阶层等都给予一种不信任的贬斥态度,将他们视为君主专制的潜在威胁,由此开辟了其后韩非由治法向治术演进的宽阔空间。表现在政治伦理上,则是倡导忠于国事及忠于君主的"忠"。例如韩非解释"忠""奸"这对伦理范畴时,就认为"所谓忠臣,不危其君"①。同时强调"以奸民治善民",极力毁弃周代以来宗法血缘的家族伦理。② 汉初,鉴于秦制之弊,而将宗法血缘的"亲亲""尊尊"伦理制度,来作为黏合社会的内在机制,以适应当时关东诸地的宗法血缘制及民风旧俗。汉初"以孝治天下",正是以"亲亲""尊尊"的家族伦理来对秦毁蔑宗法血缘制,单纯强调国家伦理即"忠"的一种纠偏,由此达到由家族伦理向国家政治伦理的演进。从汉初开始,惠、文、景帝等均强调"孝"的重要性,将"孝"上升成为家族伦理与国家政治道德互补的伦理范畴。如惠帝四年(前191年)令天下察举"孝悌力田"者,免其徭役;高后元年,初置"孝悌力田"两千石一人;文帝二年(前166年),下诏举贤良方正能够直言者,并且下诏慰老抚老:"老者非帛不暖,非肉不饱。今岁首,不时使人存问长老,又无布帛酒肉之赐,将何以佐天下子孙孝养其亲?今闻吏禀当受鬻者,或以陈粟,岂称养老之意哉!具为令。"③ 文帝十三年,更以诏令的形式,将"孝"

---

① 王先慎撰,钟哲点校:《韩非子集解》,中华书局1998年版,第467页。
② 李禹阶:《〈商君书〉"以奸民治善民"论探析》,《重庆师范大学学报》(哲学社会科学版)2006年第2期。
③ 《汉书》卷四《文帝纪》,第113页。

作为一个国家的政治道德范畴而诏行天下："孝悌，天下之大顺也。力田，为生之本也。三老，众民之师也。廉吏，民之表也。"①

儒家经典《孝经》，大约也形成于汉初。《孝经》是对于儒家孝道原则及相关伦理进行总括式论述的书，也是当时社会上下以"孝"作为治世法则的表现。②《孝经》大力宣扬三代"先王"的宗法血缘伦理思想，明确地将"孝"作为宇宙、天地的本体与规律。例如《孝经·三才章》："子曰：夫孝，天之经也，地之义也，民之行也。天地之经，而民是则之，则天之明，因地之利，以顺天下。是以其教不肃而成，其政不严而治。先王见教之可以化民也，是故先之以博爱，而民莫遗其亲。"③《孝经》还将作为宗法家族伦理的"孝"，延伸于国家伦理的"忠"属性。例如《孝经·士章》就明确提出："故以孝事君则忠，以敬事长则顺。忠顺不失，以事其上，然后能保其禄位，而守其祭祀，盖士之孝也。"④ 这样，孝就成为贯穿家族与社会、国家的一种规范社会等级秩序的政治伦理。孝不仅仅是一种单纯的尊老敬老的行为，还是儒家"三纲五常"伦理道德的基础。正是因为《孝经》适应了当时的社会实际，所以在汉初被作为汉代国家思想意识的主体内容而得到大力阐扬。而在西汉前期，皇权为了标示"孝"在帝制国家思想建设中的极端重要性，在帝王谥号中均加上"孝"字，如"孝文""孝景""孝武"等，以示国家对于孝道的昭彰。因此，从汉

---

① 《汉书》卷四《文帝纪》，第 124 页。

② 目前关于《孝经》的成书时代问题，仍然是一个有争论的问题。《汉书·艺文志》："《孝经》者，孔子为曾子陈孝道也。夫孝，天之经，地之义，民之行也。举大者言，故曰《孝经》。"故此，有的人认为其成书于春秋末期，由孔子自撰；亦有人认为《孝经》由孔子学生曾子、曾子门人或者子思记录；还有人认为《孝经》是汉儒伪作。但是，从目前学术界对于《孝经》的研究来看，大多数学者还是认为《孝经》思想的形成在于战国后期，而成书于汉代初期。

③ 李隆基注，邢昺疏：《孝经注疏》，载李学勤主编《十三经注疏（十二）》，北京大学出版社 1999 年版，第 19—20 页。

④ 李隆基注，邢昺疏：《孝经注疏》，载李学勤主编《十三经注疏（十二）》，第 14 页。

"以孝治天下"以及帝王对"孝"的推崇，我们可以看出以宗法血缘为基础的政治、伦理思想，已成为"汉制"建构的重要思想内容，亦是汉代规范社会教化，奠定社会等级秩序的道德伦理基础。

第四，通过二十等爵制的改革，重新建立国家与基层乡里社会的关系。秦的爵制系统是在商鞅变法后逐步完善的。爵制系统以赏军功、农战，作为对官吏与民众赏罚的爵禄制度，将吏、民的人身权利，政治、经济利益都纳入国家的控制之中，使往日宗法贵族奴役下的民众转化为国家的编户齐民。秦汉之际，汉法仍承旧制，延续了秦的二十等爵制，来作为国家与社会相互联系的秩序机制。虽然都是使用二十等爵制，可是秦汉之际的爵制内涵却发生了重要变化，而这种变化正是秦汉间国家与社会关系变革，及"汉制"不同于"秦制"的表现。

秦在商鞅变法中，通过爵制系统驱使吏、民投身农、战，并且极力推行国家对乡里社会的全面渗透、控制。"国治：断家王，断官强，断君弱。……故曰：夜治者强。君断则乱，故曰：宿治者削。"[1] 它使秦的国家与社会相互渗透、联系，成为"教之化民也深于命，民之效上也捷于令"[2] 的严密的组织体系。同时，秦对于爵制的授予，基本按照军功、农战之绩。战国时期爵制在各国大都实行过。《商君书·徕民篇》比较秦与三晋对爵位授予的标准时曰："三晋之所以弱者，其民务乐而复爵轻也。秦之所以强者，其民务苦而复爵重也。"[3] 即三晋之弱，是由于朝廷授爵、免租役甚易；而秦之所强，是由于秦朝廷授爵、免租役甚严。三晋与秦之强弱，授爵之严易、轻重是其重要原因。所以，在秦制中，社会上下均以国家政令与军功为严格的授予标准，在乡里社会中亦是以爵制划分尊卑秩位，由此形成基层乡里社会

---

① 蒋礼鸿撰：《商君书锥指》，第40—41页。
② 《史记》卷六十八《商君列传》，第2234页。
③ 蒋礼鸿撰：《商君书锥指》，第89页。

序"长"不序"齿"的等级秩序。

日本著名学者西嶋定生曾经对秦汉之际的二十等爵制进行了详细研究。在他提出诸多见解的同时，亦认为其时国家的爵制等级，在基层乡里社会中实施的内在条件是传统血缘宗法制的"齿序"（以长幼为序）基础。所以，"从实质来说，则是把来自齿位的序列，通过赐爵而使之变为显在的秩序，给潜在于民间的秩序形成之可能性，依靠赐爵而使之明朗化了"①。西嶋定生指出了自生的乡里秩序的齿位，与来自外部的作用的他律的国家秩序即爵位制度在本质上是可以协调的。而且正是由于爵位制度的实行，使过去一直流行于乡里的传统的"齿位"更加显性化、明朗化。

西嶋定生的研究给了我们极大启示。但是我们应该看到，秦汉之间的二十等爵制既在功能、内涵方面有极大区别，也延伸至国家与社会关系的二元化差异与合一中。这是因为在不同的国家授爵机制下，齿位与爵制的关系是不同的，而齿位与爵制正是国家与基层乡里社会相互关系的重要标志。例如在秦代厉行以军功、农战为标准的授予体制下，爵位充分表现出国家机器的意志。同时它也是国家对基层社会的吏、民进行人身权利与政治、经济利益控制的重要手段。这种手段实现是以废除宗法血缘制，强化大家庭的父子别居、兄弟异产为基础的，所以它是以"长"来整合秩序的尊卑上下。从这个意义上看，爵制也是摧毁传统宗法血缘制中"尚齿"以序的武器。通过二十等爵制，秦王朝建立了完备的国家对基层社会的整合、控制体制，并能将全国资源及人力投入其时的兼并战争。这也是秦与三晋在兼并战争中强弱的差别所在。

汉建立后，和平环境使秦代的战时军功授爵法失去实施基础。于

---

① ［日］西嶋定生：《中国古代帝国的形成与结构》，武尚清译，中华书局2004年版，第421页。

是"居马上得之，宁可以马上治之乎"的治理理论就将国家的战时政策转换为和平时代的治理策略。而关东旧地血缘宗法旧制及其影响，也使统治者不得不考虑关东、关西各区域的人文社会环境。因此，一方面，汉代国家提倡"以孝治天下"的思想意识；另一方面，则在爵制授予方式上实行了某些改变，如每逢国家发生重大政治事件或有重要庆典活动时，皇帝都会下令赐予天下民众爵位，以示优下。例如汉高祖五年诏赐天下民爵；惠帝即位、吕后临朝则"赐民爵一级"；景帝中改元"赐民爵一级"①；景帝三年六月平定七国之乱"赐民爵一级"② 等。这种方式使汉初民众多次赐爵中均有平等的授爵机会。它导致了几个结果。其一，民爵授予有轻滥之势。如若长久实行之，则年龄越长的人，遇上赐爵机会越多，其爵级也就越高。其结果是高年者的爵级累加起来则成高爵。低年者因为爵级少而成低爵者。③ 其二，随着普赐民爵，使民爵数量加大，而二十等爵制中民爵的等级不断拔高。秦时民爵大致为大夫以下的不更、簪袅、上造、公士四级，而汉初则将大夫爵最高的五大夫以下至大夫均以为民爵。这就提升了官爵的界限，使民爵数量大大增加。其三，它使过去严格的按爵授予田宅的制度日益松弛，许多民众授爵却得不到相应的田宅。如西汉哀帝时的师丹上书曾追述文帝时"民始充实，未有并兼之害，故不为民田及奴婢为限"④ 的情况。所谓"不为民田及奴婢为限"，实际上即是国家对民众名田宅已放松了等级限制。其四，普施民爵后，汉代出现官重于爵，官爵分离的趋势。爵位高低不再是决定人们身份等级的基本依据，而官职的高低、资产的多寡都影响着人们身份等级的尊卑。如

---

① 《汉书》卷五《景帝纪》，第 144 页。
② 《汉书》卷五《景帝纪》，第 143 页。
③ 关于汉代爵位授予的具体情况，请参见［日］西嶋定生《中国古代帝国的形成与结构》，第二章《民爵赐予的方法与对象》，武尚清译，中华书局 2004 年版。
④ 《汉书》卷二十四上《食货志上》，第 1142 页。

在居延汉简中就有不少爵位高者为田卒、戍卒，爵位低者却为隧长等史料。

这种种情形，从基层乡里社会的变迁看，其重要的一点就是爵位与齿位的渐趋一致。由于汉初以来和平时期战争稀少，除既得利益的军功阶层外，国家与民授爵大多带有安抚（复原军士）与恩宠性质。这种普遍的与民赐爵，应该说逐渐接近于《商君书·徕民篇》所提及的三晋"其民务乐而复爵轻也"的状况。它的结果是民爵相对松弛的条件下重新建立了乡里社会的长者即"齿"的尊严，使传统的"齿位"尊严得到恢复。尽管国家爵制仍然占据主动性，但是"通过赐爵而使之变为显在的秩序，给潜在于民间的秩序形成之可能性"却实实在在地体现了出来。《礼记·祭义》有："壹命齿于乡里，再命齿于族，三命不齿。族有七十者弗敢先。"①汉代乡里社会的"齿"序原则通过国家的"长"序爵制原则而变相得到提升，达成"齿""长"皆序的发展效果，由此重构了汉代的国家与社会关系。这种关系使汉国家在其后逐渐淡化了秦代国家对基层乡里社会的连坐、"别居""异产"等整合机制，而逐渐转向政治—宗法相结合的方式构建乡里社会。尤其是随着时光流逝，国家爵制系统渐渐淡化，家庭关系、规模逐渐出现新的变化。从汉初的亲缘性小家庭逐渐发展到汉中期的亲缘性大家庭，而到汉后期宗法性的乡里大家庭及非亲缘性豪门家族不断出现，爵制系统也在逐渐名存实亡。

第五，继承秦法亦改造秦法。汉初沿袭秦法，萧何依据秦"律"治"九章律"，仍然是治理国家的主要法律形式。但是随着国家与社会关系的变化，秦律中的内容也在不断改变。其中最重要的是法律中的"仁政""德治"与"律法""刑治"开始结合，而法家法治与儒

---

① 郑玄注，孔颖达疏：《礼记正义》，载李学勤主编《十三经注疏（六）》，北京大学出版社1999年版，第1341页。

家注重血缘宗法的思想亦逐渐融合，以致儒家经典的议狱、决狱现象不断出现。在汉初到汉中期的法理中，家族伦理与国家伦理不断结合，并作为其法律依据的现象多有发生。

文景时期的一个重要特征，是许多学习法律的官吏转而学习儒家经典，成为法、儒双通之吏。贾谊、晁错等朝廷诸多大臣皆是如此。如贾谊曾受业李斯的同乡与学生——河南郡守吴公，《汉书·贾谊传》记吴公"闻其秀材，召置门下，甚幸爱"。文帝初立，吴公曾被任命为廷尉，并向文帝极力推荐贾谊才学，使贾谊被征召为博士。再如晁错年少时曾向张恢学习申商刑名之学。其后文帝派晁错前往儒生伏生处学习《尚书》，成为以治儒家《尚书》为主，兼及申商刑名的官僚。而极力主张"过秦"的官僚贾山，其自身学说亦夹杂儒法，"不能为醇儒"。这说明文景时期虽然仍以任用文法吏为主，却注重培养"能诵诗书属文"，兼通申商刑名的学者为僚、吏。

所以，从汉初开始，律法就在发生变化。先有陆贾主张"仁政""德治"，强调德、法兼具；其后有贾谊主张"更化""改制"，提倡"礼制"，要求"先德后刑""德刑并用"。同时，经学决狱之事也在不断发生。如前引景帝朝堂围绕立刘武为皇太子事所发生的激烈争论。袁盎等曰："方今汉家法周，周道不得立弟，当立子。故《春秋》所以非宋宣公。宋宣公死，不立子而与弟，弟受国死，复反之与兄之子，弟之子争之，以为我当代父后，即刺杀兄子。以故国乱，祸不绝。故《春秋》曰：'君子大居正，宋之祸宣公为之'。"袁盎等人以《春秋》中宋宣公的故事说明景帝当立弟还是立子为太子的问题，其后兼通"经义之术"的大臣田叔、吕季主则以儒家经义解决了太后、景帝、梁王间的亲情关系与法律冲突的疑难问题。这说明"方今汉家法周"的"周制"渗入汉代法律，早在武帝前就开始了。其后董仲舒以"春秋公羊学"决狱，正是这一趋势的继续。所以有学者指出："凡朝廷决大疑，人臣有献替，必引《春秋》为断。而所遵者，公羊家言也。"①

第六，在文化与道德建设上，儒家改造的周代礼制更是不断发展，并形成武帝时代"罢黜百家，独尊儒术"的先声。西汉前期一个重要现象，就是儒学的崛起与繁荣。儒学本在战国时已成为百家中之显学，其后虽遭秦排斥禁绝，但并未曾绝流。汉初在刘邦支持下，陆贾、叔孙通等人先后为汉制定纪纲、礼仪，同时儒学复兴潮流亦大盛。《汉书·艺文志》曾对汉初经书流行予以阐述："昔仲尼没而微言绝，七十子丧而大义乖。……至秦患之，乃燔灭文章，以愚黔首。汉兴，改秦之败，大收篇籍，广开献书之路。"关于当时儒学传播的盛况，《汉书·儒林列传》记曰："汉兴，言《易》自淄川田生；言《书》自济南伏生；言《诗》，于鲁则申培公，于齐则辕固生，燕则韩太傅；言《礼》，则鲁高堂生；言《春秋》，于齐则胡母生，于赵则董仲舒。"同时，汉初各地儒家经籍传授之风高潮迭起，尤其在齐、鲁一带，儒学传授规模大增。《汉书》记当时《尚书》的传授："山东大师亡不涉《尚书》以教。"②而申公家居讲学时，"弟子自远方至受业者千余人"③，可谓儒风盛行。当时在刘氏皇室诸王中，喜好《易》《春秋》《礼》等经书者亦不少见。如高祖同父少弟楚元王刘交等便是典型例子。

当时儒士的一个重要特点是迫切希望立足政治现实，主张把"殷周之迹""先王之道"和汉代重建"汉制"的现实政治实践相结合，通过"论上世之事，并殷周之迹，以制御其政"④。在他们的努力下，汉文帝时始置《书》《诗》博士，并立诸子传记博士。景帝时，又置《春秋》博士。这说明此时儒家在学官中已占有相当重要的地位。由于"五经"为三代典籍，讲述的是三代政治、宗法、血缘、社会、民

---

① 唐晏：《西汉三国学案》，中华书局1986年版，第443页。
② 《汉书》卷八十八《儒林传》，第3603页。
③ 《汉书》卷八十八《儒林传》，第3608页。
④ 贾谊撰，阎振益、钟夏校注：《新书校注》，第14页。

间风俗，将其列入学官，并作为国家治政理财行礼的政典，是周代宗法文化思想经改造后融入汉制的重要体现。尽管在西汉前中期，"五经"对汉国家政治、经济、法律制度的影响还是有限的，但是其对汉代道德与文化建设的作用却不可低估。所以，从汉初陆贾到贾谊，再到董仲舒的儒学发展历程，既是儒家思想为了适应中央集权体制而不断自我改造、革新的过程，也是汉代君臣不断消除"汉承秦之败俗，废礼义，捐廉耻"的"更化""改制"的过程。

在这个过程中，儒家士人将"五经"不断提高到政治哲学与道德本体论地位，认为其是与"天地"同德之"天道"。例如贾谊撰《新书·六术》篇则认为，"《诗》《书》《易》《春秋》《礼》《乐》六者之术以为大义，谓之六艺"。《新书·道德》篇则曰："是故著此竹帛谓之《书》，《书》者，此之著者也；《诗》者，此之志者也；《易》者，此之占者也；《春秋》者，此之纪者也；《礼》者，此之体者也；《乐》者，此之乐者也。"

如果说"五经"地位的提高表现了汉代前中期统治者治国理念的变化，那么"五经"关于道德与文化建设的内容则标志着汉代道德伦理体系的转型。例如汉代前期的陆贾、贾谊等就明确提出了"仁""义""礼""智""信""孝""贞""节"诸伦理范畴为"礼制"内容之说。陆贾《新语·道基第一》："百姓以德附，骨肉以仁亲，夫妇以义合，朋友以义信，君臣以义序，百官以义承，曾、闵以仁成大孝，伯姬以义建至贞。"[1] 贾谊《新书·礼》篇则曰："君惠则不厉，臣忠则不贰，父慈则教，子孝则协，兄爱则友，弟敬则顺，夫和则义，妻柔则正，姑慈则从，妇听则婉，礼之质也。"[2] 先秦儒家所提倡的"仁""五常""四端"之义，在这里逐渐转化为以"孝""忠"

---

① 王利器撰：《新语校注》，第 30 页。
② 贾谊撰，阎振益、钟夏校注：《新书校注》，第 215 页。

"节"及"五常"为规范的伦理范畴体系。武帝时董仲舒著《春秋繁露》，明确提出三纲原理和五常之道，将儒家的道德原则、规范按照新的社会政治背景做了进一步发挥，并主张"天不变道亦不变"。尤其在汉武帝"罢黜百家""表彰六经"后，三纲五常作为汉代国家的道德、伦理的核心价值观而获得强化并不断发展。而周代礼制则随着这种趋势不断强化。西汉末期王莽的"奉古改制"，就是沿着这种推崇"五经"、神化儒学的道路继续发展的结果。"莽意以为制定则天下自平，故锐思于地里，制礼作乐，讲合《六经》之说。"① 并且"以《周官》《王制》之文，置卒正、连率、大尹，职如太守"②，由此定制官职。王莽所称的"礼"，就是从称谓到实际生活中完全复古的《周礼》。

综上所述，可以知道，西汉前期的"汉制"建构中，由于社会政治、经济形势的需求，使汉制在继承秦制的同时，亦大量吸取儒家所改造的周代礼仪制度，形成"汉承秦制"与"汉家法周"的情形。所以，汉制本质上是秦、周制度的聚合物。《汉书·元帝纪》曾记宣帝曰："汉家自有制度，本以霸王道杂之，奈何纯任德教，用周政乎?"这里明确表明了汉家制度的构成即"霸王道杂之"。而所谓"霸道"即秦的治理方略，"王道"则儒家改造的"周政"。所以，"汉制"是以一种秦、周制度或理念合流的"立制"方式建立起来的。而汉初的黄老道家学说，尽管其在汉初的经济、社会秩序的重建中起到了缓解阶级矛盾、恢复经济衰退的重要作用，但是由于"道家"出于世外的根本特征，它缺乏作为王朝制度性建设的"立制"基础。这个问题笔者将专文论述。

（原载《华南师范大学学报》2000 年第 2 期）

---

① 《汉书》卷九十九中《王莽传中》，第 4140 页。
② 《汉书》卷九十九中《王莽传中》，第 4136 页。

秦文化的特殊性与秦统一

徐卫民[*]

摘　要：秦由弱变强，由小变大，乃至统一了天下，是一个值得认真探讨的问题，尽管是多元因素形成的，但笔者认为从其特征分析其原因是值得的。

关键词：秦文化特征；秦统一；必然性

基金项目：国学社科基金重大指标项目"秦汉时期的国学建构、民族认同与社会整合研究"（项目编号：172DA180）

秦一步步由弱变强，又一步步走向统一，与秦文化的特殊性有必然的联系。那么，秦文化的特殊性主要表现在哪些方面呢？

其一，秦人的尚武习俗。秦人之所以能够百战不殆、攻灭六国、统一天下，尚武的传统是重要因素之一。秦人早期与西北戎狄杂居，残酷的环境使得秦人在发展与扩张的过程中，经常和其他部族为争夺生存空间进行频繁的战争。同时戎狄强悍的民风对秦人产生了重要的影响。正如史书记载的因为"秦杂戎翟之俗""秦与戎翟同俗"。

东方诸国对秦人"夷翟遇之"，称秦为"虎狼之国"，表现出很深

＊　西北大学文化遗产学院教授。

的文化隔阂。这种情形也同时告诉我们，就是因为秦人具有尚武的风俗。商鞅推行新法，推行军功爵制，鼓励民众在战争中立功建业，就是这种尚武风气的反映。军功爵制的有效激励，使秦人在战场上勇于进取，终于使士兵个人成就富贵的"军功"凝聚为国家整体克敌制胜的"军功"。秦国历史上也出现了很多著名的大力士并得到统治者的欣赏和重用，春秋时期有力士杜回，战国时期则有任鄙、乌获、孟说等。甚至连秦武王本人也崇尚武力，秦始皇陵百戏俑坑中出土的大力士俑也反映出这一社会文化现象。

"商君之法曰：'斩一首者爵一级，欲为官者为五十石之官；斩二首者爵二级，欲为官者为百石之官。'官爵之迁与斩首之功相称也。"这样的军功爵制大大调动了秦人参与战争的积极性。于是，"民闻战而相贺也，起居饮食所歌谣者，战也"①。"民之见战也，如饿狼之见肉。"② "（秦人）闻战，顿足徒裼，犯白刃，蹈炉炭，断死于前者，皆是也。是故秦军战未尝不胜，攻未尝不取，所挡未尝不破。"③ 张仪曾经这样渲染秦军的强大："秦带甲百余万，车千乘，骑万匹，虎挚之士，跿跔科头，贯颐奋戟者，至不可胜计也。秦马之良，戎兵之众，探前趹后，蹄间三寻者，不可称数也。山东之卒，被甲冒胄以会战，秦人捐甲徒裎以趋敌，左挈人头，右挟生虏。"④

秦始皇陵兵马俑坑发现的不戴头盔的士兵组成的军阵，证实了秦军"虎挚之士""科头"即"不著兜鍪"的记载。秦国军人能够形成勇猛无畏的作风，除了"商君之法"的刺激之外，尚武的习俗传统应是重要因素之一。东方人之所以把秦人称为"虎狼之秦"，也正是对秦尚武文化的形象描述。

---

① 王先慎撰，钟哲点校：《韩非子集解》，中华书局 1998 年版，第 399 页。
② 蒋礼鸿：《商君书锥指》，中华书局 1986 年版，第 105 页。
③ 蒋礼鸿：《商君书锥指》，中华书局 1986 年版，第 108 页。
④ 何建章注释：《战国策注释》卷二十六《韩策一》，中华书局 1990 年版，第 974 页。

其二，"便国不法古"的文化原创性。秦人在西迁东进过程中，始终以变革图强为目标，不断改革和创新。

秦始皇在中国历史上的杰出贡献不仅在于他顺应历史潮流，实现了中国社会由诸侯割据向统一的转变，而且由于他在这一转变中对每一个历史关节点的准确把握和驾驭，创立了一种影响中国古代社会两千多年的政治制度，无论是为加强中央集权而构建一套相互制约、监督体系完整的制衡机构，还是为维护国家主权和领土完整而探求的以"郡县制"为管理框架，以地方基层政权建设为基础的政体，秦始皇所从事的实践大多是具有开创意义的，也深深地影响了中国历史发展的进程。

商鞅变法在秦国发展过程中的重要性不言而喻。秦孝公执政后发出了"能出奇计强秦者，吾且尊官，与之分土"的求贤令，打动了在魏国已经做官的商鞅。商鞅到秦后经孝公宠臣景监推荐，与孝公有过三次关于如何使秦国强大的对话。由于这时商鞅还不真正了解秦孝公的打算，便在第一次见面时，把道家学说讲了一通，孝公根本不感兴趣，听得直打瞌睡。第二次，商鞅又求见孝公，改为大讲儒家学说，孝公仍然不愿意听。于是孝公十分生气地对景监说："你推荐的人简直太迂腐了，我哪能用他呢？"可是商鞅经过前两次的对话却摸透了孝公的打算，知道孝公是想使秦国尽快富强称霸，而不愿意顺着一般人的想法慢慢去实施德政王道。于是第三次对话的议题便是霸道，当谈到霸道即富国强兵之道时，孝公甚为高兴，颇感兴趣，他听得全神贯注，"不自知膝之前于席也"，因为古人席地而坐，他不知不觉就移出了席子，移到了商鞅的面前。后来两人连续谈了几天，商鞅的博闻强记和治国之术深深打动了孝公，于是孝公对商鞅刮目相看，立即任命商鞅为左庶长，让商鞅开始变法的筹备工作。商鞅变法是战国时期各国变法中最为彻底的，效果也是最为明显的。"行之十年，秦民大说，道不拾遗，山无盗贼，家给人足。民勇于公战，怯于私斗，乡邑大治。"①

其三，"士不产于秦，而愿忠者众"的对人才使用的开放性。起用外来人才（客卿）是秦统治者的一个优良传统，秦孝公时的商鞅，秦惠文王时期的苏秦、张仪，秦昭王时期的范雎、蔡泽，秦始皇时期的李斯、韩非、尉缭、蒙恬、郑国等，都是外来的士，他们不仅在秦国找到了实现其政治抱负的舞台，而且这些人才的引进，带来了外部世界的大量新信息、新观念，对促进人文融合发挥了显著的引领作用。而更值得称道的是秦国统治者对待外来知识分子的姿态，据史书记载，秦孝公当年与商鞅探讨变法图强，常常通宵达旦。每当思想碰撞出火花的时候，双方都情不自禁地向对方的座位移动，以至双膝相促。秦人的这种胸怀，使得秦国成为当时人才云集的舞台。如秦惠王以张仪为客卿，后至相位；秦昭王以寿烛为客卿，继为丞相；范雎、蔡泽皆先为客卿后任丞相；秦始皇时，李斯也曾任过客卿。

秦穆公用人的特点是用人不疑，而且勇于认错，这为秦穆公独霸西戎奠定了良好的基础。公元前 627 年，秦穆公听信了替郑国掌管北门钥匙的秦人杞子的报告，说"我开北城门，你们可来偷袭"，穆公便决定任命孟明视、西乞术和白乙丙三人为帅，偷袭郑国。他的两个老臣蹇叔和百里奚当时都不同意出兵，他们劝告穆公说，军队长途跋涉会削弱战斗力，千里行军不可能保守秘密。因此偷袭肯定不会成功，而且秦军在崤山一带必定要遭到晋军的围攻，到那时后悔就来不及了。穆公自以为这次出兵万无一失，不接受他们的忠告。结果，孟明视等人果然在半路上中了郑国商人弦高的圈套，以为郑国早有准备，便仓皇退兵。当退至崤山险要之处时，又遇上优势晋军的伏击，以致全军覆没，孟明视等三个主帅全部成了晋国的俘虏。后由于晋襄公的母亲是秦穆公的女儿，出面说情，其意就是说服晋襄公把孟明视

① 《史记》卷六十八《商君列传》，中华书局 1959 年版，第 2231 页。

等人放回秦国接受秦穆公的处理。秦穆公闻知三帅回国，不但未怪罪他们而且身穿素服，亲自到郊外迎接，并且当众自责地说："都是因为我不听蹇叔和百里奚的话，才使你们打了败仗，蒙受了耻辱。你们无罪，都是我的过错。"孟明视等三人听了这番话甚为感动。两年以后，秦穆公再次使用孟明视为帅伐晋。兵至彭衙（今陕西白水），遇到晋军截击，又吃了败仗。经过两次失败，秦穆公对孟明视的才能仍坚信不疑。而孟明视在穆公的支持下，也毫不气馁，更加奋发图强，抓紧训练军队，准备新的战斗。彭衙战后的第二年夏，秦穆公第三次任孟明视为帅带兵伐晋，并亲自督战，这一次，秦军渡过黄河后，烧毁了所有船只，决心破釜沉舟，背水一战，不获全胜，绝不收兵。结果，晋军一经交锋，便节节败退，最后只能坚守城池，不敢交战。秦军乘机攻占了晋国的郊城和王官两地。

秦穆公求贤用人的另一个特点就是不论年龄、不分地域、不分贵贱。只要是具有真才实学的人，无论是哪里人、多大年龄，也无论出身如何，他都任用。被誉为美谈的百里奚、蹇叔归秦的故事，就是非常生动的事例。百里奚来到秦国时已是须发皆白的老人了，年逾七十。穆公不嫌其年老，向他请教富国强兵之策，两人整整谈了三天，穆公高兴极了，拜百里奚为大夫，委以国事。不久百里奚又当上了秦国的丞相，他有感于穆公的知遇之恩，尽心竭力扶助穆公，为秦国的发展施展了自己的才能。同时百里奚还向穆公推荐了自己的好友蹇叔来秦国效力。他向穆公说："我的才能远远比不上蹇叔。当初，我想在齐国和周王那里做官，是蹇叔劝阻了我，才避免了两次杀身之祸。后来，我没有听蹇叔的话，在虞国当了大夫，没多久就变成了俘虏。所以，我知道蹇叔是个有远见卓识的人。"于是，秦穆公立即派人从宋国把蹇叔请来，拜为上大夫，与百里奚共掌国政，他很快也成了穆公的得力助手。

百里奚作为杰出的政治家，在晚年建树了辉煌的业绩。他依靠出众的才智和超群的谋略，使僻处一隅的秦国逐渐强大起来，对秦国取得霸主地位起了不可低估的作用。正像《史记·孔子世家》所载孔子的评论："昔秦穆公国小处辟，其霸何也？"对曰："秦，国虽小，其志大；处虽辟，行中正。身举五羖，爵之大夫，起累绁之中，与语三日，授之以政。以此取之，虽王可也，其霸小矣。"① 百里奚相秦期间，内外安缉，充实秦的国力，奠定了秦称霸以及统一的基础，在春秋时期已很明显，为有识者所称道。秦霸西戎，与晋国抗衡，成为诸侯争霸中举足轻重的一方势力，都是秦穆公时期完成的。这固然是穆公雄才大略，善于用人的结果，但与百里奚的相业也是分不开的。故论者称许秦穆公的功业，总以任用百里奚为其大端。

秦穆公统治时期很注意赢得民心，争取民众的支持。有一次在岐山脚下有三百多"野人"偷吃了穆公的一匹好马，官吏要严办他们，穆公不仅没有惩罚这些"野人"，反而说："吃马肉不喝酒，有害身体，再赐酒给他们喝。"后来，在秦晋韩原大战中，秦军被晋军围困，穆公危在旦夕，那些岐下野人拼死来援，生擒了晋惠公。由于秦穆公实行的"尚贤"政策，秦国上下人才济济、贤能荟萃。许多有识之士从各地汇聚秦国，都能起到相应的作用，秦国从此发展迅速，国力更强，从而使秦穆公的称霸事业取得成功。秦穆公的这一政策，得到后来秦公帝王们的效法，也成为秦国迅速强大、统一天下的秘密武器。

秦昭王时重用范雎。范雎是魏国人，学纵横之术，先投奔魏国中大夫须贾，做他的门客，可以说是英雄末路，一直郁郁不得志。一次，范雎跟着须贾出使齐国，一连几个月不能见齐王，范雎于是施展辩才，很快得到齐王的召见，并圆满完成了任务。齐襄王佩服范雎的辩才，派使者赐给范雎十斤黄金，以及牛肉和酒，范雎知道作为外交使

---

① 《史记》卷四十七《孔子世家》，第 1910 页。

节，不能接受别国礼物，于是婉辞。然而须贾听说后非常嫉妒，回国后诬告范雎接受齐国贿赂，里通外国。魏国丞相魏齐听后非常生气，令人鞭打范雎，范雎被打得折断了肋骨。聪明的范雎装死，魏齐于是命令将他用席子卷起来扔进厕所，甚至让宾客对着范雎身上小便。遭到这样的奇耻大辱，范雎反而出奇地冷静，他对看守他的小吏说："你如果能把我救出来，我一定会重重报答你。"范雎连夜逃亡，改名张禄。在郑安平的帮助下，范雎见到秦国的使者王稽，一番高谈宏论之下，王稽被折服，于是设法将范雎偷运出魏国，送入秦国。范雎至秦国后，上书秦昭王，提出了"远交近攻"的统一策略，即被拜为客卿，深得昭王信用。他又进说秦昭王，指出太后擅权，"四贵"用事，恐致"卒无秦王"之危。于是昭王于四十一年（前266年）下令废宣太后，驱逐穰侯、高陵君、华阳君、泾阳君于关外，并拜范雎为相，"远交近攻"这一外交策略对秦的统一战争贡献不小，使秦国在与六国的战争中不断取得胜利，国土面积不断扩大。

秦王政时重用郑国，修建了大型人工水利工程——郑国渠。郑国为秦国修渠是带有政治色彩的，是"疲秦之计"，工程进行过程中，间谍案发生了。于是秦王政对秦国境内的客卿下达了驱逐令。李斯也在被逐的行列，这绝对是一场空前的政治风暴。于是李斯冒着被杀头的危险，写了《谏逐客书》，向秦王政展示了自己的非凡才能。他在奏章中引经据典，用秦国先祖的成功经验告诉秦王政，秦孝公任用商鞅变法使民富国强，秦惠文王采用张仪的计谋实现了领土扩张，秦昭襄王启用范雎强化了王权，这些人都是从国外引进的，他们是间谍还是秦国的功勋之臣？李斯提醒秦王政，泰山不挑剔微小的尘土，才能高不可攀；河海不拒绝细小的流水，才能深不可测。他还毫不客气地指出秦王政这种做法是愚蠢的。拒绝宾客而不接纳，疏远贤臣而不任用，不仅削弱了自己的力量，而且壮大了敌人。他又指出：明珠不产于秦，未必就不珍贵。人才不出于秦，未必就不忠心。驱逐了宾客可以找回，伤害了人心将无法弥补。李斯的话让秦王政幡然悔悟，立即停止了逐客的行为。同时，秦王政也看到了李斯的胆识与能力，这样的人才，正是他打天下的良师益友。始皇帝任命李斯为廷尉，位列九卿，成为秦国的高级官员。李斯的《谏逐客书》打动了秦王政，让郑国继续主持修建郑国渠，为秦的统一奠定了坚实的物质基础。"渠就，用注填阏之水，溉泽卤之地四万馀顷，收皆亩一钟。于是关中为沃野，无凶年，秦以富强，卒并诸侯。"[1]

其四，"河海不择细流"的包容性。秦在立国之前后，由于地处中原文化和戎狄文化的交汇处，特定的地理环境铸就了秦文化兼容并包的鲜明特征，因此不仅吸收了周朝的宗法制、礼乐制等作为自身主体，而且还在不断与戎族的交往与斗争中，融入了戎族的功利主义因素和君民一体的朴实作风。正是这种开放性的文化，使得秦人从来不排斥任何形式的外来文明，总是能够以开拓者的姿态将各诸侯国各阶层民众的智慧纳为己用，为自身注入了无穷的精神源泉。

李斯在《谏逐客书》中对秦文化吸纳性的概括有助于我们了解秦人"海纳百川"的文化胸襟。所谓"随和之宝""明月之珠""太阿之剑""郑、卫、桑闲、昭、虞、象"之乐，都不过是异国文化的象征，而秦人抛弃击叩而纷纷演奏郑、卫的旋律，丢掉筝而演奏昭乐和虞乐，不仅反映了秦始皇执政时期文化的繁荣，而且体现出秦人对待外来文化的宽松态度。尽管在秦建都咸阳的一百四十四年中，法家思想作为主流意识形态一直占据着主导位置。然而，功利主义是秦国处世的优先考虑。事实上从秦孝公建都咸阳时起，咸阳就一直是一个诸子百家十分活跃的舞台。在商鞅变法的初期，的确存在着"燔《诗书》，明法令"的禁绝儒术政策，但这只是一个很短的时期；到秦昭

---

[1] 《史记》卷二十九《河渠书》，第 1408 页。

王时，学术风气已经出现了"纳六国之士"的可喜变化；特别是在秦始皇执政以后，吕不韦召集六国士人学子，编撰《吕氏春秋》，兼采各家学说，开了秦国学术的新风。秦都咸阳中的仿六国宫室建筑，就是秦文化的开放性和包容性的充分体现。

秦王政在用人上的包容性主要表现为：知错就改。

一是表现在郑国渠的修建上。郑国渠是秦王政元年韩国水利工程师郑国帮助秦国修建的大型灌溉工程，它西引泾水东注洛水，长达三百余里。泾河从陕西北部群山中冲出，流至礼泉就进入关中平原。平原东西数百里，南北数十里。平原地形特点是西北略高，东南略低。郑国渠充分利用这一有利地形，在礼泉县东北的谷口开始修干渠，使干渠沿北面山脚向东伸展，很自然地把干渠分布在灌溉区的最高地带，不仅最大限度地控制灌溉面积，而且形成了全部自流灌溉系统，可灌田四万余顷。然而这是韩国设计的疲秦工程。在战国七雄中，韩国是秦的邻国，且非常弱小，随时有被秦灭亡的可能。当时秦国力蒸蒸日上，统一天下指日可待。公元前246年，韩桓王在走投无路的情况下，采取了一个非常拙劣的所谓"疲秦"的策略。他以著名的水利工程人员郑国为间谍，派其入秦，游说秦国在泾水和洛水（北洛水，渭水支流）间，穿凿一条大型灌溉渠道。表面上说是可以发展秦国农业，真实目的是耗竭秦国实力。在施工过程中，韩国"疲秦"的阴谋败露，秦王政大怒，要杀郑国。郑国说："始臣为间，然渠成亦秦之利也。臣为韩延数岁之命，而为秦建万世之功。""秦以为然，卒使就渠。渠成而用注填阏之水，溉舄卤之地四万余顷，收皆亩一钟。于是关中为沃野，无凶年，秦以富强，卒并诸侯，因名曰郑国渠。"①

二是表现在灭楚大战派兵问题上。秦王政对于灭楚需要多少兵力这个问题拿不准主意，于是征求众将的建议。年轻气盛的李信认为只

① 《史记》卷二十九《河渠书》，第1408页。

要二十万兵力就可以，而老成持重的王翦提出需要六十万兵力。不加思考的秦王政同意了李信的方案。结果李信军被楚国打败，楚军还一直向西进发，大有反攻秦国的势头。秦王政在听到这个消息后，大为震怒，并对自己前面的决定作出检讨，"自驰如频阳，见谢王翦曰：'寡人以不用将军计，李信果辱秦军。今闻荆兵日进而西，将军虽病，独忍弃寡人乎！'"王翦刚开始推辞，说自己年老体弱，又有病在身，疲乏无力，实在不能担当重任，请秦王另选良将。秦王政知道王翦是在怄气。"始皇谢曰：'已矣，将军勿复言！'王翦曰：'大王必不得已用臣，非六十万人不可。'始皇曰：'为听将军计耳。'于是王翦将兵六十万人，始皇自送至灞上。"①

三是对尉缭的重用，显示出秦王政的宽大胸怀。秦王政"衣服食饮与缭同"。②尽管尉缭享受了如此高的待遇，但还是对始皇帝有一段极为不好的评价："秦王为人，蜂准、长目、鸷鸟膺，豺声，少恩虎狼心。居约易出人下，得志亦轻视人。"③从这些话可以看出，尉缭是个性格刚直的人，始皇帝赏他饭吃，他不仅不奉迎拍马，还费尽心机地想出些贬义词诋毁秦王政。尉缭的这番话，简直有点大逆不道的意味了。你把秦国翻个遍，恐怕也找不出第二个敢这么说秦王政的人了。而且在尉缭认清秦王嬴政的本质后，便萌生离去之意，不愿再辅佐秦王政，并且说走就走，真的跑了。幸好秦王发现得快，立即将其追回。国家正在用人之际，像尉缭这样的军事家如何能让他走？于是，秦王嬴政发挥他爱才、识才和善于用才的特长，想方设法地将尉缭留住，并把他提升到国尉的高位上，掌管全国的军队，主持全面军事，所以被称为"尉缭"。心存余悸的尉缭不好意思再生去意了，只好死心塌地地为秦王出谋划策，为秦的统一做贡献。

---

① 《史记》卷七十三《白起王翦列传》，第2340页。
② 《史记》卷六《秦始皇本纪》，第230页。
③ 《史记》卷六《秦始皇本纪》，第230页。

其五，管理的严格性和科学性。秦之所以能从一个西陲弱小诸侯国而发展成"春秋五霸""战国七雄"，以至最后统一全国，科学有效的管理方式是一个重要的原因，从商鞅变法时的"南门徙木"，到出土的《云梦秦简》《里耶秦简》《岳麓秦简》等很多内容，再到秦兵马俑身上刻的工匠名字等，都清楚地反映了这一现象。难怪战国时期著名思想家荀子在看到秦国的情况时指出："入境，观其风俗，其百姓朴，其声乐不流污，其服不挑，甚畏有司而顺，古之民也。及都邑官府，其百吏肃然，莫不恭俭敦敬，忠信而不楛，古之吏也。入其国，观其士大夫，出于其门，入于公门，出于公门，归于其家，无有私事也；不比周，不朋党，倜然莫不明通而公也，古之士大夫也。观其朝廷，其闻听决百事不留，恬然如无治者，古之朝廷也。故四世有胜，非幸也。"[1] 这是荀子对秦政治文化与管理水平的高度评价。

秦统一以后，为了维护统一的局面，实行了一整套的管理措施，包括中央管理体系、地方管理体系和统一文字、货币、度量衡等。地方上实行郡县制，县之下又设置乡与里，从里耶秦简内容可以看出基层管理有序进行。云梦秦简尽管不是秦全部的法律文献，但是也可以看出其法律体系是比较完善的，是秦进行管理的有效办法。云梦秦简中记载，秦的一些基层部门要定期开展评比活动。成绩好的有奖，成绩差的要罚，奖罚分明。里耶秦简中也有许多关于当时基层管理内容的简牍。洞庭、苍梧郡和迁陵、酉阳、阳陵等县的设置，说明秦中央政权的有效管理随着秦军事征服的成就而迅速遍及各地。简洁而完备的公文记录，细致的计时方式，乡一级吏员如里典、邮人的任免过程之严格，均表明秦行政效率高且细致入微。

秦实行标准化管理。我国古人早就提出了"型范正"的观点，秦

---

① 王先谦撰，沈啸寰、王星贤点校：《荀子集解》卷十一《强国》，中华书局 1988 年版，第 303 页。

代还把这一条列入法律，按照标准化进行管理，生产各类标准化兵器。云梦秦简《工律》规定："为器同物者，其大、小、短、长、广亦必等。"① 在秦兵马俑坑中发现的陶俑身上有不少陶俑制作者的名字，反映出当时秦对陶俑制作的管理是严格的，是当时"物勒工名，以考其诚"制度的具体表现。另外，从秦兵器题铭可知，兵器上一般都需标明最高督造者、司造者及造器者的姓名，以表示对产品质量负责。在云梦秦简里，还可以看到不少对官府手工业产品每年进行考核的规定。

正是基于以上五个与山东六国不同的文化特征，才使秦国由弱小变为强大，从一个西陲小国变成了统一天下的大国。不但建立了中国历史上第一个统一的多民族的中央集权国家，而且创造了璀璨夺目的秦文化，"汉承秦制"又把秦文化的诸多特征传承下来，影响了中国历史的发展进程。

[原载秦始皇帝陵博物院编：《秦始皇帝陵博物院》（2018），西北大学出版社 2018 年版]

---

① 睡虎地秦墓竹简整理小组：《睡虎地秦墓竹简·工律》，文物出版社 1990 年版，第43 页。

从毛家坪的考古发现谈秦的
地方行政制度史

史党社　田　静[*]

摘　要：甘肃甘谷毛家坪新的重要考古发现，特别是"子车"铭文戈的出土，展示出春秋早期的秦，将"初县"作为对边地控制的地方行政机构。秦的"初县"之县与后代郡县之县并不相同，但具有重要的政治和军事功能。毛家坪考古发现为研究秦地方行政制度史提供了新的资料，对探讨聚讼已久的中国古代县制起源问题具有重要价值。

关键词：毛家坪考古；秦代；"初县"

基金项目：国家社科基金重大招标项目"秦汉时期的国家述构、民族认同、社会整合研究"（项目编号：17ZDA180）

在叙说秦朝的时候，学者们往往会认为，秦朝是中国历史上第一个中央集权的大帝国。这个帝国，已经具有了后世帝国的许多特征，例如权力集中于国君之手、家族血缘政治等。本文所要追溯的，是这个集权体制形成的历史。

---

[*]　史党社,西北大学历史学院教授。田静,秦始皇帝陵博物院研究员。

从时段上看，战国中期秦之商鞅变法，定立君主法权，在地方实行县制，即从封建制转向郡县制，使秦已具有了帝国的雏形。从此，最高统治者已经拥有了境内所有的土与民，在地方设置可以撤换的官员以统治之，这些官员领民而不有土，只是按照不同的层级代替国君来管理而已。这与后来的秦帝国在权力结构方面已经没有本质的不同。在以后的中国历史上，中央对地方的控制只是在此基础上对地方行政机构的层级、数量多寡等次要方面进行调整而已，并无实质性的改变。所以，商鞅变法，实际是中国古代地方行政制度史的转折点。

地方行政即中央对地方的控制和管理，是中央集权的另一面，研究地方行政制度，是为了搞清楚秦中央集权在地方的实现过程和机制。秦在西周中后期兴起，春秋初年立国，逐渐走向中原历史的前台。春秋早期，以"初县"即对边地的控制为标志，秦与晋、楚等大国一样成为中国古代地方行政制度萌芽的地方。近年，在秦较早占领的冀戎之地（甘肃甘谷毛家坪一带），随着考古工作的进行，又有了新的重要发现。特别是"子车"铭文戈的出土，给我们研究秦的地方行政制度史提供了新的资料和契机。① 本文所要讨论的重点，就是其中聚讼已久的县制起源问题。

一　商周的中央与地方

在商鞅变法之前，秦的地方行政制度已经历了长时间的发育。春秋早期秦之立国，是秦政治与行政制度开始建立的标志。从渊源来

---

① 甘肃省文物工作队、北京大学考古学系：《甘肃甘谷毛家坪遗址发掘报告》，《考古学报》1987 年第 3 期；赵化成：《秦人从哪里来？ 寻找早期秦文化》，《中国文化遗产》2013 年第 2 期；早期秦文化联合考古队（梁云、侯红伟执笔）：《早期秦文化研究的又一突破：2014 年甘肃毛家坪遗址发掘丰富了周代秦文化内涵》，《中国文物报》2014 年 11 月 14 日第 1 版。另外，毛家坪的资料（包括子车戈）2015 年冬曾在北京大学赛克勒博物馆展出，笔者曾目验了所有展品。下引毛家坪资料不另行注。

说，秦的一些政治与行政因素是可以上推到商周时代的。秦文化既与西北土著文化关系密切，又从西周文化的母体里发育成长，从根源上就摆脱不了三代文化的血脉。

根据历史、政治、地理学者的研究，商代的中央与地方，存在着统属与控制关系。商王所居，称为"商"，其外的地方称"四方""四土"。商王朝与方国之间，存在着一定的控制关系，这种关系与后世的中央集权制下中央对地方的支配不同。① 商代的国家政权，有的学者认为是方国联盟的形式，商王既利用亲属关系管理王畿内的民众，又利用军事征服、祭祀等手段控制更多的方国，形成联盟，商王自己就是这个联盟的政治与军事首长。同时，从甲骨文来看，至少在一些情况下，商王还是这个方国联盟的宗教首领。

商朝对于地方控制权的维系，血缘是一个重要的原则。② 现代学者甚至认为商王也如西周一样，是大宗，下面有甲骨文所记载的"多子""小子"，即众多的大小族长。商王与这些人，还有外族的族长（"多生［姓］"），分配、掌握着商朝的政治权力。商王之族即所谓的"多子"，除"商"即王畿之外，有些还生活于更远的地方。西周社会的血缘特征则更为典型。在周王之下，有"子"（大宗）、"小子"

---

① 李晓杰：《中国行政区划通史·先秦卷》，复旦大学出版社 2009 年版，第 233—236 页。

② 王国维在《殷周制度论》（载《观堂集林》卷十，中华书局 1959 年版，第 451—480 页）一文中认为商代无嫡庶之分，嫡庶之制盖自西周，其所立以弟及为主，辅之以子继。李玄伯在 1935 年发表的《希腊罗马古代社会研究序》中则认为"商人的王位资格恐亦有相当条件，亦即说商人恐已有大小宗的现象，虽然现在的商代史料对此尚无足证"（载《中国古代社会新研》，中华书局 2010 年版，第 9—58 页）。后来学者依据发现的甲骨文资料，认为商代有大小宗的存在无可疑问，血缘是商代政治社会的重要法则。

（小宗）等族长以及"百生（姓）"等异姓族长。① 这些人属于西周社会的统治阶层。商周青铜器铭文中有类似的"族徽"，代表"氏"或更小的血缘单位，与氏共存的还有姓。② 同姓则被认为是同血缘，例如嬴姓，其下有秦、江等分支，其次就是氏了。虽然氏经常被认为比姓更有地域色彩，但氏的血缘属性还是不容抹杀的。③

商代的中央和地方，具有切实的政治与行政联系，前者控制、支配后者。西周则与商不同。西周社会是通过分封建立起来的，周王所控制的地区，其实仅为所谓的王畿，包括今天的关中—洛阳一带，其余地区，即被称作"万邦""多邦""庶邦"，或者"东国"之类的那些地区，是以封建姬、姜两姓以及名人之后而形成的诸侯统治区。诸侯相对于周王，虽然名义上是其臣下，政治上有"藩屏"周室的义务；但行政上却有很大的独立性，诸侯自己可以在内部设官分职，也可把自己势力范围内的土地再分配给子弟或家臣。所以，西周的权力结构，是通过分封，用据点式的城邦国家，控制王室力量不及的王畿之外的地区，从而使政治权力层级分化，并向中心即周王朝汇聚；但在行政上，周王室所管辖的只是王畿，诸侯国内的行政事务，除了上

---

① 林沄：《从武丁时代的集中"子卜辞"试论商代的家族形态》，载《林沄学术文集》，中国大百科全书出版社1998年版，第46—59页；裘锡圭：《关于商代的宗族组织与贵族和平民两个阶级的初步研究》，载《古代文史研究新探》，江苏古籍出版社1992年版，第296—342页；张亚初、刘雨：《西周金文官制研究》，中华书局1986年版，第49—50页；蒲立本：《姬、姜：异姓族群在周人政体组织中的角色》，樊诗琪译，载伊佩霞、姚平主编《当代西方汉学研究集萃·上古史卷》，上海古籍出版社2012年版，第171—197页。裘先生认为，《左传》定公四年所记载的"殷民六族""殷民七族"，就是卜辞中的"多子族"，即商王的同族；而金文中的冀、"怀姓九宗"，大概就是外族了，其也是有宗族组织的。笔者认为裘先生的这个说法是可信的，但他与吉德炜（David N. Keightley）、蒲立本认为卜辞中的"多生（姓）"为商王的同族（吉认为"生"同"甥"，指的是父亲的姐妹的儿子或母亲的兄弟的儿子），则不如林、张、刘等先生所说其为外族族长显得合理。

② 按此氏即姓下的分支，周初分封的殷民六族之"族"，就是指的是氏。参见林沄《对早期铜器铭文的几点看法》，载《林沄学术文集》，第60—68页。

③ 钱杭：《血缘与地缘之间——中国历史上的联宗与联宗组织》，上海社会科学院出版社2001年版，第86—90页。

卿的任命如此大事外，基本与周王无涉。其实，即使在王畿，还是有其他占地称王、政治上独立的小国。李晓杰总结道："西周实际是一个全面分权的社会，周天子所直接管辖的地域范围只是王畿而已，至于诸侯国内的行政事务则无周王无涉。周王与各诸侯间只有政治上的统属关系，而无行政上的治理支配关系，不存在中央与地方的行政关系，如果勉强称之，这种中央与地方关系也与后世中央集权下真正的中央与地方关系有显著不同。"①

二　秦早期对地方的控制——毛家坪的例证

县是中国历史上的基层行政机构，县制作为中国地方行政制度的基础，实行了两千多年。县的源流，一般认为起源于春秋，定型于战国，全面推行于秦始皇统一天下。但在郡县制推广以前，县的具体情况是经历了一个长期的发展过程的，此前县的情况与后来郡县制下均齐的县制存在很大的差异。

周振鹤先生曾缕析了春秋战国时期文献中县的三层含义。一是县鄙之县，与都、国相对，指的是都、国以外的地域，与鄙、野意思差不多，是西周以来封建制下形成的地域差异。二是县邑之县。县鄙之县，虽然与鄙含义近似，却不可数，从楚、晋等国的情况来看，县在春秋时期又有所变化，县、邑一样，有的变成了可数的行政单位。三是郡县之县。此即战国以后郡县制推广之后的典型之县。周先生总结了郡县之县的几个特点：不是采邑或食邑，而是完全的国君直属地；长官不世袭，可以随时或定期撤换；幅员经过人为划定，而不纯粹是天然形成的；县以下还有乡里等基层组织。典型的郡县之县的形成，是地方行政制度确立的标志，它的重要性如周先生所指出，"地方行政制度的形成并不单是地方一头的事，同时也是中央集权产生的标

---

① 李晓杰：《中国行政区划通史·先秦卷》，第238页。

志。只有中央对地方有强大的控制力，才有任命非世袭地方官员的可能，否则即使有新领土也必然走向封建的老路"①。本文将以冀为例，探索秦县的形成过程，这也是从地方行政的角度剖析秦中央集权形成的历史。

有的学者根据《秦本纪》秦武公十年（前688年）"伐邽、冀戎，初县之"这条记载，认为春秋早期秦已设县，冀戎所在的甘肃甘谷为所谓的"华夏第一县"②。也有人对秦"县"的性质即发展阶段估计较低，认为不能与楚、晋同时之县相比。例如童书业认为，春秋时代秦国落后，在战国中期商鞅变法"并诸小乡聚，集为大县"普遍实行县制之前，未必能有县制③；顾立雅也认为落后的秦国，不可能是县制的起源，县应起源于楚、晋那样的大国，完全忽视了秦与周王朝在政治和地域上的密切关系④；在甘谷进行考古发掘的学者认为，这里可能就是冀县所在。⑤ 总体上看，有的学者对春秋秦县的认识还是比较模糊的，缺乏明确的估计。

经过对县制的长期探讨，现在学者们对于县有了以下基本认识。

第一，春秋时期秦、晋、楚等国所置之县，包括秦所谓的"初县"之县，乃早期之县，与典型的郡县之县并不等同，但二者在国君直属地这一点上，则是相通的、一以贯之的。县与卿大夫采邑有别，

---

① 周振鹤：《县制起源三阶段说》，《中国历史地理论丛》1997年第3期。又收入《周振鹤自选集》，广西师范大学出版社1999年版，第1—14页，下引周说非著明作者出处同。周门弟子李晓杰步其后尘，持有基本相似的观点。参见李晓杰《中国行政区划通史·先秦卷》，第240—251页。

② 牛彦君：《甘谷毛家坪遗址发掘有重大突破——实证"华夏第一县"设立的历史沿革》，《甘肃日报》2014年9月5日第1版。

③ 童书业：《春秋左传研究》（校订本），童教英校订，中华书局2006年版，第168页。

④ 顾立雅：《中国官僚制度的开始：县的起源》，《中国史研究动态》1979年第1期。

⑤ 早期秦文化联合考古队（梁云、侯红伟执笔）：《早期秦文化研究的又一突破：2014年甘肃毛家坪遗址发掘丰富了周代秦文化内涵》。

它是国君的属地，此点顾颉刚等学者早已指出①，近年又有王晖的论述，使此认识稍显深入。在谈到早期的县制时，王先生有以下看法：

> 所谓的"县"实际上就是指西周春秋时期在周王畿或诸侯境内，没有分封给公卿大夫作采邑的都邑和鄙野，是直属周王或诸侯管辖的，就被称之为"县"；而这些"县"也是由周王或诸侯直接派官吏去进行管辖治理。②

第二，与第一点相联系，县制的源流，或许可以追溯到西周。

现在的学者们在探索县制源流之时，多强调早期的县与后来典型的郡县的县之间的差异，而忽视了二者之间内在的相似性和连续性，实际是不对的。二者的本质都是国君直属地，这一点从先秦到秦汉都无变化，如池田雄一认为："就春秋之县来说，县大夫属于公权的范围，其统帅力对县固有的性质影响颇大。春秋列国使用'县'这一新的称呼，目的在于排除旧有的统治氏族的势力，通过公权来掌控县系（《说文解字》：'县，系也。'）其势力范围。从这一事实本身看来，其与秦汉郡县关系密切。"③承认这种相似性和连续性的存在，春秋时代无疑已经是县的早期阶段，那么，关于县的萌芽，则可以上溯更早。

此前，阮元、唐兰④、李家浩等曾注意到西周金文中的"县"，已经具有了"县鄙"之义，其字作遷、睘或鄝，这样的"县"在西周中期的免簋铭文中有郑、师旋簋中则有丰。如李家浩认为，西周已有

---

① 顾颉刚：《顾颉刚古史论文集》卷五《春秋时代的县》，载《顾颉刚全集》，中华书局 2011 年版，第 231—274 页

② 王晖：《西周春秋"还"制性质研究——从"县"的本义说到一种久被误解的政区组织》，《史学集刊》2017 年第 1 期。

③ ［日］池田雄一：《中国古代的聚落与地方行政》，郑威译，复旦大学出版社 2017 年版，第 406 页。

④ 两人的观点参见黄锦前《申论西周金文的"县"——兼谈古文字资料对相关研究的重要性》，《文史哲》2017 年第 6 期。

县鄙之县，指的国都或大城邑四周的广大地区，与野、鄙意思相近。丰、郑在西周时期都是大都，故所谓的丰县、郑县指的就是此两都的四周地区，丰在今西安西南丰水西、郑在华县。① 李零认为，所谓郑在岐周附近，而丰近于周都镐，县是相对于都而言的，西周都、县分别并不严格，西周金文中所谓丰县、郑县，指的就是周都岐周和镐周围的采邑区，但他所指的郑在今凤翔一带。② 最近，黄锦前也发表了与李零相似的观点，他认为郑、丰为都邑，却是县，是宗周的一部分；西周所谓县，就是县鄙之义，指的是附属于周都之邑。③ 王晖已经明确指出，西周之县乃附属于周都的周王的直属地，这样的理解是恰当的。清人赵翼早就指出县与周制的关系，他认为，《周礼》四甸为县，四县为都，及五鄙为县之制，认为置县始自西周，只不过此为王畿之制，并未及于侯国，秦仿周制，初县邦、冀、杜、郑等地，"盖因周制王畿内有县，故仿之，每得一地即置县，以为畿内也"④，楚、晋之县，则又仿秦而设。

笔者鄙见，这些都邑称县，是相对于镐京等周都而言的，属镐之鄙、县⑤。郑、丰等县是王畿内的重要城邑，与周都相对而为"县鄙"，也是政治活动中心，既有军队驻扎（如郑，见免簋），也是重要

---

① 唐兰：《西周青铜器铭文分代史征》卷五中，中华书局1986年版，第373—374页；李家浩：《先秦文字中的"县"》，载《著名中青年语言学家自选集·李家浩卷》，安徽教育出版社2002年版，第15—34页。

② 李零：《西周金文中的职官系统》，载《待兔轩文存》（读史卷），广西师范大学出版社2011年版，第137页。李先生云郑在凤翔，有学者与其说一致，如尹盛平、王辉、李峰、吕亚虎等，参见李峰《青铜铭文中所见的"官署"及西周政府的行政制度》，载伊佩霞、姚平主编《当代西方汉学研究集萃·上古史卷》，第109—170页。

③ 黄锦前：《申论西周金文的"县"——兼谈古文字资料对相关研究的重要性》，《文史哲》2017年第6期。

④ 赵翼：《陔余丛考》卷十六"郡县"条，载曹光甫校点《赵翼全集》第二册，凤凰出版社2009年版，第256—257页。

⑤ 关于西周金文中"县"的解释，还有异说。参见熊梅《西周都邑的卫戍分区：立足于铭文"遣"的试探》，《中国历史地理论丛》2014年第1辑。

的林牧之地（如丰，见师**旋**簋）①，名之为县，是因为与其中王畿内世族贵卿的采邑，或者亳②、丰③那样的外族小国不同，是属于周王的直属地。县的本义，按照《说文》的说法是系，徐铉的注说即悬挂之义，综合起来就是系、属的意思，引申为名词县，就是各区域甚或区划之名，如西周金文中的丰县、郑县。这种政治关系，前提是无论国、都或"县鄙"，都属于周王，不然周王不会在此设立职官、驻扎军队（例如师氏，为王室管理近卫部队）；这样的官员，已经具有了地方行政官员的雏形。

由于是国君属地，与卿大夫采邑、诸侯封地不同，所以，县的扩展，也代表国君权力的扩张。直至秦汉时期，天下皆为国君之县，而国君也成了"县官"。④

第三，从早期之县到典型的郡县之县，社会组织已经发生了很大变化。这种变化，在春秋时期普遍设县之时已经开始了，如增渊龙夫以齐灭莱以及楚县陈、蔡为例，认为"封邑、封国与县的差异，至少在春秋时代，不是采邑和直辖地的不同，而是它们内部组织结构的不同。封邑和封国，保存了原来氏族的组织结构和秩序，并以原来的总体形态作为附属的形式被统治，但是春秋时代的县，则是将邑原来氏族的组织结构和秩序完全打破而进行统治的形式了"⑤。上引周振鹤先

---

① 即使按照李零等认为的郑所在为凤翔一带，即春秋时期秦之大郑宫所在，也可算作岐周之鄙，无害于本文的理解。

② 司马迁：《史记》卷五《秦本纪》，中华书局1959年版，第181页。

③ 传世品有丰王铜泡、丰王斧，上有文字"丰王"[《三代》18·33·2、20·49·4，载罗振玉编《三代吉金文存》（全三册），中华书局1983年版，第1894、2128页]。清代洪广业说："丰王疑是戎王之号，荐居岐丰，故才称丰王，与亳王一例。"参见蔡运章《丰国铜器及姬姓丰国史初探》，载《甲骨金文与古史研究》，中州古籍出版社1993年版，第57—63页。

④ 《史记·绛侯周勃世家》之《索隐》："县官谓天子也。所以谓国家为县官者，《夏（家）[官]》王畿内县即国都也。王者官天下，故曰县官也。"（《史记》卷五十七，第2079页）。

⑤ ［日］增渊龙夫：《中国古代的社会与国家》，吕静译，上海古籍出版社2017年版，第353页。

生归纳典型的郡县之县的四个特点时，也曾着眼于县制前后社会组织的变化，如典型的郡县之县以乡里治民，而非春秋之县，还存在血缘组织结构。

第四，县是重要的军赋基地，特别是早期的县，军事意义突出。如杨宽先生以春秋楚县为例，认为楚县直属于国君，性质是"别都"，县尹是一县之长，是一县之师的统帅，由国君任命调遣。这些县如陈、蔡等都位于边境地区，是边防重镇，是楚与北方争霸的重要基地，是军赋（包括兵役和军需）重要的来源地。[①] 其实在县制起源的另外两个国家——晋、秦，也是如此。

在这些新认识的基础上，我们就可以审视毛家坪的新资料了。

毛家坪遗址位于甘肃省甘谷县西约 25 公里处的磐安镇（旧磐安乡）毛家坪村，渭河南岸，西为渭河支流南河，沿南河是一条通往秦人老家礼县的道路。整个遗址包括墓地和居址两个部分，20 世纪 80 年代北京大学和甘肃文物部门曾在此进行了小规模发掘[②]，2012 年以来，考古工作者又进行了新的发掘和调查，探明遗址南侧的墓地共有墓葬千余座，另有车马坑、灰坑等，居址被现代村庄所压，无法开展工作。墓地的沟西区发现有高级别的墓葬 M2059、M2058，前者为随葬五鼎，有车马坑；后者为随葬三鼎。墓地沟东区也发现有三鼎墓 M1049。子车氏戈出于 M2059，上有铭文"秦公作子车用""不廷"等约 14 字。整个墓地的年代从西周晚期延续到战国[③]。毛家坪一带早年是冀戎的生活地，春秋早期武公时代被秦征服设县。发掘者推测，毛家坪可能是冀县之所在，若再考虑这个墓地是此地最大的墓地以及

---

① 杨宽：《春秋时代楚国县制的性质问题》，《中国史研究》1981 年第 4 期。收入《杨宽古史论文选集》，上海人民出版社 2003 年版，第 61—83 页。

② 参见甘肃省文物工作队、北京大学考古学系《甘肃甘谷毛家坪遗址发掘报告》，《考古学报》1987 年第 3 期。

③ 梁云：《秦文化重要遗址甘谷毛家坪》，《大众考古》2013 年第 11 期。

《水经注》等文献记载，这个推测是有理的。按照现有的有限资料，可以推知子车氏及冀县的一些基本情况。

戈铭中的"子车"，就是《左传》《诗经》中有名的秦贵族子车氏，《史记》之《秦本纪》《赵世家》①《扁鹊列传》作子舆。春秋中期穆公死后，秦用子车氏"三良"——奄息、仲行、针虎为殉，国人哀之而作《黄鸟》，现在还留存于《诗经·秦风》之中。有学者认为子车氏"三良"之中，奄息、针虎是中原对"戎狄"之名的对译。②根据多年的考古发现，嬴秦宗室贵族的墓葬，多采用头西向的直肢葬，带有腰坑并殉狗，高级墓并有殉人，殉人经常会是秦之异族，多采用屈肢葬。出土有子车戈的 M2059，连同已知的另外两座贵族墓M2058、M1049，都采用屈肢葬，与秦宗室葬俗不同。再说子车氏"三良"既然为秦穆公殉葬，就不会是秦之同族，从血缘政治的角度看，秦恐怕是不会用同姓贵族去殉葬的，由此可判定子车为秦之异族，但是否就出自冀戎，则无确切的证据。

"子车"戈及 M2059 的年代，结合文献、戈的形制及墓葬的其他因素，发掘者判断在春秋中期是基本合理的，不过这个年代似乎还可以细化。

M2059 的主人，随葬五鼎，属于大夫一级，与陪葬穆公的"三良"相同。③戈铭说子车氏居冀，其一大目的就是讨伐"不廷"。"不廷"就是"不庭"，即不朝之义，戈铭大意应与传世秦公簋、秦公大墓残石磬铭一样，授此戈给子车氏，是为了管理、威慑周围被秦征服

---

① 《史记·赵世家》扁鹊语，"昔秦缪公尝如此，七日而寤。寤之日，告公孙支与子舆曰：'我之帝所甚乐。吾所以久者，适有学也。帝告我：晋国将大乱，五世不安；其后将霸，未老而死；霸者之子且令而国男女无别。'公孙支书而藏之，秦谶于是出矣"。《史记》卷四十三《赵世家》，第1786—1787页。

② 江头广：《姓考——周的家族制度》，转引自许倬云《西周史》（增订本），生活·读书·新知三联书店1994年版，第128—130页。

③ 《左传》杜注子车氏为秦大夫。杨伯峻：《春秋左传注》（修订本），中华书局1990年版，第547页。

的异族。① 这些行为按理只能发生在秦霸 "西戎" 之后。按照《秦本纪》等文献的记载,秦霸 "西戎" 在穆公三十七年(前 623 年),这应是 M2059 年代的理论上限;两年后(前 621 年)穆公卒,"三良" 被用于陪葬,地点在当时的秦都雍(今陕西凤翔)。这样,M2059 主人的生年可能与 "三良" 有所重合,应属相近或同辈的子车氏子弟。与 "三良" 不同的是,M2059 的主人葬在了冀县,卒年应该穆公以后;他在冀县的生活年代,应该就在穆公晚年至后来的康公、共公前后。

子车戈铭文说 "秦公作子车用",并有讨伐 "不廷" 的义务,说明子车氏是秦君委任管理冀县的,冀县当为秦君的直属之地,而非授予子车氏作为私邑。子车氏作为本地身份最高者,应就是子车氏族长,所以发掘者认为毛家坪墓地具有子车氏家族墓地性质,是有一定道理的,那些陪葬者就是他的私属。问题是,毛家坪现在已知的只有 M2059 一座五鼎墓,还不能说明子车氏世代或多代就居于此,现在已知的子车氏只有一代生活于此。由此推测,冀的长官应是可以撤换的,至少不是完全世袭的。

冀县从武公时初设到子车氏的时代,历经了半个世纪以上。从子车氏的身份来看,他仍是世袭制下的大夫,使用的还是西周春秋型的礼器,遵从的是西周以来贵族的葬俗传统。他虽然是冀县长官,但身份与后世之官僚还有一定距离,冀也不是他的世袭封邑。这些特点所反映的,恰是早期县的特征。

春秋早期秦武公时代,秦在征服今甘肃天水一带冀、邽之戎后,然后 "初县" 之即设县以治。在关中的中东部,还设有杜(今西安南)、郑(今华县)两县。此时秦之政治重心已经徙往平阳(今宝鸡东虢镇附近),冀、邽、杜、郑所在,乃秦土的西东两端。"初县" 行

---

① 王辉:《秦铜器铭文编年集释》,(台北)新文丰出版公司 2000 年版,第 44—45 页。

为一直延续到战国中期的献公时代，最后一次设置春秋型的县是在栎阳①；随后在孝公时商鞅变法之后，设置的乃典型的郡县之县。前者都设置在边境地区，与国都相对，犹如都之县鄙（县），故名之为"县"；后者则遍及全境。《国语·晋语四》记载，晋文公自秦归晋，设官分职，使"异姓之能，掌其远官"，韦注远官即县鄙之官，与中官（内官）、近官（朝廷之官）相对。从春秋时代的毛家坪，以及灵台景家庄 M1 等高级墓葬的葬式来看②，都是屈肢，可知墓主为异姓贵族，推测边地的守卫者大多是异姓，这与晋的情况类似。现在毛家坪发现有高级别春秋秦墓，将来不排除在西安、华县杜、郑所在地也发现五鼎等级别的春秋秦墓之可能。③

春秋秦"初县"的上述四地，所在都是秦之边地，从历史事实来看，这些地区在秦起到了很大作用。毛家坪位处交通东西南北的交通要道之上，又处与诸戎交接的关键地带，自然有十分重要的交通、军事价值。可以推想，春秋中期后秦霸"西戎"，控制周边的戎人，战国以后秦之向东发展，毛家坪分别充当了稳固的桥头堡和大后方的作用，一如杨宽先生所指出的县的作用一样。文献记载穆公以子车氏"三良"陪葬后，对秦影响极大，使秦既不复为盟主，也再无力东征④，这与秦对边县的依赖有很大关系。毛家坪墓地墓主的葬式，多为东西向的屈肢葬，这与大多数秦下层民众的葬式一样，表明在冀县长官之下，所控制的对象应该是以冀戎为主的人群，毛家坪所出兵

---

① 《史记·六国年表》记载献公十一年（前 374 年）"县栎阳"（《史记》卷十五《六国年表》，第 716—717 页）。

② 刘得祯、朱建唐：《甘肃灵台景家庄春秋墓》，《考古》1981 年第 4 期。

③ 现在发现的春秋型五鼎墓，除了毛家坪，还有宝鸡边家庄、礼县圆顶山等地。

④ 《左传·文公五年》："秦伯任好卒，以子车氏之三子奄息、仲行、针虎为殉，皆秦之良也。国人哀之，为之赋《黄鸟》。君子曰：'秦穆之不为盟主也，宜哉！'……君子是以知秦之不复东征也。"杨伯峻：《春秋左传注》（修订本），第 546—549 页。

车、兵器、"子车"戈铭文以及沟东区人骨病理研究①，都可证明这些人是秦军赋的重要来源。

例如，在毛家坪已发掘的两百余座墓中，出土有剑、戈、矛、镞等大量兵器以及兵车，子车氏墓 M2059 本身就出土有二剑三戈，附属的车马坑中也有戈、镞等兵器，足证子车所在之冀是秦之军事重镇，这与春秋大国楚、晋的情况相似，特别是同在边地设县的楚（晋在边地和内地都设县）。春秋时代的楚、晋之县，是重要的军力来源。例如楚灭国为县，有的兵力可敌一国，楚之陈、蔡等号称"千乘"②。晋之县也是如此，"成县"（大县）可出兵车百乘，晋卿韩起、叔向二人所有的"十家九县"有兵力谓为"长毂九百"，其余四十县则"遗守四千"，各有备守之兵车百乘。③ 韩起、叔向都是晋卿，"九县"为其封邑，每个县（邑）都有很强的军事实力。M2059 的主人也是大夫，可能与晋韩起等人类似，他所在的冀也有重要的政治、军事地位。与晋不同而与楚类似，秦县都在边地，军事地位显得更加突出。

综上，毛家坪的考古资料包括"子车"戈等表明，子车氏是嬴秦异姓贵族，其子弟曾被秦君委派为冀县长官，以现在的资料看，这个职位并非世袭。春秋时期的冀，就是"初县"之县，是秦君直属的土地。这种早期的县都位于边地，与楚类似，其上承西周畿内之县，由秦君直属，并由秦君任命大夫代行管理权，已经具有了后世县的基本属性。冀等"初县"之地作为秦土，在政治、军事等方面发挥了重要作用。作为地方行政制度的萌芽，秦之早期县制，也首先是冀这样的边地发展起来的，后来典型的郡县制即起源于此，在地方行政制度发展史上，具有重要意义。

---

① 洪秀媛：《甘肃毛家坪沟东墓葬区出土人骨的研究》，硕士学位论文，西北大学文化遗产学院，2014 年，第 20 页。
② 《左传·昭公十二年》。杨伯峻：《春秋左传注》（修订本），第 1340 页。
③ 《左传·昭公五年》。杨伯峻：《春秋左传注》（修订本），第 1269 页。

地方行政制度作为秦朝中央集权制的重要支撑，也经历了长期的发展过程，至少从县、道一级的源流来看，即是如此。① 秦地方行政制度的发展具有阶段性，例如县，其渊源可追溯到西周时期周王畿的都县之制，春秋早期的秦的"初县"行为以及晋、楚的设县，是县制的成长时期；战国中晚期所设之县与春秋县制并不相同，是县制的转折期，并在县上增加了郡一级，秦统一后则普遍设郡，县制基本定型，开启了后世两千多年县制的历史。我们可以把县的起源简述如下：萌芽于西周，产生于春秋，转型于战国中期，大规模推广于秦代。县作为秦孕育时间最长、最具代表性的地方行政单位，较早委任大夫管理的冀，属于县制发展历史的早期阶段，是国君委任贵族大夫控制的秦本土，性质与战国中期商鞅变法后典型的郡县制的县有别，但秦以此模式对边地所进行的有效经营，是以后过渡到典型的郡县之县的基础。县的本质是国君直属的行政区域，是国君派员对其形成有效行政管理的地方。两周时代的县，与诸侯封国、大臣及公子封地采邑及外族占地都不相同。从集权制的另一面来讲，县制的形成和推广，就是国君"吞并"其他性质土地、直属地不断扩大的历史，与此伴随的是国君权威的不断扩大。所以，县制的发展，也是作为中央集权制的另一头——皇帝制度形成的重要动力和标志之一。

毛家坪所在的冀，是秦中央集权形成的重要标本，反映的是秦帝国史的另一面；而秦帝国的地方行政制度，又是中国古代地方行政制度形成的重要基础。毛家坪遗址的重要性，也于此可见。

（原载《华南师范大学学报》2020 年第 2 期）

---

① 秦在统一后设郡，有学者怀疑郡是外来影响的结果。相对于郡，秦县材料较多，稍可言之。

王权支配与汉代豪族对国家与
社会的重构

崔向东[*]

基金项目：国家社科基金重大招标项目"秦汉时期的国家建构、民族认同、社会整合研究"（项目编号：17ZDA180）

在汉代各社会阶层或社会群体中，豪族是最能体现国家与社会互动关系的社会阶层。豪族具有双重属性：一方面，豪族士大夫是国家权力体系的一部分；另一方面，又以宗族为依托成为地方社会领袖，他们既代表国家，又代表社会，是国家权力的社会基础。两汉国家与豪族社会阶层呈互动关系，豪族的形成和形态演变是王权支配的结果，但豪族并非完全被动地接受国家权力支配，而是以各种方式应对国家的权力支配，表现为对国家与社会的重构。

一 控制与整合：王权支配社会与社会的国家化

刘泽华先生说："中国古代社会的一个重要特点是权力支配社会。因此权力的运动与整合常常会牵动整个社会。"在古代国家与社会的关系中，王权乃国家权力的最高体现，以王权为代表的政治权力起着

* 渤海大学历史文化学院教授。

支配作用。在"家天下""朕即国家"的私有独占观念下，国家与社会的关系完全可以用王权与社会的关系来加以理解，因此国家支配的本质就是王权支配社会。

汉初国家与社会的相对分离是国家控制、整合社会的根本原因。汉初存在多种社会势力，主要有六国宗室和贵族后裔、私人豪富、强宗豪右、豪侠、封君、军功地主等。这些社会势力凭借政治、经济和宗族力量形成各自的社会秩序，脱离王权一元支配，与国家对立甚至冲突，在很大程度上对王权一元秩序构成威胁和破坏。"国家之权轻，故匹夫欲与上争衡"，此语道破了以君主为本位的国家与社会之间的关系。在王权一元支配下，社会秩序要与国家秩序保持高度一致，任何超越王权秩序的社会势力都要遭到限制、打击，直到屈服或转化，这是汉代国家对社会进行控制与整合的根本原因。

从秦汉历史演进看，王权支配社会主要通过权力支配、制度整合和观念控制来实现。第一，权力支配。国家通过权力规制、引导社会势力，通过权力体系控制整个社会。在王权支配一切的社会中，权力不仅在各种社会资源和利益的占有与分配中起决定性作用，而且在社会各阶级、阶层的形态转变过程中起导向作用。汉代豪族的形成与形态演变都是王权支配的结果。豪族集权力、地产、文化和宗族于一体，但首先要与权力结合，服从王权。通过拥有权力进而发展家族势力，这是传统中国社会的固有规律。第二，制度整合。"王权支配社会"在制度方面的表现即国家制定完善严密的体现王权意志的各项制度和控制体系。制度是国家意志的体现，是国家维护权力秩序的手段。汉代通过一系列制度来实现对社会的控制、引导与整合。国家支配社会的制度设计主要体现在中央对地方的控制、国家对社会阶层的人身控制和利益获得手段的控制等方面，主要通过郡县制、官僚制、编户齐民制、重农抑商和迁豪实陵等制度控制、整合社会。第三，观念控制。社会控制、整合与国家意识形态有着极其密切的关系，国家意识形态决定社会控制、整合的基本内容和方式。汉代以儒学治国，强调君尊臣卑和国家（君主）本位，从而实现对社会阶层、社会势力的思想整合与控制。汉代思想家、政治家强调"君为国之本"，在理论上和实践上都倡导、践行国家本位，君主至上，以达到"一统尊君"。

汉代国家以强力和利诱控制、引导各种社会势力。汉武帝时期，通过权力、制度和思想实现对社会的全面控制、整合。西汉中期以后，各种社会势力渐趋于一种新的形态，即集官僚、地主、士人等多种特征于一身的"豪族"。豪族的形成不是一个自然的过程，而是王权支配的历史结果。豪族的形成过程，也就是各种社会势力纳入国家秩序的过程。豪族通过加入国家权力体系，与王权建立起直接联系，由被抑制、打击的对象转而成为国家政权的社会基础。

在王权支配下，汉代国家与社会的关系总的趋势是"社会的国家化"，即社会阶层、社会势力等受国家支配，社会组织、社会阶层都缺乏独立性和自主权，社会之于国家更具有依附性，社会秩序与国家秩序保持高度一致，形成了以王权为核心的一元国家—社会结构。

二 接受与应对：豪族对国家与社会的重构

汉代国家与社会的互动关系，总的趋势是国家支配社会，国家控制社会各个领域和各种社会势力，不存在国家与社会的二元对立。但也要看到，国家存在的基础是社会，国家无法完全摆脱社会而运行。社会阶层和社会势力并非完全被动地接受国家权力支配，而是在不同时期和社会条件下表现出反作用或反制约。一般说来，社会对来自国家支配的互动反应主要有两种。一是与国家相呼应，顺应王权支配，更好地建构一元的政治—社会结构，促进并维护国家与社会秩序的平衡。二是社会力量为维护自身利益而采取各种方式和手段制约国家，国家受社会力量的限制。国家（王权）不能完全无视"社会"力量，必须不断调整支配手段和方式。上述两种情况，都表现为社会阶层通过互动而重塑、重构国家与社会。

汉代豪族对国家与社会的重塑、重构主要体现在三个方面。

其一，国家权力是通过各级官僚机构来行使的，社会势力加入国家权力体系，从而对国家权力的运行方式和支配作用产生影响，进而影响国家与社会关系的调整。汉代豪族不断加入国家权力体系，使政治权力的拥有者和社会势力的拥有者逐渐一体化，成为国家与社会的连接纽带，国家与社会由对立转向合作。在国家权力支配社会的大前提下，豪族通过与权力结合而与国家互动，在不同程度上影响国家的权力支配和各项制度的实施，由此导致国家改变支配方式，调整统治政策，甚至在某些方面做出妥协，西汉迁豪实陵的兴废、东汉度田的不了了之都充分说明了这一点。

其二，豪族是地方势力拥有者，他们通过各种方式和手段控制基层社会，重构基层社会。豪族对基层社会的控制主要通过权力占有、社会关系网络和德望来实现。权力占有和垄断是构筑豪族社会网络的根本。豪族凭借家族势力垄断选举，"世仕州郡"把持、垄断地方权力。豪族不断拓展、强化社会关系，构成以宗族、姻亲、僚属、师友、乡党等交织在一起的社会关系网络，在乡里社会形成豪族秩序。同时，豪族儒化、士族化，使其对乡里的支配手段更加注重伦理和德望，德望成为豪族控制"乡里共同体"的精神纽带。西汉后期，出现以父老为核心的乡里共同体向以豪族为核心的豪族共同体演进的趋势。豪族逐渐占据乡三老、里父老的位置，成为王权控制乡里秩序的中介。可见，汉代国家对乡里社会的控制及其变化体现为豪族在一定社会结构上对基层社会的重构。

其三，豪族儒化与士族化促进了汉代社会整合，重构了社会意识形态与豪族精神世界。豪族儒化、士族化使豪族接受儒家思想和伦理规范，豪族以王权认可的"六经"为观念和行为准则，儒学不仅成为其思想和人格的内在修养和追求，更外化为行动上的自觉。豪族在儒学的陶染下，其精神世界也发生由武向文的转变。同时，"六经"和儒家伦理成为豪族家族、宗族文化的核心，构成豪族家学和家风的基本内容，这便重构了社会文化传统。当然我们也要看到，豪族士大夫借助儒学和道德力量对国家（君主）行为进行制约和批判，这是社会与国家互动的一种形式。汉代豪族士大夫坚持"道统"制约君主的事例史不绝书，但这也只是对君主制度的一种调节，绝不是根本性制衡。道统源自王权，受制于王权，因此道统对王权的制约是在遵循王权支配下的有限制约，不宜评价过高。

总之，以国家与社会互动为视角，具体分析国家与豪族阶层之间的互动关系，使我们既看到古代国家王权支配的绝对性，也看到社会阶层对国家与社会的重塑和重构。这对于我们以历史和世界的视野，观察和研究当今世界国家与社会的关系也有所助益。

（原载《中国社会科学报》2019 年 2 月 26 日）

嫡长之制与我国古代王权的合法性建构

汪 荣[*]

摘 要： 从制度之礼的层面来探讨礼与王权合法性的建构，主要从名分制度与嫡长制度两个方面着手。从名分制度来说，它强调礼制秩序中的每个人各负其责，各安其分，时刻意识到个人永远是生活在制度、社会中的人，使个体对于整体礼制秩序形成一种制度性的惯性依赖，这为整个王权秩序的存在奠定了基础。不仅如此，名分制度还渗入民众的生活层面，成为"日用之常"，从符号到意义全面指引人的内心与行为，从而激发民众对最高权力支配地位这一既成现实的内心认可，奠定统治的合法性的心理基础。从嫡长制度来说，其要旨就是以制度的形式来对继位之君的合法性提供程序规范，以血缘的先天决定性来确保最高权力能在一个家族内和平传承。在一个王朝的守成时期，最能证明嗣位之君合法性的是他们独一无二、卓尔不群的家族血脉和谱系。在儒家观念中，嫡为贵，长为尊，嫡长子被认为血统最为纯正，地位最高，身份最尊，因此，嫡长继承制度是从程序规范的层面来构建王权的合法性。

关键词： 中国；嫡长之制；古代王权；合法性建构

基金项目： 国家社科基金重大招标项目"秦汉时期的国家建构、民族认同、社会整合研究"（项目编号：17ZDA180）

---

* 重庆师范大学历史与社会学院教授。

一

众所周知，宗教之礼为人间合法性解决了终极基础问题，提供的是政治合法性的终极价值依据，所以君主行祭天之礼，表现"天之历数在尔躬"①。然而，实际情况是，除了开国君主之外，后世君主权力的取得乃是间接而来，其直接来源在于父祖。清儒庄存与在《春秋正辞》第一卷中谓："受命之王曰太祖，嗣王曰继体者，继太祖也。不敢曰受之天，曰受之祖也。故王者奉祖法以守天下。"因此嗣王继先祖之正体，非受之天而是受之祖。和平时期的君主在论证其合法性时尽管也会以德行或者功业为根据，但究其根本却是诉诸他们独一无二、卓尔不群的家族血脉和谱系。《公羊传·庄公四年》说："国君一体也；先君之耻犹今君之耻也，今君之耻犹先君之耻也。国君何以为一体？国君以国为体，诸侯世，故国君为一体也。"可见，在《公羊传》作者看来，国君为一体，"先君"与"今君"一体，所以，嗣王之君所以能继承天命，是因为他们与受命祖为一体（而且是正体）。无可否认，"政治权力的合法性传承的根据在于家族谱系，在于'种'"。②继位之君之所以能取得君位，是建立在家族的总的血缘联系上的，故最能证明其合法性的就是自身与先祖的血缘一脉相连，然后才有资格从前代君王手中直接接掌过权力，进行政治统治。所以传统的合法性要求继承上、血统上的正当性（就同一朝代内部传承而言）；何以传统中国必须严格遵祖先家法，都可从此一角度得到部分新的解释。因为帝王不仅是一国之主，同时也是家族中的一员，这是宗法血缘关系在政治中的具体反映，同时也势必对最高权力的行使造

---

① 王健文：《奉天承运——古代中国的国家概念及其正当性基础》，（台北）三民书局2006年版，第35页。

② 参见周濂《正当性与证成性：道德评价国家的两条进路?》，载《2004年现象学与伦理国际学术研讨会暨第十届中国现象学年会会议论文集》。

成重大的影响。一般而论，君主要想确保自身的合法性，必须始终对赋予其继承资格的祖先心存敬畏，谨守祖宗成法。

此外需要指出的是，所谓的君祖一体，除了一般意义上的亲属结构形态外，在中国古代，它还被赋予了伦理规范的意义，包含德的价值。所谓"亹亹文王，令闻不已。陈锡哉周，侯文王孙子。文王孙子，本支百世"①。这就为王位世袭找到了依据：嗣君不必德高望重，他有权享有祖宗的德荫。继位之君不必是圣哲，不必有大德，即使其德行不如其父其臣，仍可合法占有天下，因为只要其子"守父之德"，继父之志即可以合法占有权力，"继统"成为天子。② 而且功德越大，传世越久远。因此，这种基于血缘传承而具有的合法性，是以"父德子承"为合法性的释义为基础的。父祖功德盖世，创业垂统，可以将基业传之子孙。王位的继承意味着天命的传承，这叫作德及子孙，这也是以"大德者必受命"作为合法性依据的。这样，血缘关系的权力传递链，就在守德继位的理由下，得到合法的承认，血缘关系与社会权力传递，得到了文化与伦理的认可，从而形成中国古代最有力量的、最普遍的支配基础。③ 因此，祖德遂成为子子孙孙、世世代代必须遵循的典范，嗣王继体若要求保天命，就必须保祖德于不衰。

实际上，在中国古代，对于天的崇拜与对于祖的崇拜也是相互贯通的。早在殷商时期，商王已经将自己的先祖当作上帝（天）的嫡系子孙。④ 所以《诗·商颂·长发》中歌颂的"有娀方降，帝立子生商"，这种观念也为后世帝王所继承，因此，后世对祖先的祭礼往往要配飨天帝。由于先秦儒家君主论的天命性依托直接上承于父系氏族

---

① 毛亨传，郑玄笺，孔颖达疏：《毛诗正义》，载李学勤主编《十三经注疏（三）》，北京大学出版社 1999 年版，第 958 页。

② 张分田：《中国的帝王观念》，中国人民大学出版社 2004 年版，第 361、388 页。

③ 白华：《儒家礼学价值观研究》，博士学位论文，郑州大学，2004 年，第 194 页。

④ 冯时：《中国古代的天文与人文》，中国社会科学出版社 2006 年版，第 80—81 页。

社会而来的宗法制，因此，对天帝的崇拜与对祖先的崇拜便最终在儒家的政治伦理学说中合而为一。① 我们试看孔子对此的看法。

> 定公问于孔子曰："古之帝王，必郊祀其祖以配天，何也？"孔子对曰："万物本于天，人本乎祖。郊之祭也，大报本反始也，故以配上帝。天垂象，圣人则之，效所以明天道。"②
>
> 曾子曰："敢问圣人之德无以加于孝乎？"子曰："天地之性，人为贵。人之行，莫大于孝；孝，莫大于严父；严父，莫大于配天，则周公其人也。昔者，周公郊祀后稷以配天，宗祀文王于明堂以配上帝。是以，四海之内，各以其职来祭。"③

可见，在孔子的思想脉络中，"本于天"与"本乎祖"在逻辑上具有一贯性，人"报本"以"配上帝"，所以敬天必奉祖，二者不可或缺。正因为祖与君之间的这种密切联系，《公羊传·桓公元》年何休注以为新君即立，必须"先谒宗庙，明继祖；还之朝，正君臣之位也"。故谒宗庙是确立继体君最重要的程序，新君即位，必须先谒宗庙，确立其与先祖的传承关系，表明其继先祖之正体，才能以继体君的身份在朝中正君臣之位。因而，联结君与先祖的宗庙在国家政治生活中就有着异常重要的功能。

宗庙是古代亲缘由空间活动以凝聚具有血缘关系的亲族之间的"空间"。但当某一家族成为"支配者"，甚至成为国家的统治者，则

---

① 参见欧阳祯人《先秦儒家的君权合法性论证浅析》，《社会科学战线》2002 年第 5 期。

② 王肃注：《孔子家语》，《景印文渊阁四库全书》，第 695 册，（台北）商务印书馆 1986 年版，第 67 页。

③ 魏徵等：《群书治要》卷九《孝经论语》，载王云五主编《丛书集成·初编》，商务印书馆 1937 年版，第 141—142 页。

此一具有私人血缘性的空间，却在成员身份的渗透下，有了政治的意识。①《白虎通·宗庙》云：

> 宗者，尊也。庙者，貌也，象先祖之尊貌也。……祭宗庙所以禘祫何？尊人君，贵功德，广孝道也。位尊德盛，所及弥远。谓之禘祫何？……以其能世世继君之体，持其统而不绝，由亲及远，不忘先祖也。②

这种见解便很能说明宗庙最初是联结家族内部血缘关系的一种纽带，是古代亲缘团体在空间上借以联系、凝聚成为一个整体的最主要中介。后来因为家族上升为国家的统治者，所以原本属于私人祭祀的家族内部以父子继承为内容的宗祧继承，成为一种国家制度。因而受祭者的身份，不仅是一个家族的成员，同时他们还是这个国家的政权拥有者。从血缘上，他们是父子、祖孙；从政治上，他们是历代先王或先君。事实上，也由于这种角色及关系的重叠，因此，在宗庙中所进行的活动，常常不能只是统治家族内部的私事，公与私的界限在这个空间中被模糊了。从帝王家族来看，可以将帝王即位视为大宗的宗祧继承；但从国家的立场来看，却是一种最高权力的转移与过渡。帝王要想自身的合法性得到认可，必须同时通过宗庙之礼与祭天之礼来对这两种身份进行确认，体现了君统与宗统的统一。③

---

① 林屏生：《先秦儒法思想中的血缘问题与国家》，博士学位论文，台湾大学中文研究所，1995 年，第 85 页。

② 陈立撰，吴则虞点校：《白虎通疏证》卷十二《宗庙》，中华书局 1994 年版，第 567 页。

③ 当然，这里宗统与君统并不总是一致的。在西周时期，二者混而为一，但因强调了宗统会削弱君统的绝对权威，因此，秦汉以后，逐渐君统取得了优势地位，帝王作为宗子的身份逐渐从属于其作为天子的身份。如《礼记·郊特牲》石："诸侯不敢祖天子．大夫不敢祖诸侯。公庙之设于私家，非礼也。"但宗统与君统仍是分中有合，互相依存。参见季乃礼《论中国传统社会关系的拟宗法化——"宗统"与"君统"的分与合》，《天津社会科学》2000 年第 2 期，第 72—78 页；龚建平《宗统与君统之间——试论传统社会中个体人格的成长空间》，《西安交通大学学报》2003 年第 4 期，第 70—76 页；钱玄《三礼通论》，第 438—440 页。

二

现在我们就试用在宗庙举行的具体活动来考察其中所体现的君祖关系。如上文所论，宗庙是存在于祖先与后代子孙之间的一种纽带，在宗庙的中介作用下，在一个亲缘团体内，古今、生死乃至时空的阻隔，都可消弭于无形。因此，已经过世的祖先，仍继续在子孙的生活中发挥影响，甚至其地位还超过在世的子孙。也因此，人世子孙的许多重要事情必须在宗庙举行，或者须先奉告祖先。① 宗庙所有活动中，最重要的事务当属即位、告朔、册命三项。

首先，就即位礼一般而言，不管是天子还是诸侯，其即位之礼大抵于宗庙举行。如前引《公羊传·桓公元年》何休《解诂》认为诸侯即位当"先谒宗庙，明继祖也；还之朝，正君臣之位也"。汉代以后，这一礼仪大体得到承袭。②

其次，告朔视朝必于宗庙。告朔乃指王者班朔之后，诸侯于每月朔日，以牲羊告于庙，谓之告朔。告朔之后，复有听朔。指天子于名堂、诸侯于太庙中听治一月之正事。对于听朔的地点，与告朔略有不同。《礼记·玉藻》云："天子……玄端而朝日于东门之外，听朔于南门之外。……诸侯……皮弁以听朔于大庙。"这种国家大事的规划，在宗庙中进行，实则代表了古代血缘关系在国家大事中的重要性。③ 因为王者统治合法性在于血缘关系的连续性，其地位来源于祖先的功德，所以每有大事，听朔于太庙，使统治的合法性受到先王先祖的认可，并有祈祷祖先灵魂庇佑之含义。所以孔颖达说："天子听朔于明

---

① 王健文：《奉天承运——古代中国的国家概念及其正当性基础》，（台北）三民书局2006年版，第139页。

② 也有在圜丘举行的，参见本文第二章中"圜丘之礼"。

③ 林屏生：《先秦儒法思想中的血缘问题与国家》，博士学位论文，台湾大学中文研究所，1995年，第87页。

堂，明受之天与祖也；诸侯听朔于大庙，明受之王与祖也。"① 这里天子与诸侯听朔地点的不同，也表明了天子与诸侯在合法性来源上的细微差别。天子的合法性源于天与祖，祖是直接根源，天则是终极根源，故孔氏言"明受之天与祖"；而诸侯的合法性源于其与天子的关联性以及与祖先的血缘纯正性，故诸侯听朔于大庙，'明受之王与祖也"。

再次，古代"册命"之礼，也多于宗庙举行。《左传·昭公十三年》记载：

> 乃大有事于群望，而祈曰："请神择于五人者，使主社稷。"乃遍以璧见于群望曰："当璧而拜者，神所立也，谁敢违之？"既乃与巴姬密埋璧于大室之庭，使五人齐，而长人拜。②

上文杜预注"大室，祖庙"，可见古时册命之礼，也多于宗庙之内举行。因为册命储君，关乎统治者全宗族之事，而不是任何一代国君个人的私事，国君就是宗庙主，所以必须在宗庙举行。

以上即位、告朔、"册命"之礼，都属于统治者合法性的程序要件，其所要确立的，主要是嗣位之君与先王的传承关系，所谓"宗庙之礼，所以序昭穆也"③。这种昭穆之序，是王位传袭的基础。如前所述，当一个家族取得政治上的支配权时，宗庙的血缘活动便成为一种国家的政治活动，因而，帝王的继位，首先在家族内部而言，必须通过宗庙之礼，来确认继位者与先王一脉血缘（父子一系）的连续性，这是其最高统治权合法性的一个前提。于是"亲亲"的血缘关系，进入国家领域，使得"尊尊"的上下支配关系在血缘关系的连续中塑模而成。"亲亲尊尊"在宗庙的空间意义上，确认了最高统治权合法性在

---

① 孙希旦撰，沈啸寰、王星贤点校：《礼记集解》，中华书局1989年版，第779页。
② 杨伯峻：《春秋左传注》（修订本），中华书局1990年版，第1350页。
③ 郑玄注，孔颖达疏：《礼记正义》，载李学勤主编《十三经注疏（六）》，北京大学出版社1999年版，第1439页。

纵的方面的延续性，由家族内部的亲亲，转化为社会阶层之上的尊尊，君与祖构成了一个完整的权力传承的合法性链条。

从上文的分析可知，在中国古代君权的传承中，与父祖的"血缘距离"是其基本立足点。由于"血缘距离"是一种天然秩序，与先王"血缘距离"的远近不是后天可以选择的，它在一定意义上排除了主观意愿的多样性。因此，国家最高权力传承的合法性，正奠基于这种"血缘距离"关系的先天决定性。中国古代汉语中，"嫡"意为"正"，指宗法制度下血统最近的家庭正支。《增韵》解"嫡"曰："正室曰嫡，正室所生之子曰嫡子。一曰嫡，敌也，言无与敌也。"这样，根据妻妾与男主人的关系，女人所生之子可划分为嫡子、庶子、嗣子、养子和奸子等。虽然同为父之子，但在古人心目中，其地位尊卑是不同的，"嫡夫人之子，尊无与敌，故以齿；子谓左右媵及侄娣之子，位有贵贱，又防其同时而生，故以贵也"①。在儒家看来，由嫡妻所生之长子即为嫡，嫡为贵，长为尊，嫡长子被认为是血统最为纯正，地位最高，身份最尊的。因此，在继承帝位的候选人当中，其理所当然位列第一位阶。在这个意义上，中国古代最高权力获取方式上的程序合法性，实质是在宗法精神支配下所体现的合法性，是一种"自然血缘的合法性"。

基于上述原因，嫡长制自周公制礼之后，被儒家公认是取得最高统治权的合法性程序要件，被奉为"不易之制""万世常法"。在王朝的守成时期，君主的权力直接源于父祖的传授，因而，君主的合法性体现在其与先祖血缘的纵向联系上。儒家观念中，嫡长子与先王血缘最为接近，地位最尊。因而，理所当然地被视为承祖传国的合法继承人。

---

① 公羊寿传，何休解诂，徐彦疏：《春秋公羊传注疏》，载李学勤主编《十三经注疏（八）》，北京大学出版社 1999 年版，第 13 页。

正因为嫡子制度是君主权力合法性的程序要件，中国古代家国同构的现实，必然导致国家对民间家族内部嫡庶之别的极度关注，甚至以国家立法的形式对家族内部的嫡庶废立进行严格规范，其典型的代表是在唐代。① 如《唐律·户婚》中规定："诸立嫡违法者，徒一年。即嫡妻年五十以上无子者，得立庶以长，不以长者亦如之。"其《疏议》云："立嫡者本拟承袭。嫡妻之长子为嫡子。不依此立，是名违法，合徒一年。'即嫡妻年五十以上无子者'，谓妇人年五十以上不复乳育，故许立庶子为嫡，皆先立长，不立长者亦徒一年，故云'亦如之'。依令，无嫡子及有罪疾，立嫡孙；无嫡孙，以次立嫡子同母弟，无母弟立庶子，无庶子立嫡孙同母弟，无母弟立庶孙。曾玄以下准此无后者为户绝。"②《唐令拾遗·封爵令》规定："案封爵令，公侯伯子男，身存之内，不为立嫡。亡之后，嫡袭爵，庶子听仕宿卫也。袭爵嫡子无子孙，而身亡者除国，更不及兄弟。"③《大唐开元礼》卷第三"序例下·衣服"也载："凡职事官三品以上有公爵者，嫡子婚听假以四品冕服。"唐代的宗法传承之制，既见于刑律，又见于礼制，可见国家对于嫡庶之别的重视。这当然是出于对维护王朝秩序的长远考虑，因为以嫡庶为特征的宗法礼制是皇权存在的社会基础，若宗法制度被破坏，必然会危及皇权自身。因此，唐代由宗法制度产生的传承制度是受法律保护的。④

---

① 陈成国先生认为："宗法制度而见之于法律形式，若非自唐始，必定形于唐。"参见陈成国《中国礼制史·隋唐五代卷》，湖南教育出版社1998年版，第69页。

② 《唐律疏议》卷四"注'谓以嫡为庶以庶为嫡违法养子'"条下有同样的说法。仁井田陞所辑录的《唐令拾遗·封爵令》"二乙"条中也有类似说法，参见［日］仁井田陞《唐令拾遗》，长春出版社1989年版，第219页。

③ 《唐律疏议》卷四"注'谓以嫡为庶以庶为嫡违法养子'"条下有同样的说法。仁井田陞所辑录的《唐令拾遗·封爵令》"二乙"条中也有类似说法，参见［日］仁井田陞《唐令拾遗》，长春出版社1989年版，第219页。

④ 陈成国：《唐代宗法观念与传承制度——兼论李唐皇室氏族问题》，《湖南师范大学社会科学学报》1999年第1期，第17页。

这种嫡长之制是承宗袭爵的一般规定，违犯者要受到国家刑罚的制裁。《唐律疏议》卷二十五《诈伪律》云："诸非正嫡不应袭爵，而诈承袭者徒二年。非子孙而诈承袭者，从诈假官法。"《疏议》云："依《封爵令》，王公侯伯子男皆子孙承嫡者传袭。以次承袭，具在令文。其有不合袭爵而诈承袭者，合徒二年。'非子孙'，谓子孙之外诈云是嫡而妄承袭者，'从诈假官法'，合流二千里。"王、公、侯、伯、子男子孙尚且如此规定，对于事关皇室与国家稳定的帝位继承，就更不能例外了。

按照嫡长继承制度，如果在位之君嫡庶子皆无，除了立弟之外，便只有立嗣的方法确定继承人。其基本要求是同宗中有最近血缘关系者。《唐律疏议·户婚》中有对此的一般性规定："诸养子所养父母无子而舍去者，徒二年。若自生子及本生无子欲还者，听之。即养异姓男者，徒一年。《疏议》曰：依户令，无子者听养同宗于昭穆相当者。既蒙收养而辄舍去，徒二年。"又云："异姓之男本非族类。违法收养，故徒一年。"此法虽不是专门的皇位继承人的规定，但在皇家中依然适用，即选本族中昭穆相当者。虽然在唐代帝位传承中尚没有这样的先例，但在亲王爵位中却是有例可循的。如《旧唐书·高祖二十二子传》：高祖第三子李玄霸无子早逝，武德四年"封太宗子泰为宜都王以奉其祀"，"泰后徙封于越，又以宗室赠西平王琼之子保定为嗣"。这种方法可以确保在帝王没有直系亲属的情况之下国家最高统治权仍然有章可循，实现权力的顺利过渡。

三

嫡长子制度自被确立为中国皇位继承的合法传承制度后，对于这种制度本身的评价问题一直存在争论。应当说，仅就皇位嫡长制本身来说，其弊端是显而易见的。嫡长制度最为人诟病的是其片面强调继位者血统的纯正性（嫡长身份），而不考虑其实际才能和品行操守。因而可以说，这是"一种典型的非智能型的皇位继承方式，势必在嫡长制的产出与君主专制政体的需求之间造成严重的脱节"①。因为古代中国的政治制度都是从君主统御国家的角度而设计的，君主在国家的政治体系中处于中枢地位，他在国家治理中具有至关重要的作用，可以"一言以兴邦"，自然也可以"一言以丧邦"。这在客观上要求君主具有极高的行政管理与协调能力，这势必与作为古代君权的程序合法性要件的嫡长制之间严重抵牾。其造成的直接后果就是一方面君主拥有至高无上、乾纲独断的大权，另一方面君主由于自身能力限制，无法有效地行使制度赋予的权力。因此，宦官、外戚专权现象成为中国皇权的一个痼疾。如唐代武后、韦后主政之时，其对储君的废立易如反掌；唐代中后期，宦官把持朝政，甚至连皇帝也处于宦官的威胁之下，如大太监李国辅就曾经对代宗说："大家但居禁中，外事听老奴处分。"② 可以说，这是嫡长子继承制度的一项无法克服的制度性缺陷。

嫡长子继承制度的设计初衷就是定息止争，但从历史实际来看，嫡长子继承制度的实际效能并没有那么灵验。春秋之世，改立太子、宗子和争立国君，卿大夫的事端不断，"臣弑其君者有之，子弑其父者有之"③，可谓春秋二百余年间几无宁日。此后历朝的嫡长子继承制度，一样没有起到息事宁人的作用。苏轼甚至认为世袭制会加剧对世袭爵位的争夺："至汉以来，君臣父子相贼害虐者，皆诸侯王子孙，其余卿大夫不世袭者，盖未曾有也。近世无复封建，则此祸几绝，仁人君子忍复开之欤?"④ 苏氏之论或许有些言过其实，但因为嫡长子继

---

① 参见张星久《中国君主专制政体下的皇位嫡长子继承制新论》，《武汉大学学报》1998 年第 5 期，第 22—28 页。

② 《资治通鉴》卷二百二十二《唐纪三十八》，中华书局 1956 年版，第 7125 页。

③ 赵岐注，孙奭疏：《孟子注疏》，载李学勤主编《十三经注疏（十一）》，北京大学出版社 1999 年版，第 178 页。

④ 苏轼：《论封建》，《苏东坡全集》（下），中国书店 1986 年版，第 259 页。

承制度本身并不排除其他皇子的继承资格，只是其继承顺序的差别，因而并没有完全阻断其他皇子觊觎帝位的野心。与此同时，嫡长子继承制度的实行，在历史上也并不总是起到巩固统治的作用。以周代为例，史家吕思勉对西周封建宗法制的"消亡之道"作了精辟的分析：

> 古代天子诸侯间之关系，实多宗族之关系。天子之抚诸侯，宗子之收恤其族人也。诸侯之尊天子，族人之祇事其宗子也。讲信修睦，同族之相亲也。兴灭继绝，同族不相翦也。……然则何以卒至于灭亡也？曰：行封建之制者虽强，有自亡之道焉。盖既知宗族，即有亲疏，此无可如何之事也。亲亲以三为五，以五为九，至矣，无可复加矣。而立宗法者，必欲以百世不迁之大宗抟结之，使虽远而不散。其所抟结者，亦其名焉而已，其实则为路人矣，路人安能无相攻？……国与家，大利之所在也。以大利之所在，徒临之以宗子之空名，而望其不争，其不难哉？此诸侯卿大夫之间，所以日寻干戈也。①

西周的封建管理体制是金字塔型的，宗法制是其基本的管理制度，就是我们所说的家国一体，家国同构，国家治理的关键在于宗族。诸侯、各宗一律实行嫡长子继承制，致使中央无法任贤使能，任命有利于维护周王室、有利于诸侯统治的人才。因此，中央对地方诸侯就会缺乏控制力，诸侯对各大夫就会缺乏控制力，以至于王纲解纽、政令不一、各自为政，此官僚体制金字塔就会有倒塌之危险。②

嫡长子继承在实际实施的过程中还容易受到各种因素的干扰。在中国古代的制度设计中，并未设置任何对君主权力进行约束的强制性

---

① 吕思勉：《中国制度史》，上海教育出版社 1985 年版，第 373—374 页。
② 蔡先金：《从"宣王伐鲁"看嫡长子继承制》，《人文杂志》2002 年第 4 期，第 106—109 页。

规范。儒家观念中的种种制君手段，都是一种说教式的软制约，它更多地依靠君主自身的内在道德自省与自律。在君主制度之下，并不存在对君主权力的制度性制衡，这增加了嫡长子继承制施行的不确定性。因为君主的个人好恶而废嫡立庶的事情屡有发生，如东汉光武帝刘秀带头废长立幼，以后章帝、和帝、安帝又皆如法炮制；[①] 唐代太宗先立晋王李治为太子，后又将大位私许魏王泰，终经长孙无忌等人的力争而作罢。[②] 从这个意义上说，君主自身能否遵守礼法，成为嫡长子继承制能否最终确立的关键。

既然嫡长制有上述诸多弊端，那为什么儒家观念一直将之视为"百世不易之正法"，成为中国古代王朝和平时期获得皇位的基本合法要件？显然儒家是有其深远考虑的。

首先，从政治形态上说，秦汉以后的君主专制制度是西周分封制度自然演进的必然结果。春秋战国时期，发生在社会、经济、政治领域内的急剧的变革和碰撞，虽然对中华文明产生了深刻的影响，但从世界范围来看，它基本上属于"华夏各民族内部的同质文化的交流，并未遭到异质文化的大规模冲击与挑战，因而不会打断中国文明发展的连续性过程，使得传统的东西更容易继承和保存"[③]。从中国历史的实际来看，作为嫡长子制度所赖以存在的宗法制度并未随着春秋时期的"礼崩乐坏"而土崩瓦解，除了秦帝国之外，宗法制度依然是汉以后中国历代王朝统治的政治基础，家国一体、家国同构的局面并未得到改观，其观念和基本原则深深渗透在中国的传统政治中。按照牟宗三先生的说法，"政权寄托在具体个人或氏族部落上，依宗法世袭制维系政权于久远，遂使政权成为一静态的实有……具体个人虽可变

---

① 参见《后汉书》光武、章帝、和帝、安帝本纪。

② 参见《旧唐书·太宗本纪》。

③ 张星久：《中国君主专制政体下的皇位嫡长子继承制新论》，《武汉大学学报》1998年第5期，第22—28页。

灭，而有客观法度以延续之，则政权即可以成为不可变者"①。因此，这种思想背景决定了在中国这片土地上的任何王朝要想自身的统治有一个稳固的基础，并获得知识阶层和民众的认同，就必须尊重这种宗法秩序。同时，嫡长制对于帝王维系统治，实现其家天下于万世一统的目的也是最为有效的制度载体。

其次，嫡长制虽不能从根本上消除皇家内部的权力斗争——从古至今从来就没有一种制度能彻底消除权力斗争，这是由权力的本质决定的。权力本身就是一种排他性的稀缺资源，只要权力存在，围绕着权力进行的明争暗斗就永远不会终止。但嫡长子继承制度确实在一定程度上减少了争夺皇位的冲突，起到稳定政治秩序的作用。这是从嫡长子继承制度与其他继承方式对比的意义上判断的。古代中国的帝王由于妻妾众多，一般都会皇子众多。如何确立一个既可以安社稷，使得这种最高权力的传承限定在一个家族内部，又不会导致骨肉相残的继承制度，确是一个千古难题。在儒家观念中，本来还有一个"尚贤"的传统。孟子说："不信仁贤，则国空虚"②"尊贤使能，俊杰在位，则天下之士皆悦，而愿立于其朝矣"③。从理论上说，选臣僚尚且要求贤明，作为国之储君的人选，自不能例外。对于这种矛盾，儒家用三世学说来进行解答。在孔子看来，嫡子继承制属小康之制，即春秋制；选贤举能后大同之制，即太平制。嫡子继承制是家天下的产物，如果在大同之世还未到来时骤然实行太平制，虽可博得立贤之美名，但必然会造成天下大乱。因为在小康之世的政治生活中，君民很难有公天下的观念，政权必为一家一姓所把持私有。如果实行选贤举能之制，则极易被人利用成为篡权夺位的借口。④ 贤与不贤，在很大

---

① 牟宗三:《政道与治道》,（台北）学生书局1980年版，第228页。
② 赵岐注，孙奭疏:《孟子注疏》，载李学勤主编《十三经注疏（十一）》，第387页。
③ 赵岐注，孙奭疏:《孟子注疏》，载李学勤主编《十三经注疏（十一）》，第90页。
④ 蒋庆:《公羊学引论》，辽宁教育出版社1995年版，第164页。

程度上只是一个主观的价值判断，没有一个在制度上可以量化的标准；同时各皇子为了争取人心，往往会投其所好，做出温良恭俭、礼贤下士的姿态，造成统治集团内部的分裂。如果以这种模糊不定的方式作为最高统治权的传承依据，势必引起国家局势的混乱，从而危及整个统治集团的利益。而在嫡长子继承制中，政权转移所依据的血缘与年龄均出于自然，天生而成，任何人均无法图谋享有，自然也不能有觊觎之心。这种基于自然形成的继承标准一望即知，自嫡夫人至左媵侄娣的继承顺序也非常清楚，简单明了，形成制度后具有很强的可操作性。① 从这个意义上说，将继承的资格限定在"嫡""长"这些天赋的无法变更的条件上，通过血缘上的先天因素来"绝庶孽之窥箭，塞祸乱之本源"②，用制度建立起人们的皇权正统的合法性观念，把一切觊觎皇位的战争或政变都置于人人得而诛之的非法境地。③ 对此，王国维先生曾经做过精当的分析："盖天下之大利莫如定；其大害莫如争。任天者定，任人者争。……故天子诸侯之传世也，继统法之立子与立嫡也，后世之用人之以资格也，皆任天而不参以人，所以求定而息争也。古人非不知官天下之名美于家天下，立贤之利过于立嫡，人才之用优于资格，而终不以此易彼者，盖惧夫名之可藉而争之易生，其弊将不可胜穷，而民将无时或息也。故衡利后取重，挚害而取轻，而定为立子立嫡之法，以利天下后世。"④ 这一分析可谓是一语中的，指出了中国历代在皇位继承制度上舍贤让嫡的问题实质。后来唐君毅先生也持类似看法，认为："历代皇帝之世系相传，不以德而以血统者，则因血统纯由天定，而不由人定。则人于此得免于思虑之安排，亦所以绝纷争，而使社会易长治久安。在长治久安之

---

① 蒋庆：《公羊学引论》，辽宁教育出版社 1995 年版，第 164 页。
② 《资治通鉴》卷一百九十五《唐纪十一》，第 6135 页。
③ 李宝臣：《文化冲撞中的制度惯性》，中国城市出版社 2002 年版，第 143 页。
④ 王国维：《殷商制度论》，载《20 世纪礼学研究论集》，第 292 页。

中，有一由天然血统所定之万世一系之皇室，以为天下在时间空间上之一统之客观象征，人乃可更有一悠久无疆之太平之感。"① 因此，立贤立能只是儒家一种政治理想，一旦进入现实操作层面进行权衡利弊，则会发现嫡长子继承制是在两难（贤与良）困境中的一个相对合理的制度选择。

从血缘关系的距离来说，嫡长子继承制度也较之殷商时期的兄终弟及继承制度更容易实现。如前所述，商代的王位传承的主要方式是"兄终弟及"，这种继承方式在实际操作上有很大弊端，正如王国维《殷周制度论》所说，传弟既尽之后，则嗣立者应该为兄之子，还是弟之子？这种两难就为确立王位继承人带来很大的含糊性和不确定性。儒家的理想是帝王应该做出大公无私状，将皇位传于兄之子；但从人的血缘本性来说，"兄弟之亲本不如父子，而兄之尊又不如父"②，要求帝王将最高权力拱手让与非直系血亲的兄之子，这无疑需要君主有极高的道德自觉。而实际情况却是皇室内部在对权力的本能渴望下而展开相互倾轧，导致国家动荡。殷商的历史也印证了这一点，商朝自中丁以后"弟子或争相代立，比九世乱"③，这正是说殷商由于继承人的不确定而导致了政局不稳；而自"康丁以下，四世传子，王室比较安定"。两种继承法的不同治乱后果，对于以周公为代表的西周统治者不能不是一个明显的对比。正是为了矫正商朝继承制度混乱的弊病，巩固新王朝的统治秩序，西周的统治者才在总结前人经验教训的基础上，正式创立了嫡长制的继承制度。④ 因此，我们可以这样说，设计嫡长子继承制度是基于整个社会的理性合作与利益均

---

① 唐君毅：《中国文化之精神价值》，参见第九章《中国人间世界——日常生活社会政治与教育及讲学之精神》，（台北）正中书局出版 1953 年版。

② 王国维：《殷商制度论》，载《20 世纪礼学研究论集》，第 291 页。

③ 《史记》卷三《殷本纪》，中华书局 1959 年版，第 101 页。

④ 张星久：《中国君主专制政体下的皇位嫡长子继承制新论》，《武汉大学学报》1998 年第 5 期，第 22—27 页。

衡而建立相对合理的体制，它在一定程度上阻断了皇子之间对最高权力的争夺，实现了皇权的稳定过渡。

从儒家的角度来看，嫡长子继承制度是周公制礼作乐的一项重要内容，其本身亦包含在周礼的体系之中。众所周知，孔子对周代的文物制度非常景仰，曾称赞道："郁郁乎文哉，吾从周。"孔子一生以"克己复礼"为己任，其中也理所当然地包括周公所创立的嫡长子继承制度。孔子之后的大儒孟子也是支持实行嫡长制度的。例如，孟子指责："五霸者，三王之罪人也""今之诸侯，五霸之罪人也"。① 他所开列的具体罪名之一，就是这些人违背了"立嫡立长"的君位继承原则。此后《公羊传》的君统传延论以注释经典的形式，肯定了立嫡不立贤的政治原则，成为后世讨论君位继承问题的理论根据。② 在这样的背景下，统治者设计嫡长子继承制度的初衷不过是保证最高权力在一家一姓内平稳地过渡，实现统治者家天下的政治目的。但因其与儒家所倡导的周礼之间的这种从属关系，使原本是一种皇家内部的权力传承模式的嫡长子制度似乎又寄托了儒家的理想，具有了文化上的某种神圣意义，在以儒家为核心的政治文化中获得了合法性。③

四

此外，从中国人的经验、感情的角度来说，传统中国人特别重视

---

① 赵岐注，孙奭疏：《孟子注疏》，载李学勤主编《十三经注疏（十一）》，第334页。

② 张分田、萧延中：《中华文化通志·政治学志》，第95页。

③ 对于儒家关于传贤与传子的态度，似乎存在着某种矛盾。一方面，嫡长子制度本身符合儒家的宗法制原则；另一方面，儒家又有传贤的理想。如《韩诗外传》所说："五帝官天下，三王家天下。官以传贤，家以传子。"对于这种矛盾，儒家也并未给出恰当的解释。孟子的说法是"天与贤，则与贤；天与子，则与子……继世以有天下，天之所废也，必若桀纣者也。"回避了对这个问题进行价值判断，而以结果来论证其合理性，将嫡长子继承制度与天相关联。在孟子看来，只要符合天意，传子也是合法的，只要继位之君不像桀纣那样残暴失德，天就不会剥夺他的统治权。张星久先生认为儒家对于嫡长子继承制合法性的默认是出于儒家对于"现实政治的包容性。"参见张星久《君权合法性研究》，第92—93页。

以父子这种自然血缘为基础的伦理纽带。钱穆先生说："中国人所谓天人合一，正要在父母子女之一线绵延上认识，……短生命融入于长生命，家族传袭，几乎是中国人的宗教安慰。"① 这种纽带也被视为维系社会与国家和谐存在的关键，所谓"人道亲亲也"。《礼记》做了一番理想化推理："是故人道亲亲也，亲亲故尊祖，尊祖故敬宗，敬宗故收族，收族故宗庙严，宗庙严故重社稷，重社稷故爱百姓，爱百姓故刑罚中，刑法中故庶民安，庶民安故财用足，财用足故百志成，百志成故礼俗刑，礼俗刑然后乐。"② 由人伦领域内的"亲亲"之义而自然延伸到政治领域中的"尊尊"，这为嫡长继承制奠定了深厚的伦理基础，从而将整个古代社会纳入一套有序的宗法原则。这是古代中国人的家族观念在王位继承制度上的一种体现，一般意义上的理解为国是家的放大，家是国的凝结，家国一体。从这一意义上说，国家政治的合法性原则只是家族内部合法性原则的提炼、集中和浓缩而已。这样，就形成了下述认知逻辑。支配资源的先天性（嫡长子只有一个），决定了它的独占性；支配资源的不可选择性（谁能成为嫡长子不取决于人的意愿），由于排除了人为的选择性，所以其事实结果就体现为公平性。因而，嫡长子的君位继承制度在中国古代具有天然的合理性，它是中国宗法政治下的必然产物，同时也更容易获得传统的中国民众对其合法性的认可。正如蒋庆先生所言："小康之世人性欠完满的情况下则是不得已的事，因而也是必要的制度。""如此精心的理性设计在今人看来亦叹为观止，可以说已经达到了当时礼制的最高水平。"③ 牟宗三也将周代嫡长子继承制度的确立视为"华族文化一大发展"，标志着"法制的自觉"，④ 都是从这一意义而言的。

---

① 钱穆：《中国文化史导论》，商务印书馆 2005 年版，第 51 页。
② 郑玄注，孔颖达疏：《礼记正义》，载李学勤主编《十三经注疏（六）》，第 1011 页。
③ 蒋庆：《公羊学引论》，辽宁教育出版社 1995 年版，第 164、162 页。
④ 牟宗三：《政道与治道》，（台北）学生书局 1980 年版，第 230 页。

在嫡长继承之外，也有人提出过辅以"立贤"作为补充。至于在"立嫡"与"立贤"之间如何操作，关键是要视当时的实际情况进行定夺。按王夫之的说法："立子以适（嫡—下同）长，此嗣有天下，太子诸王皆生长深宫，天显之序，不可以宠壁乱也；初有天下，而创制自己，以贤以功，为天下而得人，作君师以佑下民，不可以守法之例例之矣。"① 就是说，王氏认为在王朝的守成时期实行嫡长制度，而在王朝初创或危难时期，却不妨"以贤以功，为天下而得人"。后一种权力传承方式在历史上是确有其事的。如唐代睿宗时期，太子李成器为嫡长子，按照礼法，本为皇位的合法继承人，但平王李隆基有兴复李氏社稷之功，究竟将如何传位，睿宗犹豫不决。此时李成器上书云："国家安则先嫡长，国家危则先百功。"② 最终隆基继天下。当然这种方式并不常见，属于特殊时期的特例，是嫡长子继承的变通情况，而非皇位传承的一般规则。以上述事例而言，若从合法性的视角而言，显然李成器更具备继承帝位的资格，李隆基继位是由于当时的力量对比有利于其掌控朝中大局，同时也是李成器成全之故。因此，我们仍然可以这样认为，在一个王朝存续的大多数时期，最高统治权的合法性来源于君主获得权力的正当程序或形式，而嫡长子身份被认为是取得皇位最具合法性的程序要件。

嫡长子继承制对于中国君主专制政体的具体运行方式具有深远的影响。如前所述，因为中国古代的专制制度赋予帝王个人极大的自主权，君主的个人才能直接关乎国家的兴衰，但在中国古代合法性语境中，只是强调继位者的嫡长子身份，而放弃了对君主个人才能与品行的要求，这使得王朝的运势充满了变数。如果继位者既能合法地继位，又具有雄才大略，则会国泰民安；如果继位者虽具有合法统治者

---

① 王夫之：《读通鉴论·高祖》，中州古籍出版社 1994 年版，第 935 页。

② 《资治通鉴》卷二百九《唐纪二十五》，第 6650 页。

的身份，但昏庸无能，则会导致民生凋敝，国势衰微。而且中国历史上层出不穷的外戚、宦官干政现象，都在很大程度上与中国传统政治中强调嫡长子身份的合法性要件有关——制度赋予了皇帝强大的权力，必然会导致年幼或昏庸的皇帝大权旁落，这成为专制主义的象征符号。纵观几千年来强大的王朝如汉唐之盛，也无法逃脱这一历史的宿命。

综上所述，在中国传统政治文化中，嫡长子继承制度是一种利弊权衡之后的相对合理的抉择，是在两难困境中的一个相对合理的制度安排；同时，嫡长子继承制度在儒家思想中也被视为"万世常法"和"不易之制"，是对正常时代君主取得最高权力的程序合法性要求，对古代中国的政治体制产生了深远的影响。

(原载《东方论坛》2018 年第 4 期)

"置主法之吏，以为天下师"和
"以法为教""以吏为师"

—— 先秦法家由"国家本位"向"君主本位"
政治思想的转型

刘 力[*]

摘 要：考察商鞅提出的"置主法之吏，以为天下师"与韩非、李斯所主张的"以法为教""以吏为师"，两者之间呈现出一种由法令传播制度向君主集权制度的演变。即是说，前者更多的是基于国家本位的变法思想与主张，后者则是在极权政治基础上的君主本位思想的反映，二者的差异化体现出战国中后期法家思想内部由国家本位向君主本位的政治思想转型。

关键词：先秦；法家；为法令置官吏；以法为教，以吏为师；国家本位；君主本位

基金项目：国家社科基金重大招标项目"秦汉时期的国家建构、民族认同、社会整合研究"（项目编号：17ZDA180）

---

* 重庆师范大学学报编辑部副研究员。

公元前 213 年，在秦帝国创建八年之后，以"郡县""分封"政见的分歧为导火线，李斯奏请在帝国颁行"以法为教""以吏为师"，为始皇帝认可。① 针对"以法为教""以吏为师"，诸多学者认为其来自韩非，源自商鞅。② 比较李斯、韩非子主张的"以法为教""以吏为师"与商鞅所提出的"置主法之吏，以为天下师"，笔者以为，两者并非简单的"流"与"源"的存在，更为深层的则是先秦尤其是战国中后期法家思想由国家本位向君主本位政治思想转型的彰显。

一 "置主法之吏，以为天下师"

公元前 362 年，秦孝公即位，向天下发出"求贤令"。于是，商鞅西向入秦，开始其在秦的变法。商鞅变法，重"耕"尚"战"，这与已然行之久远的宗法血缘分封制下的世卿世禄制产生利益上的尖锐冲突。故以"耕战"为核心的"初法"何以能够为民众所知晓且遵照执行，深为秦孝公所关注。"欲使天下之吏民皆明知，而用之如一而无私，奈何?"③ 对此，商鞅提出"为法令，置官吏"，并对其进行

---

① 《史记》卷六《秦始皇本纪》，中华书局 1959 年版，第 255 页。

② 李振宏:《秦至清皇权专制社会说的思想史论证》，《清华大学学报》(哲学社会科学版) 2016 年第 4 期。张林祥在《"以吏为师，以法为教"的溯源及评价》(《甘肃理论学科》2017 年第 5 期) 中认为，"以吏为师，以法为教"是秦国自商鞅变法以来形成的一项独有的制度和政策，秦统一天下后为加强思想文化专制，经李斯重申而施行于天下。臧知非在《秦"以吏为师、以法为教"的渊源与流变》(《江苏行政学院学报》2008 年第 4 期) 一文中认为，商鞅的变法就已经确立了秦"以法为教、以吏为师"的政治传统，李斯的奏请不过是把商鞅确立的"以法为教、以吏为师"的政治传统推向了极致。杨玲《先秦法家对〈周礼〉的继承发展——兼论连坐法和法家"以吏为师、以法为教"文化专制的形成》[《兰州大学学报》(社会科学版) 2007 年第 2 期] 同样认为"以吏为师"源自三代之《周礼》，认为依照思想内容的顺序，当时《周礼》—《管子》—《商君书》。该文认为，《周礼》《管子》强调的是作为国家律令传播体系及方式的"以吏为师"，"以法为教"只是在"以吏为师"下自然的产物。而至商鞅，则将之改变为"一种文化专制主义"。张金光《论秦汉的学吏制度》(《文史哲》1984 年第 1 期) 中将商鞅的"置主法之吏，以为天下师"与韩非的"以法为教""以吏为师"等同一体。

③ 蒋礼鸿撰:《商君书锥指》，中华书局 1986 年版，第 139—140 页。

了详细的体系化设计。

首先，为"法令"所置"官""吏"的人员选拔对象必须是"朴足以知法令之谓者"①，即是通晓朝廷法令的专业人员。在这些熟悉法令的专业人员中进行选拔，并将选拔出来的人员报请天子知晓，"则奏天子"，经过天子审阅后，"各主法令之。皆降，受命发官"。②

被选拔出来的"法官（吏）"分设在中央与地方两个层级。

> 天子置三法官：殿中置一法官，御史置一法官及吏，丞相置一法官。诸侯郡县皆各为置一法官及吏，皆此秦一法官。③

通过在"中央"与"地方"两级分设"法官"④，从而能够在体制上有效保障朝廷所颁布的各项法令从中枢到地方得以通畅明白地被传达。

这些被"法令"而选拔设置的"法官""法吏"，较之其他事务性的官吏，其首要任务是对国家法令的不间断学习以求熟知。即是说，学习熟知掌握"法令"，是这些"法官""法吏"的"为治之本业"。"一岁受法令以禁令"⑤ 即是规定"法官""法吏"每年都需要学习法令或禁令，以保证对于国家所颁行的法令禁令的熟知。云梦秦律《内史杂》规定："县各告都官在其县者，写其官之用律。"⑥ "内

---

① 蒋礼鸿撰：《商君书锥指》，第 140 页。
② 蒋礼鸿撰：《商君书锥指》，第 140 页。
③ 蒋礼鸿撰：《商君书锥指》，第 143—144 页。
④ 有学者在对岳麓秦简中多次出现的"执灋"进行探究后认为，"执灋"作为秦代一个常见的官名或官署名，其既可以是朝廷法官，与丞相和御史并列；又可以是郡或县里专管狱状的灋官，"执灋"的职权范围大于县里 ［参见陈松长《岳麓秦简中的几个官名考略》，《湖南大学学报》（社会科学版）2015 年第 3 期］。据此，我们从"执灋"处似可窥见商鞅主张在中央和地方分设的"法官"的影子。
⑤ 蒋礼鸿撰：《商君书锥指》，第 143 页。
⑥ 睡虎地秦墓竹简整理小组：《睡虎地秦墓竹简》，文物出版社 1978 年版，第104 页。

史杂"是关于掌治京师的内史职务的各种法律规定。此处的"县"指内史所辖各县，"都官"① 当是依制设在郡县的"法官"或"法吏"。其意即各县应分别通知设在该县的"都官"，抄写该官府所遵用的法律。② 这里所抄写的法律应是指每年新公布的法令。无论是新律还是旧律，每年都要核对，防止在传抄过程中出现错误或者被篡改。为此，《尉杂》规定："岁雠辟律于御史。"③ 即每年都要到御史处核对律文。

其次，法官、法吏在熟知各类法、律、令之后，其职责就是向吏、民进行布告，接受吏、民关于法令的问询、释惑。

> 吏民知法令者，皆问法官。④
> 诸官吏及民有问法令之所谓也于主法令之吏，皆各以其故所欲问之法令明告之。⑤

对于通常的官吏与民众针对有关法令的求问，"主法之官"必须严格地依照法令给予解答与告知，而不能主观任意曲解，"入禁室视禁法令，及禁剟一字以上，罪皆死不赦"⑥。如果法令之官、吏不能很

---

① 关于"都官"，学界存有不同观点。其一为采邑（封邑）说，以刘森、工藤元男为代表，参见刘森《秦"都官"考》（《人文杂志》1991 年第 5 期），［日］工藤元男《睡虎地秦简所见秦代国家与社会》（［日］广濑薰雄、曹峰译，上海古籍出版社 2010 年版，第 50—72 页）；其二为中都官说，以睡虎地秦简整理为代表，参见《睡虎地秦墓竹简》（文物出版社 1980 年版，第 105 页）；其三为高恒"都官虽为朝廷列卿所属官府，但并非都设置在京师"，参见高恒《"啬夫"辨证——读云梦秦简札记》（《法学研究》1980 年第 3 期）；其四为于豪亮"都官只能是中央一级机关"，参见于豪亮《于豪亮学术文存》（中华书局 1985 年版，第 114 页）；其五为江村治树认为都官既指中央京师各官府，也指其地方的派出机构，参见［日］江村治树《雲夢睡虎地出土秦律の性格をめぐって（法制史上の諸問題）》（《東洋史研究》第 40 卷第 1 号，1981 年，第 1—26 页）。本文从"中都官说"。
② 睡虎地秦墓竹简整理小组：《睡虎地秦墓竹简》，第 105 页。
③ 睡虎地秦墓竹简整理小组：《睡虎地秦墓竹简》，第 109 页。
④ 蒋礼鸿撰：《商君书锥指》，第 144 页。
⑤ 蒋礼鸿撰：《商君书锥指》，第 141 页。
⑥ 蒋礼鸿撰：《商君书锥指》，第 142—143 页。

好地履职,"不中程",则会受到相关法令的责罚。

　　　　民敢忘行主法令之所谓之名,各以其所忘之法令名罪之。①

　　为了约束"法官"认真履行职责,商鞅还特别提出,当吏、民求问于"法官"法令之事时,"法官"应为此留下凭证,当"各为尺六寸之符,明书年、月、日、时,所问法令之名,以告吏民"。其中,"以左券予吏之问法令者,主法令之吏谨藏其右券,木押以室藏之,封以法令之长印。即后有物故,以券书从事"②。这种针对每一个法令问题的解答都留下凭证,以备日后查验的方略,对于"法官""法吏"的认真履职无疑是一种制度上的督促监管。如果事后出现吏、民犯罪是因"主法令之吏"没有明确以"法"告之而致,"不告及之罪而法令之所谓也",那么"皆以吏民之所问法令之罪各罪主法令之吏",③ 即以吏、民所问而"主法令之吏"未予认真解答的"法令之罪"罪之于"主法令之吏"。这一制度的出台,无疑是商鞅为保障"初法"能够得以充分为吏、民知晓,且被贯彻执行的有效举措。云梦出土的秦律《法律答问》,就被认为"很可能是商鞅时期制订的原文"④,而其既是法官法吏进行法律学习的教材,也是法官法吏回答吏民问题的依据⑤。

　　商鞅通过"为法令置官吏",旨在使"天下之吏民,无不知法者"。随着吏、民各已知晓法令,进而达到"吏不敢以非法遇民,民又不敢犯法"的效果,最终则实现社会大治,"名分定""大诈贞信,

---

① 蒋礼鸿撰:《商君书锥指》,第 140 页。
② 蒋礼鸿撰:《商君书锥指》,第 141 页。
③ 蒋礼鸿撰:《商君书锥指》,第 141 页。
④ 睡虎地秦墓竹简整理小组:《睡虎地秦墓竹简》,第 149 页。
⑤ 臧知非:《秦"以吏为师、以法为教"的渊源与流变》,《江苏行政学院学报》2008 年第 4 期。

民皆愿愨而各自治"。① 在此过程中，"法官""法吏""以道之知"，即通过向吏、民传播布告朝廷之法令，使吏、民了解明晓法令，从而"知所避就"。就此而论，"法官""法吏"无疑扮演了"天下师"的角色。

> 故圣人必为法令置官也置吏也为天下师，所以定名分也。名分定，则大诈贞信，民皆愿愨而各自治也。夫名分定，势治之道也；名分不定，势乱之道也。②

"定名分"是"治之道"，"名分已定，贫盗不取"。而"名分"之"定"，则取决于吏、民对于朝廷所行法令的知晓、执行。故从"朴足以知法令之谓者"中选拔出来的"法官""法吏"自然就成为其他吏、民意欲了解知晓朝廷法令的"天下师"。换言之，在商鞅处，其"法官（吏）"作为"天下师"的内涵，主要在于其向吏、民布告宣传解释朝廷即国家法令这一功效的发挥。

由上我们可以知悉，商鞅所主张的"为天下师"的"吏"（"官"）仅限于尚在成型过程中的国家官僚系统中"足以知法令之谓者"的部分人员，并不指称整个官吏队伍。这部分带有明显专业化背景的"法官""法吏"所服务的对象不单单是"民"，同时也包括一同隶属整个官僚系统体制之内的其他"官""吏"。之所以会出现这一专业化的设置，有学者认为，"社会发展，事物泱繁，分工细密，知识细化，法律规定越来越多，地方长吏也好，中央部门长官也好，都不可能事事精通，而要有专门的司法队伍培养法律人才，解释法律条文，而长吏的责任是实施法律。秦的法官法吏就是应这一客观需求

① 蒋礼鸿撰：《商君书锥指》，第146页。
② 蒋礼鸿撰：《商君书锥指》，第146页。

而设的"①。即是说，商鞅的"为法令置官（吏）"且"以之为师"仅仅是在当时秦国官僚系统中实施的更为专门化的一项设置，"师"之身份也仅限于此类具有专业知识背景的"法官""法吏"，并非指称与"民"相对的整个官僚阶层。

此外，在商鞅处，"法官""法吏"的功能与职责仅限于对"法"的习知、布告、解答，而不涉及其他"官"或"吏"所担任之事务。在对"法（令）"的传播过程中，"法官（吏）"不能有任何自己的主观思想，"及禁剟一字以上，罪皆死不赦"②。由此，我们看到，商鞅主张的"置主法之吏，以为天下师"是以尊"国"之"法"（令）为旨归，对"法"（令）的传播布告也是旨在维护作为诸侯国的国家最高利益。在这一旨归下，即便是作为国家最高统治者的"君"，也须得和民众一样，共同遵循之。但无可否认，"置主法之吏，以为天下师"也为其后"皇权化"之吏的出现埋下了伏笔。一旦"法"成为君王意志的体系与专有物，即是说，当君王意志成为"法权"的唯一来源时，这些"法官""法吏"无疑也就演变为忠实的皇权意志的布告者、解答者，自然也就成为体现皇权意志之吏。

二 "以法为教""以吏为师"

至韩非，天下大一统的态势已然呈现，故在韩非的著述中，"天下"一语出现最为频繁。其中，"制天下"出现2次。"桀为天子，能制天下，非贤也，势重也。尧为匹夫，不能正三家，非不肖也，位卑也。"③ "万乘之主、千乘之君所以制天下而征诸侯者，以其威势

---

① 臧知非：《秦"以吏为师、以法为教"的渊源与流变》，《江苏行政学院学报》2008年第4期。

② 蒋礼鸿撰：《商君书锥指》，第142—143页。

③ 王先慎撰，钟哲点校：《韩非子集解》，中华书局1998年版，第208页。

也。"① 此外，"治天下"出现 8 次，"一匡天下"出现 5 次。另还有
"强匡天下""为天下主""令行禁止于天下"等用语。由此可知，韩
非的思想主张主要是围绕"制天下"这一视域展开。

在韩非看来，"制天下"的核心与关键在于加强专制皇权，确立至
高无上的皇权意识形态。为此，韩非主张"以法为教""以吏为师"。

> 故明主之国，无书简之文，以法为教；无先王之语，以吏为
> 师；无私剑之捍，以斩首为勇。是境内之民，其言谈者必轨于
> 法，动作者归之于功，为勇者尽之于军。②

此处，韩非所言说的"法"，当是作为指导思想层面而论，指的
是以彰显君王旨意，确立君主集权为核心主张的法家之"法"。作为
先秦法家集大成者，韩非将儒、墨、道等诸家之说均视作"乱国之
术"，认为其会导致"国危""主卑"，"儒以文乱法，侠以武犯
禁"③，"破国亡主以听言谈者之浮说"④。故作为"明主"，应当"远
仁义，去智能，服之以法"⑤。身处天下即将一统之时代，韩非主张
"以法为教"。一方面，即是拟以"君王"旨意为教化民众之准绳，
君王旨意成为社会治理与控制的唯一标准；另一方面，则是将为君主
集权张目的法家学说确定为唯一可学的对象与内容，而其他诸子学说
的"书简之文"则被批为"微妙之言"与"乱国之术"。故而韩非的
"以法为教"是摒弃其他思想学说而专任法家的一种思想文化上的专
断、专制，其核心在于强化皇权意识形态。

在韩非所构建的以君王为核心的专制主义中央集权的政治体系

---

① 王先慎撰，钟哲点校：《韩非子集解》，第 470 页。
② 王先慎撰，钟哲点校：《韩非子集解》，第 452 页。
③ 王先慎撰，钟哲点校：《韩非子集解》，第 449 页。
④ 王先慎撰，钟哲点校：《韩非子集解》，第 454 页。
⑤ 王先慎撰，钟哲点校：《韩非子集解》，第 400 页。

中，君主掌握最高权力——"君权"，亦即"政权"。而"君权"的实现则需要通过以"吏"为核心的官僚阶层施行"治权"。为此，韩非主张"以吏为师"。在君主集权的政体之下，"吏"因食君王之俸禄，必然担负起了宣讲、执行君王旨意的使命，实质上是唯一使命。韩非主张"以吏为师"，一方面是规定"吏"作为君王的代言人，成为唯一合法的社会传播来源；另一方面则是从制度上保障君王旨意（又被称为"法"）被唯一贯彻执行。

韩非主张的"以法为教""以吏为师"从思想文化和制度层级为其大一统专制集权张目，故深合秦王嬴政之所好。史载秦王嬴政在见到《孤愤》《五蠹》之时，叹曰："嗟乎！寡人得见此人与之游，死不恨矣。"① 如此，韩非所主张的"以法为教""以吏为师"应该是为秦王嬴政所知晓甚或是采纳的。在睡虎地秦墓出土的竹简中，记载有公元前 227 年四月初二南郡的郡守腾颁发给本郡各县、道的一篇文告。在该文告中，作为郡守腾的宣讲充分彰显着"以法为教""以吏为师"的主旨。

> 古者，民各有乡俗，其所利及好恶不同，或不便于民，害于邦。是以圣王作为法度，以矫端民心，去其邪避（僻），除其恶俗。……凡法律令者，以教道（导）民，去其淫避（僻），除其恶俗，而使之之于为善殹（也）。②

此处，腾作为南郡郡守，不仅"休法律令、田令及为间私方而下之"，同时还"令人案行之，举劾不从令者，致以律，论及令、丞。有（又）且课县官，独多犯令而令、丞弗得者，以令、丞闻"③。我

---

① 《史记》卷六十三《老子韩非列传》，第 2155 页。
② 睡虎地秦墓竹简整理小组：《睡虎地秦墓竹简》，第 15 页。
③ 睡虎地秦墓竹简整理小组：《睡虎地秦墓竹简》，第 15—16 页。

们看到，南郡郡守一方面充任了商鞅所主张的"法官""法吏"之职；另一方面又肩负着整饬地方风俗，整理（"脩"）各类律令，督查考核下属官吏等责，其职责与功能又远远超越了商鞅之"法官""法吏"，故南郡郡守腾所扮演的角色在一定程度上是契合韩非所主张的"以吏为师"的。

韩非"以法为教""以吏为师"这一思想主张最终由其同窗李斯向始皇帝嬴政奏请获准而制度化。公元前221年，秦始皇统一六合，建立了历史上第一个专制主义中央集权的大一统帝国。大一统帝国的政治格局，"是以皇帝为中心展开的，皇帝成为凌驾于所有臣民之上的超越的、绝对的、最高的主宰者"①，其实质即为"一人专制"②。故而秦帝国的一切举措均服务于其首要的根本目标，即以维护皇权至上为中心的"定于一"。

公元前213年，朝廷内就"分封"与"郡县"再次出现庭争之时，本来应该代表官方学术，体现统治阶层意图的博士官与中央集权的政治决策发生冲突，以儒生为代表的博士官站在先秦诸子学术和传统价值观的立场上，对秦帝国的现实政策提出尖锐批评。由此，作为廷尉的法家李斯将之定性为"以非当世，惑乱黔首"，并视为对"大一统"帝制的挑战与威胁，由此上奏主张施行"法令出一"的"以吏为师"。

> 臣请史官非《秦》记皆烧之。非博士官所职，天下敢有藏《诗》《书》百家语者，悉诣守、尉杂烧之。有敢偶遇《诗》《书》者弃市。以古非今者族。吏见知不举者与同罪。令下三十日不烧，黥为城旦。所不去者，医药卜筮种树之书。若欲有学法

---

① 李祥俊：《秦汉价值观变迁史论稿》，中国社会科学出版社2017年版，第11页。
② 徐复观：《两汉思想史》（第1卷），华东师范大学出版社2001年版，第80页。

令，以吏为师。①

一方面，李斯基于法家立场，秉承了法家对于《诗》《书》等其他诸子学说一以贯之的批判与否定的认知，认为其语"道古以害今，饰虚言以乱实"，无益于统治秩序的构筑；另一方面，李斯立足于大一统帝国"定于一"的政治需要，强调《诗》《书》之学对于皇权之"势"的损害，"如此弗禁，则主势降乎上，党与成乎下"，故基于维护加强皇权所需，"别黑白而定一尊"，当"禁之便"，并奏请"以吏为师"作为社会民众知晓皇帝旨意的唯一有效途径。

对于李斯的建议，始皇帝回答"制曰：'可'"。这不仅标志着由韩非所倡导的"以法为教""以吏为师"的理论构建在大一统帝国治域下变为政治现实，而且以政权的力量彰显了帝国的政治价值观，即有违于"定一尊"的都是私学巷议，都属于所禁之列。剩下的只能是为统治者所期许与认可的有助于加强皇权，维护统治秩序的思想学说。而动用国家政权的力量禁止其他诸子学说的并进，且使之制度化，"这就将帝国非道德的文化专制主义施向全国，将帝国的专制、服从、秩序、等级等引进社会的舆论与传播领域，作为全体民众必须遵守的规矩"，从而使其"政治价值系统也就走向了'以法令为教'的窄胡同"。②"以法为教"的实质是彰显君权。在天下一统的格局下，只有君主才是最高的立法者和最大的审判官，"法权"限于君主一人。"皇帝临位，作制明法，臣下饬脩"，明确指出"作制明法"的是"皇帝"。

"以吏为师"之所以获得始皇帝首肯且被制度化，在于其为专制皇权服务的本质。"如何使皇帝观念为社会的全体成员所认同和信仰，

---

① 《史记》卷六《秦始皇本纪》，第254—255页。
② 李禹阶：《秦汉社会控制思想史》，中国社会科学出版社2017年版，第57页。

是后战国时代意识形态仪式的主要目的。"① 随着大一统秦帝国的建立，如何把"皇帝观念"塑造为一种全民信仰甚至是普世价值，就成了当政者最急迫需要处理的政治事项。这需要"在皇帝与民众之间建立起一种直接性的对应关系，使皇帝成为民众利益的唯一合法代言人和保护者"。"以吏为师"无疑是搭建这种联系的上佳选择，"因为意识形态的本质是尊君，而尊君唯吏最能行之。因吏是吃皇粮的天子吏，非尊君无以生存，非仰君鼻息则无以活之"②。故李斯奏称的"以吏为师"，究其本质，是"以帝王为师"，此一如学者所言，"打出以吏为师的旗帜，帝王们费尽心机所要的也就是'专制'二字"③。

三 先秦法家由"国家本位"向"君主本位"
政治思想的转型

上述商鞅变法所提出的"置主法之吏，以为天下师"与其后韩非、李斯关于"以法为教""以吏为师"的主张，从制度层面观之，无疑可视之为法令传播制度向专制皇权制度的演变。而在此演变的背后，则隐藏着战国中后期法家思想由国家本位向君主本位的政治思想的转型。即是说，"置主法之吏，且以之为师"彰显的是商鞅在国家本位视域下的变法主张，而"以法为教""以吏为师"则是韩非、李斯在大一统视域下，主张专制集权的君主本位思想的反映。

比较《商君书》与《韩非子》两本著述，可以很明显地读出两者基于"国本位"与"君本位"的视域差异。就"国"与"君"在两书中出现的频率观之，有学者作了统计。在《商君书》中，"国"

---

① 雷戈：《意识形态与皇权意识形态：理论与实践的双重建构》，《晋阳学刊》2006年第4期。

② 雷戈：《意识形态与皇权意识形态：理论与实践的双重建构》，《晋阳学刊》2006年第4期。

③ 李振宏：《秦至清皇权专制社会说的思想史论证》，《清华大学学报》（哲学社会科学版）2016年第4期。

字总共出现了 295 次，而"君"字仅出现 79 次，"人主"一词出现 10 次。而在《韩非子》一书中，"国"字仅出现 591 次，"君"（包含"人主""明主"相关等同的称谓）字则出现 1209 次，"国"与"君"的出现频率约有六百多之差①。由此而知，"国"是商鞅政治思想论证的重心，而韩非所关注的核心却在"人君""君权"，"国"则处于附属地位。此外，从论述主题来看，《商君书》基本上都围绕以"耕"（农）、"战"为中心的"变法"作论，鲜少旁及君权之事，立足于国家"求强""求富"利益的旨归一目了然；而《韩非子》将近一半的篇幅都用在论述如何施行君王南面之术以巩固君主集权。作为先秦法家思想前、后期的代表，商鞅、韩非这种基于"国本位""君本位"思想上的差异主张，折射出二者因所处时代的不同而导致的政治思想上的差异化。

商鞅生活的战国中期，正是各诸侯国之间争地以为战日趋白热化之时。为应对兼并战争的巨大挑战，一些诸侯国相继掀起了以富国强兵为旨归的变法。由于变法的目的都是富国强兵，故其时变法都是在国家本位思想指导下进行的，商鞅在秦的变法，也同样是在这种国家本位思想支配下展开的。

正是基于国家本位之视域，故商鞅的变法是以秦国整体利益为至上的，旨在使秦"致强"，进而改变其时"诸侯卑秦"之格局。故《商君书》的"主要篇章反映了商鞅改革制度的一些理论化、系统化的原则以及战国晚期秦国的制度。有些章节体现了秦国实际的政策或者法律，但书中更重要的是那些详加阐释的，一个理想中的诸侯国应持的基本原则"②。事实上，在体现商鞅主要变法主张的《商君书》

---

① 李禹阶：《战国中后期法家政治思想的转型——从〈商君书〉到〈韩非子〉的观察》，《南国学术》2019 年第 3 期。

② ［加］卜卫民主编，陆威仪著：《早期中华帝国：秦与汉》，《哈佛中国史》，中信出版集团 2016 年版，第 46 页。

中，"除了坚持君主必须确保他的国家致力于耕、战以及抵御各类寄生虫外，根本没有谈到君主自身的统治技巧或者品性。这和《韩非子》以及大多数区域文化产生的政治哲学类著作形成了极大的反差。安排给君主的唯一角色是，他本人就是法律的来源。"即"统治者只扮演法律制定者的角色"。①

一方面，商鞅主张设置的"法官（吏）"所习之"法"正是其基于国家本位所提倡的"新法"（即"初法"）。即是说，商鞅在秦所施行的法，"并非由秦国国君亲自制定，而是来自魏国的李悝……尽管李悝所造的《法经》也可以反映秦国国君的意志，但在立法原则上并不需要谁授予他特权"②。换言之，即此时"君王并非最高的立法者"，故"法官""法吏"由之为"天下师"的"法"，"并非一定是国君或按国君意志制定"，虽然"不能排除某些国君可能亲自制定或命人按自己意志来制定法律。但是这种情况至少表明国君并非法权的唯一渊源"③。这说明，在国家本位思想之下，诸侯之"国"的利益在一定程度上是高于"君王"之旨意的，"尊国"是大于"尊君"的。观之此时的秦孝公，其所致力追求的目标亦是"复穆公之故地，修穆公之政令"④，打破"诸侯卑秦，丑莫大焉"⑤的格局现状，实现"强秦"于诸侯。故其对于"法"的期许，更多的也在于借其助秦"致强"，进而改变"诸侯卑秦"之格局。要之，既然秦王的旨意并非商鞅之法唯一的"法权"来源，故其"置主法之吏，以为天下师"之内涵当更多的是为"法"在传播、施行过程中提供专业化、制度化的保障，实为一国家本位意识下的法令传播制度。这当是由其所处时

---

① ［加］卜卫民主编，陆威仪著：《早期中华帝国：秦与汉》，《哈佛中国史》，第48页。
② 林剑鸣：《以君主意志为法权的秦法》，《学术月刊》1987年第3期。
③ 林剑鸣：《以君主意志为法权的秦法》，《学术月刊》1987年第3期。
④ 《史记》卷五《秦本纪》，第202页。
⑤ 《史记》卷五《秦本纪》，第202页。

代与各诸侯国所面临的时势格局所决定的。

另一方面，商鞅以"农""战"为主体的变法对秦宗法世卿的利益构成了极大挑战。纵观商鞅在秦变法，不仅先有甘龙、杜挚等大臣的反对，更有"以千数"者"言初令之不便"，后又有太子的"犯禁"①。故"置主法之吏，以为天下师"的主张，一方面是商鞅试图用国家制度的力量冲破来自世卿世禄制的阻挠，保障新法的推行；另一方面，则又是以此来强化国家机器的一体化。

即是说，作为法家代表的商鞅，其认为最重要的问题就在于通过变法来破除秦的传统宗法制，建构以官僚系统为基础的新的国家体系，进而彰显国家威权。作为构建新的国家体制的重要手段的"法"，是要为君臣所共同操持遵循的，"国之所以治者三：一曰法，二曰信，三曰权。法者，君臣之所共操也；信者，君臣之所共立也；权者，君之所独制也"②。为此，设置专门的"法官""法吏"，就成为国家"新法"对传统社会进行全面改造与控制的重要手段和保障。借助"法官""法吏"所传播布告的"壹法"，实现从上到下的"壹治"，由此实现秦的举国一体。正如学者所说，"它将秦的国家政治、经济、文化要求，作为一种单向的、要求人们必须服从遵循的律规，通过严刑峻法的'重刑'与'壹治'，达到统一教化、刑赏、法令的目的，确保国家意志的最大执行力"③。正是基于此，强调"尊国"与"崇法"以保障秦国的整体利益也就成为商鞅变法的核心旨归。"国家本位"也就成为商鞅政治思想的立足点与出发点。

与商鞅变法的主旨在于改变"诸侯卑秦"，谋秦"致强"不同，

---

① 《史记》卷六十八《商君列传》，第 2229、2231 页。

② 蒋礼鸿撰：《商君书锥指》，第 82 页。

③ 李禹阶：《战国中后期法家政治思想的转型——从〈商君书〉到〈韩非子〉的观察》，《南国学术》2019 年第 3 期。

韩非所生活的战国后期，天下即将一统。随着统一趋势的发展，不仅政治体制发生着变化，"天子"与国家关系也在发生变化。过去主要体现君主、宗室、显贵等整体利益的国家本位，逐渐凸显为以君权为主，以"天子执一"为特征，以郡县制为基础的官僚政治体系。"天子"既是新的"天下"一统国家的象征，同时又凌驾于整个官僚体系之上，不仅成为天下的独尊者，更是国家政治、经济、文化、法律的裁断者，其地位高悬于国家之上。"王者执一，而为万物正""天下必有天子，所以一之也。天子必执一，所以抟之也。一则治，两则乱。"①

具体到其时的社会政治格局，则是经由商鞅变法而致强的秦国在这种趋势中表现出一统六合之现实可行性。故于秦而言，其危机与挑战则由先前的"诸侯卑秦"逐渐转化成作为"天下"型国家如何"制天下"，以及应对来自统治集团高层的权力纷争。韩非曾经指出当时国家最高统治群体内部的矛盾与斗争。

> 今有国者虽地广人众，然而人主壅蔽，大臣专权，是国为越也。……今大臣执柄独断，而上弗知收，是人主不明也。……是以国地削而私家富，主上卑而大臣重。故主失势而臣得国，主更称蕃臣，而相室剖符。此人臣之所以谲主便私也。②

这一新的社会时局与状况要求对最高权力阶层新的政治关系予以重塑，而重塑的核心与重点则是加强对官僚政治体系的总领与控制。由此，强化位居官僚政治体系顶端的君主权力不仅是必需的，而且具有重要的意义。换言之，为消弭随着天下一统所带来的新危机与挑

---

① 许维遹撰，梁运华整理：《吕氏春秋集释》卷十七《审分览第八》，中华书局2009年版，第469页。

② 王先慎撰，钟哲点校：《韩非子集解》，中华书局1998年版，第82—84页。

战——最高权力阶层中体制的矛盾与弊端，强化君主的至尊地位，由国家本位向君主本位转型，就成为不以人的意志为转移，同时也是符合天下统一大势的政治官僚体制演进的必然趋势。

韩非、李斯"以法为教""以吏为师"的主张正是适应了这一新的社会时局之所需。故我们看到，在"以法为教""以吏为师"的主张里，韩非、李斯着重考量的是如何将君王旨意用"法"的形式予以呈现，用"法"的形式维护君王的至上权威。"法"成为君主维持专制权力的工具，一切思想、行为均以是否符合君主意志为尺度，如果违背这个尺度，则当坚决禁绝之。正是基于此，韩非"以法为教"的主张就是将儒、墨诸家学说与法家置于一种绝对的对立面，从而使得"以法为教"成为维护君主旨意而排斥其他诸家学说的文化专制制度。"境内之民，其言谈者必轨于法"的规定，揭示了韩非不仅要以"法"统一人们的行动，要求人们在行为上符合"法"的规范和要求，而且要统一人们的思想和言语，使之必符合"法"也就是君主旨意的要求。故韩非"以法为教"的实质在于确立君王旨意（即"法"）的专制性地位。

不仅如此，君王为了保障其旨意（即"法"）得以推行，需握"赏""罚"之二柄以驭臣，"明主之所以导制其臣者，二柄而已矣。二柄者，刑、德也。何谓刑德？曰：杀戮之谓刑，庆赏之谓德。为人臣者畏诛罚而利庆赏，故人主自用其刑德，则群臣畏其威而归其利矣"[1]。在"赏""罚"二柄之下，"人臣"（吏）只能依附于皇权，成为皇权代理人。如此，"以吏为师"也就成为强化皇权意识形态的制度保障。

此后，"以吏为师"，既是制度，更是观念，而且相对于皇权专制来说，它所产生的观念性意义，意识形态价值，要远远胜于制度性价

---

[1] 王先慎撰，钟哲点校：《韩非子集解》，第39页。

值。由此，"以吏为师"演化为一个思想控制的政治传统，为历代统
治者所继承，其主旨是用皇权意志统一民众思想，从而从根本上保障
皇权专制的长治久安。

　　总之，通过上述分析比较，我们看到，"置主法之吏，以为天下
师"与"以法为教""以吏为师"之间，并非简单的"源"与"流"
的关系呈现，其彰显的是先前法家思想家基于战国中后期社会政治时
局的演变而在政治思想上的由"国家本位"向"君主本位"政治思
想的转型。随着秦的一统天下，这种以君主本位为核心的专制集权主
义得到充分彰显，其与商鞅基于国家本位的法制理念与政治思想已经
有着明显的区隔。

（原载《贵州社会科学》2020 年第 4 期）

论秦汉时期婚姻成立的要件

——从《岳麓书院藏秦简》(叁)"识劫婉案"说起

刘　鸣*

摘　要：从文献和简牍材料来看，在秦汉时期并没有专门的婚姻登记机关，也没有实行登记婚制，《周礼》中关于"媒氏"的记载在出土简牍材料中得不到支持。婚姻关系成立后，当事人需要通知乡吏，在户籍上对其婚姻状态进行更新。

关键词：岳麓秦简；睡虎地秦简；张家山汉简；秦汉史；中国古代婚姻制度

基金项目：国家社科基金重大招标项目"秦汉时期的国家构建、民族认同与社会整合研究"(项目编号：17ZDA180)

现代世界各国法律对婚姻成立的形式要件规定有三种：一是仪式制，即结婚只需要举行公开的仪式即可生效；二是登记制，即结婚必须到法律指定的机关进行登记才能生效；三是登记与仪式结合制，即结婚既要进行登记又要举行仪式，缺一不可。[1]许多学者通过对传世文

　＊　西安市社会科学院历史文化与旅游研究所助理研究员。

①　王丽丽、李静：《中国诸法域家庭法律制度比较研究》，中国政法大学出版社2013年版，第43—44页。

献和出土简牍进行研究，认为秦汉时期存在着专门的婚姻登记机关，实行的是登记婚制。本文试图通过梳理新出土的简牍材料与传世文献，来重新考察这个问题。

一 "识劫婉案"中的婚姻关系

《岳麓书院藏秦简》（叁）所收竹、木简材料以秦王政时代的司法文书为主，整理者将其分为四类。其中的第一类第七种"识劫婉案"中包含了当时婚姻关系成立的重要信息，现将与讨论相关的内容摘录如下。

> 婉曰："与蘽同居，故大夫沛妾，沛御婉，婉产蘽、女娭。沛妻危以十岁时死，沛不取妻。居可二岁，沛免婉为庶人，妻婉。婉有（又）产男必，女若。居二岁，沛告宗人、里人大夫快、臣、走马拳、上造嘉，頯曰：'沛有子婉所四人，不取妻矣。欲令婉入宗，出单赋，与里人通饮食。'快等曰：'可。'婉即入宗，里人不幸死者出单赋，如它人妻。……（婉）不智户籍不为妻、为免妾故。它如前。"……
>
> ●卿（乡）唐、佐更曰："沛免婉为庶人，即书户籍曰：'免妾'。沛后妻婉，不告唐、更。今籍为免妾。不智（知）它。"……
>
> ●吏议："婉为大夫妻，訾识二甲。或曰：婉为庶人，完识为城旦，黥足输蜀。"①

在这个案件中，婉最初是大夫沛的妾，为沛生有一双儿女。沛原来的妻子死后，沛先免婉为庶人，后又娶婉为妻。仔细分析简文可以看出，婉和沛的婚姻关系先后经过了三个不同的阶段。

---

① 朱汉民、陈松长主编：《岳麓书院藏秦简》（叁），上海辞书出版社 2013 年版。

第一个阶段是"沛免婉为庶人，妻婉"。在原来的妻子危死后两年，沛以婉作为妻子，这个时候两人的婚姻似乎还没有公开，只是在家庭内部给予婉妻子的身份，与原来"免妾"的身份不同。《说文》："妻，妇与夫齐者也。"① 《白虎通·嫁娶篇》："妻者齐也，与夫齐体，自天子下至庶人，其义一也。"② 而妾的身份明显与妻不同。《说文》："妾，有罪女子给事之接于君者，《春秋》云：女为人妾，妾，不聘也。"③ 《唐律疏议》《户婚》"以妻为妾"条疏议："妻者，齐也，秦晋为匹。妾通卖买，等数相悬。婢乃贱流，本非俦类。"④

此外，妻妾之间也应有主仆之分。汉高祖想废掉太子，另立戚姬的儿子赵王如意，吕后用陈平的计谋，请商山四皓为太子的侍从。刘邦感叹太子羽翼已成，对戚夫人说："我欲易之，彼四人为之辅，羽翼已成，难动矣。吕氏真乃主矣。"⑤ 证明帝后与诸姬之间本有主仆之分。妻妾尊卑不同，甚至不能同坐。汉文帝与皇后、慎夫人游幸上林苑，慎夫人与皇后同席而坐，中郎将爰盎重新给慎夫人安排到下座。文帝不快，爰盎对文帝说："臣闻尊卑有序则上下和，今陛下既立后，慎夫人乃妾，妾主岂可以同坐哉！"⑥ 由以上两例也可推见平民妻妾之别。关于妻在家庭生活中所起的作用，陈鹏先生认为："妻之能力，实与夫相表里，相须为用。故妻得综缆家政，主持一切。"⑦

第二个阶段是沛把婉的妻子身份公开于宗人和里人，想让"婉入宗，出单赋，与里人通饮食"，这得到了宗人和里人的同意。在秦汉时期，婚礼上往往以酒肉招待宾朋。《汉书·宣帝纪》有以下记载：

---

① 许慎：《说文解字》，中华书局 2013 年版，第 259 页。
② 班固撰：《白虎通德论》，上海古籍出版社 1990 年版，第 74—75 页。
③ 许慎：《说文解字》，第 53 页。
④ 刘俊文点校：《唐律疏议》卷十四，法律出版社 1999 年版，第 279 页。
⑤ 《汉书》卷四十《张陈王周传》，中华书局 1962 年版，第 2036 页。
⑥ 《汉书》卷四十九《爰盎晁错传》，第 2070 页。
⑦ 陈鹏：《中国婚姻史稿》，中华书局 1990 年版，第 558 页。

（五凤二年）秋八月，诏曰："夫婚姻之礼，人伦之大者也；酒食之会，所以行礼乐也。今郡国二千石或擅为苛禁，禁民嫁娶不得具酒食相贺召，由是废乡党之礼，令民亡所乐，非所以导民也。《诗》不云乎？'民之失德，乾餱以愆。'勿行苛政。"①

我们无法确定"识劫婉案"所说的"与里人通饮食"是否指按"乡党之礼"宴请里人与党人，但可以确定的是，沛把婉的身份公开于宗族和乡里，这与婚礼起着同样的公示作用。此后，婉就完全扮演着沛的妻子的角色，"如他人妻"。

第三个阶段是在户籍上把婉的身份改为妻，这个案件中，恰恰是在这个环节出了问题。在审查案件中，乡啬夫和乡佐发现婉在户籍上的身份是"免妾""不为妻"，而大夫妻和庶人的量刑不同，县里不知道应该如何给婉定罪。②上报到廷尉，在吏议中，同样出现了两种不同的意见。令人感到遗憾的是，这份简牍资料中并没有给出一个对婉身份的确定答复。那么，婉的身份到底应该是什么，或者说婉和沛的婚姻关系是否成立？下面我们试着梳理文献和简牍材料，以寻找这个问题的答案。

二 学者们基于《周礼》和《睡虎地秦墓竹简》的认识及其检讨

以前的众多学者根据《周礼》和《睡虎地秦墓竹简》的相关内容进行研究后得出结论，认为秦汉时期有专门的婚姻登记机关，同时

---

① 《汉书》卷八《宣帝纪》，第265页。
② 《二年律令·□市律》："市贩匿不自占租，从所匿租臧为盗。（二六〇）"《二年律令·盗律》"盗臧直过六百六十钱，黥为城旦舂。（五六）"《二年律令·具律》："公士、公士妻及□□行年七十以上若年不盈十七岁，有罪当刑者，皆完之。（八三）"综合此三条，如婉为庶人应处以"黥为城旦舂"，如婉为大夫妻则应"完为城旦舂"。参见张家山二四七号墓竹简整理小组编《张家山汉墓竹简［二四七号墓］》（释文修订本），文物出版社2006年版，《□市律》参见第44页，《盗律》参见第16页，《具律》参见第20页。

认为当时实行的是登记婚制。其主要的依据是《周礼·春官·媒氏》的相关记载。

> 媒氏掌万民之判（注：判，半也。得耦为合，主合其半，成夫妇也），凡男女自成名以上皆书年月日名焉（注：郑司农云：成名谓子生三月父名之。疏：释曰此经论媒氏之官，合男女必先知男女年几，故万民之男女自三月父名之以后，皆书年月日及名以送与媒氏。媒氏官得之，以勘，男二十女二十配成夫妇也）。令男三十而娶，女二十而嫁。凡娶判妻入子者皆书之（注：书之者，以别未成昏礼者。郑司农云：入子者，谓嫁女者也。玄谓：言入子者，容媵侄娣不聘之者。疏：释曰：媒氏以男女既有未成昏之籍，书其已成昏者以别未昏。以待后昏也）。①

根据《周礼》中的这两条记载，陈鹏先生认为，周代设立了"媒氏"之官，专门负责男女婚姻之事。"媒氏"的职责有五项：一是年龄登记，二是结婚登记，三是婚姻管理，四是聘币限制，五是审判婚姻诉讼。②

朱红林先生对出土的秦汉简牍和《周礼》中的记载进行了对比研究，也认为《周礼》中记载的媒氏，是文献所见最早的婚姻管理机关。媒氏从婚姻年龄、登记管理、促婚政策、聘礼数额以及婚姻诉讼等五个方面对婚姻制度进行了较为全面的规范。"设立专门的婚姻管理机构，正是战国时期国家对婚姻关系的规范逐渐由礼入法的表现。"③

从出土简牍材料来看，睡虎地秦简《法律答问》中的两条记

---

① 阮元校刻：《十三经注疏》，中华书局 2009 年版，第 1579 页。
② 陈鹏：《中国婚姻史稿》，第 21 页。
③ 朱红林：《战国时期有关婚姻关系法律的研究——竹简秦汉律与〈周礼〉比较研究（四）》，《吉林师范大学学报》（人文社会科学版）2011 年第 2 期，第 46—50 页。

载被视作确证，来证明秦汉时期存在着婚姻登记制度。第一条，《法律答问》：

> 女子甲为人妻，去亡，得及自出，小未盈六尺，当论不当？"已官，当论；未官，不当论。"（一六六）整理小组："官，疑指婚姻经官府认可。"①

整理小组比较慎重，只提供了一种可能的解释供研究者参考。但这种意见被学者当成了确定的解释，如赵浴沛先生认为："从睡虎地简文来看，婚姻是需要通过官府登记的，否则将不受法律的保护。"②

仔细研究一下可以发现，这条律文的核心并不是关于婚姻的规定，而是对亡人的处罚条文，其中的"小未盈六尺"，应该是对未成年犯罪减免处罚的规定。《法律答问》中还有两条关于违法者"小未盈六尺"的内容可以作为参考，如：

> 甲小未盈六尺，有马一匹自牧之，今马为人败，食人稼一石，问当论不当？不当论及赏（偿）稼。（一五八）③
>
> 甲谋遣乙盗杀人，受分十钱，问乙高未盈六尺，甲可（何）论？当磔。（六七）④

在第一个案例中，甲由于过失造成别人财产损失，但因"小未盈六尺"而免于处罚。第二个案例中，甲主谋唆使未成年人乙盗杀人，甲要承担责任，对乙应承担的处罚却没有规定。

---

① 睡虎地秦墓竹简整理小组：《睡虎地秦墓竹简》，文物出版社1990年版，第132页。

② 赵浴沛：《睡虎地秦墓简牍所见秦社会婚姻、家庭诸问题》，《中国社会经济史研究》2003年第4期。

③ 睡虎地秦墓竹简整理小组：《睡虎地秦墓竹简》，第130页。

④ 睡虎地秦墓竹简整理小组：《睡虎地秦墓竹简》，第109页。

第二条，《二年律令》中对于亡人自出另有减罪的规定。《二年律令·亡律》：

> 吏民亡，盈卒岁，耐；不盈卒岁，系城旦舂……其自出殹（也），笞五十……（一五七）①
>
> 诸亡自出，减之；毋名者，皆减其罪一等。（一六六）②

对奴婢逃亡自出或由主人及主人的亲朋获得，也有减轻处罚的规定。《二年律令·亡律》：

> □颕畀主。其自出也，若自归主，主亲所智（知），皆笞百。（一五九）③
>
> 奴婢亡，自归主，主亲所智，及主、主父母、子若同居求自得之，其当论畀主，或欲勿诣吏论者，皆许之。（一六〇）④

一五九简前面残缺，按后面残存的律文可以看出，逃亡的奴隶自己回归主人，只受笞一百的惩罚。一六〇简的律文规定，逃亡奴婢自归主，或者由主人及主人的亲朋得到，如果主人不想通过官方论处，可以"皆许之"。奴婢逃亡既然都可以这样，妻更应该可以不通过官方处理。所以，《法律答问》中的"官"，应该是通过官方处理的意思。

另外，如果按照整理小组意见，即"官"的意思为"婚姻经官方

---

① 张家山二四七号汉墓竹简整理小组编：《张家山汉墓竹简［二四七号墓］》（释文修订本），第30页。

② 张家山二四七号汉墓竹简整理小组编：《张家山汉墓竹简［二四七号墓］》（释文修订本），第30页。

③ 张家山二四七号汉墓竹简整理小组编：《张家山汉墓竹简［二四七号墓］》（释文修订本），第30页。

④ 张家山二四七号汉墓竹简整理小组编：《张家山汉墓竹简［二四七号墓］》（释文修订本），第30页。

认可"，那就从逻辑上自相矛盾了。因为前面的前提条件即是"女子甲为人妻"，即官方已经认为甲与某人的婚姻是成立的，不管是"已官"还是"未官"。

《法律答问》中的第二条被援引的证据是关于离婚的规定，《法律答问》：

> "弃妻不书，赀二甲。"其弃妻亦当论不当？赀二甲。（一六九）整理小组："书，指报告登记。"①

据此，朱红林先生认为："夫妻离婚，必须到国家有关机关登记备案。"② 其言下之意是既然离婚需要登记，结婚也当然需要登记。王彦辉先生不同意朱先生的观点，认为这条规定"实质是对人口变动做出的有关规定"③。赵浴沛先生认为："婚姻关系的解除也要有正式的文书，'弃妻不书，赀二甲'，丈夫可以休掉妻子，但必须有书面的文件，否则就要受到法律处罚，这或许是官府认可解除婚姻的方式。"④ 在对这条材料的理解上，我们同意王彦辉和赵浴沛两位先生的意见，认为此"书"不应指向官府报告登记，而是指双方书面的解除婚姻关系的凭证。

《史记·张耳陈余列传》里记载：

> 张耳，大梁人也。其少时，及魏公子毋忌为客。张耳尝亡命游外黄，外黄富人女甚美，嫁庸奴，亡其夫，去抵父客。父客素知张耳，乃谓女曰："必欲求贤夫，从张耳。"女听，为卒为请

---

① 睡虎地秦墓竹简整理小组：《睡虎地秦墓竹简》，第 133 页。
② 朱红林：《战国时期有关婚姻关系法律的研究——竹简秦汉律与〈周礼〉比较研究（四）》，《吉林师范大学学报》（人文社会科学版）2011 年第 2 期。
③ 王彦辉：《张家山汉简二年律令与汉代社会研究》，中华书局 2010 年版，第 8 页。
④ 赵浴沛：《睡虎地秦墓简牍所见秦社会婚姻、家庭诸问题》，《中国社会经济史研究》2003 年第 4 期。

决，嫁之张耳。①

此条说明已婚女子再嫁，需要有一定的手续，即与前夫"决"。这个"决"，应该有一定的书面凭据。秦汉时期解除婚姻关系的凭据目前还没有看到，但唐代的"放妻书"已经发现很多。《敦煌契约文书辑校》共收录放妻书及放妻书样文十件，这些文书格式基本相同，仅举一例如下：

> 盖以伉俪情深，夫妇语义重，幽怀合丞邑（卺）之欢，欢（叹）念同牢之乐。夫妻相对，恰似鸳鸯双飞，并膝花颜，共坐两德之美，恩爱极重，二体一心。生同床枕于寝间，死同棺椁于坟下。三载结缘，则夫妇相和。三年有怨，则来雠隙。今已不和，想是前世怨家，叛（反）目生嫌，作为后代增娸。缘业不遂，见此分离。聚会二亲，以俱一别。所有物色书之。相隔之后，更选重官双职之夫，弄影庭前，美呈琴瑟合韵之态。械（解）恐（怨）舍结，更莫相谈。千万永辞，布施欢喜，三年依（衣）粮，便献柔仪。伏愿娘子千秋万岁。时△年△月△日，△乡百姓△甲放妻书道。②

可见唐代此类文书的核心内容主要有以下三个方面。第一，说明离婚的原因；第二，宣布双方婚姻关系解除；第三，约定自此以后，女方可任嫁他人，与男方无关。我们可从中揣测秦汉时期类似文书的大致内容。

三 户籍简中关于婚姻状况的内容

我们再从出土的秦汉时期户籍类簿书中做一番考察。荆州纪南松

---

① 《史记》卷八十九《张耳陈余传》，中华书局1959年版，第2571页。
② 沙知辑：《敦煌契约文书辑校》，江苏古籍出版社1998年版，第479页。

柏西汉墓中出土木牍 63 块，经初步整理，其中有各类簿册，包括南郡及江陵西乡等地的户口簿、正里簿、免老簿、新傅簿、罢癃（癃）簿、归义簿、复事算簿、见卒簿、置吏卒簿等，这些簿册都有自名，但是没有发现有与婚姻登记相关的簿册①。另外安徽天长西汉墓和尹湾汉墓中也出土有与户籍相关的材料，均没有发现每年婚姻登记的个体或汇总资料。② 尹湾汉墓简牍《集簿》中有"以春令成户"的内容，应与婚姻无关。③

如果说目前没有发现还不能否定类似文书的存在，那么，《二年律令》中的相关规定基本上排除了这种可能性。《二年律令·户律》规定每年乡级官吏应检核户籍，并列举了应该保存的文书资料的全部种类及保存的方式。其种类有"民宅园户籍、年细籍、田比地籍、田命籍、田租籍"④，而并不见专门的婚姻登记的资料。那么，婚姻关系是否会在户籍类文书上有所体现？2005 年里耶出土的秦户籍简，或许可以给我们一些提示。现举其中三枚简的内容如下：

---

① 荆州博物馆：《湖北荆州纪南松柏汉墓发掘简报》，《文物》2008 年第 4 期。

② 天长市文物管理所、天长市博物馆：《安徽天长西汉墓发掘简报》，《文物》2006 年第 11 期；滕昭宗：《尹湾汉墓简牍概述》，《文物》1996 年第 8 期。

③ 这条牍文的内容是"以春令成户七千卅九，口二万七千九百廿六，用谷七千九百五十一石八斗□升半升，率口二斗八升有奇"。对于"对春令成户"的理解，邢义田先生认为是"令民嫁娶成户"，并认为"汉行春令而及嫁娶成户，应本于《周官》之旨"。但邢先生无法解释其中的"用谷七千九百五十一石八升八升率口二斗八升有奇"。高恒先生认为它的意思是"按制度于春季救济贫困农户若干"，高敏先生的意见是"指在立春之后春耕开始之前重新登记户口的流民而言。由于他们脱籍，现在重新登记户口立户，官府为了奖励他们，便对春令成户者实行粮食补贴政策"。杨振红先生认为牍文中的"成"字应释为"存"，这条简文内容是"西汉国家春季救济政策的具体体现"。分别参见邢义田《尹湾汉墓木牍文书的名称和性质——江苏东海县尹湾汉墓出土简牍读记之一》，《大陆杂志》（九十五卷）1997 年第 3 期；高恒《汉代上计制度论考——兼评尹湾汉墓木牍〈集簿〉》，《东南文化》1999 年第 1 期；高敏《〈集簿〉的释读、质疑与意义探讨——读尹湾汉简札记之二》，《史学月刊》1997 年第 5 期；杨振红《月令与秦汉政治再探讨——兼论月令源流》，《历史研究》2004 年第 3 期。

④ 张家山二四七号汉墓竹简整理小组编：《张家山汉墓竹简［二四七号墓］》（释文修订本），第 54 页。

1（K27）

第一栏：南阳户人荆不更蛮强

第二栏：妻曰嗛

第三栏：子小上造□

第四栏：子小女子驼

第五栏：臣曰聚

伍长①

8（K30/45）

第一栏：南阳户人不更彭奄

第二栏：母曰错

妾曰□

第三栏：子小上造状②

10（K2/23）

第一栏：南阳户人荆不更宋午

弟不更熊

弟不更卫

第二栏：熊妻曰□□

卫妻曰□□

第三栏：小上造传

子小上造逐

□子小上造□

熊 子小上造

第四栏：卫 子小女子□

---

① 湖南省文物考古研究所：《里耶发掘报告》，岳麓书社 2007 年版，第 203 页，彩版三十六之 1、2。

② 湖南省文物考古研究所：《里耶发掘报告》，第 205 页，彩版三十八之 15、16。

第五栏：臣曰 ①

简 K27 中的第二栏表示了本户中成年女子的情况，② 写明了与户主的关系，这应该就是表明婚姻关系的内容。《里耶发掘报告》说："简 K2/23 第二栏第一行应是宋午妻名，原有文字被削去。"③ 如果报告的说法不误，这可能就是户籍信息更新留下来的痕迹。简 K30/45 的第二栏还有"妾曰□"的内容，这与"识劫婟案"中乡嗇夫和乡佐所说的"沛免婟为庶人，即书户籍曰：'免妾'"相合。

通过上面的简牍资料可以看出，秦汉时期的婚姻状况的变动应该是可以反映在户籍簿中的，④ 即先有婚姻的事实，再通知官府把婚姻状况更新在户籍簿上。"识劫婟案"中乡嗇夫和乡佐所说的"沛后妻婟，不告唐、更"也证明，在沛"妻婟"后，即他们的婚姻关系成立后，应该由沛告知乡嗇夫和乡佐，把婟在户籍上的身份进行更改。

结　论

结合以上的论述，我们可以从中得出以下两点认识。一是秦汉时期并不存在专门的婚姻登记机构，《周礼》中关于"媒氏"的记载在简牍材料中得到印证。二是婚姻状态有变动时，当事人应该告知地方吏员，由其在户籍簿书上进行更新。

从后世相关法律的规定来看，也可以进一步证实我们的论断。我们知道，魏晋律及以后的唐律和秦、汉律有着传承关系，以晋律的规

---

① 湖南省文物考古研究所：《里耶发掘报告》，第 205 页，彩版三十九之 19、20。

② 张荣强先生归纳出了这批简的著录格式，认为其第一栏为壮男，第二栏为壮女，第三栏为小男，第四栏为小女，第五栏为老男、老女以及伍长之类的备注项目。参见张荣强《湖南里耶所出"秦代迁陵县南阳里户版"研究》，《北京师范大学学报》（社会科学版）2008 年第 4 期，后收入氏著《汉唐籍帐制度研究》，商务印书馆 2010 年版，第 15 页。

③ 湖南省文物考古研究所：《里耶发掘报告》，第 205 页。

④ 朱红林认为，"婚姻关系必然要在户籍簿册上有所反映"，这是非常正确的；然而他说这是媒氏与司民两个机构密切联系的结果，非也。参见朱氏前揭文。

定来看，婚姻"一以下娉为正"，即以"下聘"为婚姻成立的核心要件。① 据《唐律疏议》，唐代法律上规定的婚姻关系成立的要件为报婚书、有私约和受聘财，而以受聘财最为关键。② 明清法律关于婚书的规定基本上与唐代相同，而且婚书也不再是婚姻的法定必备要件。③ 直至清朝灭亡前夕修订的《大清民律草案》和民国时期的《民国民律草案》中，才有了参照西方法律而设计的婚姻登记的规定。④

（原载《咸阳师范学院学报》2020 年第 1 期）

---

① 《晋书》卷三十《刑法志》，中华书局 1974 年版，第 927 页。

② 《唐律疏议》卷第十三《户婚》许嫁女辄悔条："诸许嫁女，已报婚书及有私约而辄悔者杖六十。""虽无许婚之书，但受娉财，亦是。以财物为酒食者，亦同聘财。"分别参见刘俊文点校《唐律疏议》，法律出版社 1999 年版，第 276、277 页。

③ 《大明律》《户婚三·婚姻》男女婚姻条："凡男女定婚之初，若有疾残、老幼、庶出、过房、乞养者，务要两家明白通知，各从所愿，写立婚书，依礼聘嫁。若许嫁女，已报婚书及有私约，而辄悔者，笞五十。虽无婚书，但曾受聘财者，亦是。"参见怀效锋点校《大明律》，法律出版社 1999 年版，第 59 页；《大清律例》卷十《户律·婚姻》男女婚姻条与《大明律》基本相同，参见张荣铮、刘勇强、金懋初点校《大清律例》，天津古籍出版社 1993 年版，第 217 页。

④ 《大清民律草案》第 1339 条："婚姻从呈报于户籍吏，而生效力。"《民国民律草案》第 1107 条："婚姻须呈报于户籍吏登记后，发生效力。"分别参见杨立新点校《大清民律草案·民国民律草案》，吉林人民出版社 2002 年版，第 171、351 页。

封授与华夏化：从外封官爵的
分类看汉代的民族整合

摘　要：汉代的外封官爵名号以制度来源为标准可分为三类：一是源于王朝内部官爵体系的职官，二是根据华夏文化传统专门创设的官称，三是取自周边民族及政权职官体系的名号。以制度属性和华夏化程度的视角纵向考察汉代的外封实践，能够发现越往后期发展，统治者授出的非华夏式官称就越少，至汉末几至绝迹；而外封官爵序列则成为王朝封赐异族首领的主流，且所授名号呈现出向华夏式官爵体系的主轴——王朝内部职官体系靠拢的趋势。汉代的外封官爵制度是由当时不同地区的众多民族共同参与和创造的，是以汉文化为主的多种文化交融凝聚的结果，它的实施为此时期民族的交流与融合、汉族的形成与发展提供了有利条件。

关键词：汉代；外封；官爵名号；民族整合；华夏化

基金项目：国家社科基金重大招标项目"秦汉时期的国家构建、民族认同与社会整合研究"（项目编号：17ZDA180）

---

* 东南大学马克思主义学院教授。

在中国古代的民族管理实践中，中原王朝的统治者经常向周边民族和政权首领赐予各类官爵名号。从传世文献与出土资料来看，对边疆民族首领的封赐始于先秦，秦、西汉时期逐渐体系化，东汉魏晋时，趋于完备。这些官爵名号既不同于周边民族及政权已有的职官，又有别于中原王朝内部官僚体系的爵职，因而有学者将其称作"外封官爵名号"①，本文也沿用这种提法。

关于汉代外封官爵的分类，一些学者依据不同的标准提出了不同的分类意见。黄盛璋研究汉代匈奴官印时，根据印文将王朝所授职官分为两类：一类为匈奴语官号，仅用汉字音译；另一类为汉语官号，采用汉字意译。② 若将黄先生的分类方法推而广之，则汉王朝封赐民族首领的职官名号基本上都可依印文分作汉语音译与意译两大类。李文学则根据官爵的性质与职掌，将外封名号先分成爵位和职官两大体系，继而又在外封职官体系内细分出文官、武官两类。③

黄、李两位先生关于外封官爵的分类各有理据，对我们研究王朝的官爵制度以及民族政策等也颇有启示，但其中似也存在一些可商榷之处。黄盛璋以官爵的汉语音译和意译作为分类标准，尽管易于操作，却可能将不同文化传统的职官混为一类，不利于我们明晰各类官称的渊源与特点。李文学的分类方法逻辑清晰，但在实际操作层面却会遇到一些难题。如官与爵难以区分，④ 文、武职的界定存在模糊区

---

① 李文学：《新莽东汉时期的"率众"官号研究》，《青海民族大学学报》2015 年第 1 期，第 9 页。

② 黄盛璋：《匈奴官印综论》，《社会科学战线》1987 年第 3 期，第 138 页。

③ 李文学：《汉魏封授周边民族及政权首领的武官体制》，《光明日报》2013 年 4 月 25 日。

④ 王朝外封的爵位与官职往往交织在一起，不少名号的性质究竟是爵还是官实际上很难区分清楚。譬如"王侯君长"序列中的"君""长"能否视为爵位，其实就存在相当的不确定性。所以，李氏自己也承认，汉魏外封官爵体制在官与爵之间进行完全的区分是困难的。参见李文学《汉魏外封武官制度研究》，《西南民族大学学报》（人文社会科学版）2013 年第 6 期，第 67 页。

域，等等。

鉴于此，我们很有必要为外封官爵设立一套更为合理、可行的分类标准，以便深刻地揭示外封职官的制度渊源、演变规律及深层次原因，理解和把握王朝对周边民族的治理策略、整合措施以及边疆族群的认同转型与华夏化进程等。本文拟以制度来源为标准将汉王朝的外封官爵名号分为以下三类：一是源于王朝内部官爵体系的职官，如都尉、中郎将等；二是根据华夏文化传统专门创设的官称，如大都尉、大都护等；三是取自周边民族及政权职官体系的名号，如邑君、邑长、仟长、佰长等。下文便对这三类外授衔号分做阐析，谬失之处，还请方家教正。①

一　王朝内部官爵体系的职官

王朝内部官爵体系的职官因通常授予内臣，故也被称作"内臣官爵"。但实际上它们并不全是授予内臣的，统治者可能会将某些内臣职衔借以封赐边疆民族首领，如都尉、中郎将等，只不过这些职衔前通常会冠以"率善""守善""亲汉""归义"等嘉称，以与内臣职官相区别。据罗新先生研究，中古北族职官名号一般由官号和官称两部分构成，这也成为其政治制度的一大特色。② 实际上，汉晋时期赐予异族首领的官爵名号也具有这样的特点，即修饰性的嘉称（官号）与具体职衔（官称）共同构成完整的外封官爵名号的主体。

汉王朝封赐民族首领时常选用的内臣职官是"都尉"。但若以长时段的视角分析，我们能看到一种不断扩大的趋势，这主要体现在以

① 在考古资料方面，本文主要以罗福颐的《秦汉南北朝官印征存》（文物出版社 1987 年版），周晓陆的《二十世纪出土玺印集成》（中华书局 2001 年版）与王人聪、叶其峰的《秦汉魏晋南北朝官印研究》（香港中文大学文物馆 1990 年版）中所收录的民族官印、封泥为研究素材。

② 罗新：《中古北族名号研究》，北京大学出版社 2009 年版，第 3 页。

下两方面。

（一）职衔种类的增多

西汉王朝外封时，所授内臣职衔基本为"都尉"。如西域的车师。前国有"归汉都尉"，龟兹国有"却胡都尉""击车师都尉"，危须国有"击胡都尉"，乌孙国有"坚守都尉"，等等。[①] 东汉时，朝廷封授的内臣职官可能又增加了"中郎将"。《出三藏记集》载："支谦，字恭明，一名越，大月氏人也。祖父法度，以汉灵帝世，率国人数百归化，拜率善中郎将。"[②] 设若这则史料记载属实，则东汉末"中郎将"之职也已用于外封。[③]

若将时限下延，我们对外封职官种类的增多会有更深刻的体会。曹魏时，不仅确定已有"中郎将"的外授，还新增了"校尉"一职。景初二年（238 年），邪马台国女王卑弥呼派遣大夫难升米、次使都市牛利等人来使。魏明帝下诏，赐卑弥呼为"亲魏倭王"，假金印紫绶；难升米为"率善中郎将"，牛利为"率善校尉"，假银印青绶。[④] 正始四年（243 年），倭王再次遣使向魏齐王进献倭人、倭锦、绛青

---

① 《汉书》卷九十六上《西域传》，中华书局 1962 年版，第 3876—3932 页。

② 释僧佑：《出三藏记集》，中华书局 1995 年版，第 516 页。

③ 此外，东汉初还有"大将军"的外封。《后汉书》卷八十八《西域传》载："（建武）十四年，（莎车王）贤与鄯善王安并遣使诣阙贡献，于是西域始通。葱领以东诸国皆属贤。十七年，贤复遣使奉献，请都护。天子以问大司空窦融，以为贤父兄相约事汉，款诚又至，宜加号位以镇安之。帝乃因其使，赐贤西域都护印绶，及车旗黄金锦绣。敦煌太守裴遵上言：'夷狄不可假以大权，又令诸国失望。'诏书收还都护印绶，更赐贤以汉大将军印绶。其使不肯易，遵迫夺之，贤由是始恨。而犹诈称大都护，移书诸国，诸国悉服属焉，号贤为单于。"（中华书局 1965 年版，第 2922—2923 页。）早在建武五年（29 年），莎车王贤的父亲康就被汉廷封为"建功怀德王""西域大都尉"（第 2922 页）。至建武十七年（41 年），贤复遣使奉献，光武帝与窦融遂商议赐贤为"西域都护"，以图镇抚。然"西域都护"在西域诸国中颇具实权与影响，故裴遵以"夷狄不可假以大权"为由建议朝廷收回诏命，光武帝遂更以"大将军"印相赐。所以，莎车王贤最终受封的名号是"大将军"。"大将军"为汉武帝所设，至光武帝亦被用以外授，但汉代史籍中只有莎车王贤一例。这到底是特殊历史背景与条件下的权宜之举，还是近于制度化的封授举措，目前还难以确判，姑且存疑。

④ 《三国志》卷三十《魏书·倭人传》，中华书局 1982 年版，第 857 页。

缣、绵衣、帛布、丹木、短弓矢等物，倭使掖邪狗等人亦被赐予"率善中郎将"印绶。①

（二）封赐范围的扩大

西汉王朝外授"都尉"时，主要施用于西域诸国。至东汉时，范围至少已扩大至北方的乌桓、西北的氐人等。如乌桓首领戎朱虏受封为"乌桓亲汉都尉"，② 汉阳③氐人酋豪蒲密获赐"率善都尉"。④ 至曹魏时，"中郎将""校尉"等职还被授予了日本列岛的倭人使者，封授对象不断增多，职衔级别亦有所提高。

通观上述封赐事例可以发现，汉朝统治者选用何种内臣职衔外授，有其多方面的考量。首先，这些职官须为周边民族所熟悉；其次，它们要有一定的权力依托，否则徒有虚名的名号即便授予了，恐也难以实行长久。譬如"都尉"，近塞的属国都尉与边郡都尉恐怕是汉王朝与周边民族接触最多的长吏之一；又如"中郎将"，"在汉代即经常性地充当使者，来往于周边民族和汉族政权之间，尤其是汉与匈奴的使者往来，基本由中郎将来职掌"。⑤ 上述王朝边吏与民族首领及部众常相接触，为其所熟悉，在受封群体中具有较大的影响力。同时，此类职衔在王朝职官等级体系内居于中层以上，在民族地区享有较高的认可度。此外，这些较有实权的内臣职官又不属于权力很大者，用作外封亦较合适。

---

① 《三国志》卷三十《魏书·倭人传》，中华书局1982年版，第857页。
② 《后汉书》卷九十《乌桓鲜卑列传》，第2988页。
③ 汉阳，原为西汉武帝时所置天水郡，东汉永元十七年（105年）始更名汉阳郡。（《后汉书》卷一百十三《郡国五》，第3516页。）该郡地处西北，南接武都郡，西邻陇右郡，自秦汉时即为羌、氐等部族杂居之地。
④ 刘珍等撰，吴树平校注：《东观汉记》，中华书局2008年版，第112页。
⑤ 李文学：《汉魏外封武官制度研究》，《西南民族大学学报》（人文社会科学版）2013年第6期。

二 王朝专门设立的官爵名号

第二类外封职官是汉王朝专为封授民族首领而设置的官爵名号。由于此类名号的创设基于华夏制度传统，故从官称上看，它与第一类内臣职官颇有形似之处。但实际上二者区别明显，关键看该职衔是否本就存在于王朝内部官爵体系中。以"大都尉"为例，尽管汉代内臣职官序列中有"都尉"之职，各类都尉还因职掌不同而官称各异，但却从未出现过"大都尉"职衔，故而也从无内臣获拜过该职。可见，"大都尉"是统治者专为周边民族首领特设的名号，故从设置伊始仅向异族首领封赐，下文便对这类职官名号分做阐析。

（一）"大都尉"

汉代对"大都尉"的封授集中于东汉，史籍中记有以下四则事例。"大都尉"最早的外封应发生在光武初年。"（莎车王）康率傍国拒匈奴，拥卫故都护吏士妻子千余口，檄书河西，问中国动静，自陈思慕汉家。建武五年，河西大将军窦融乃承制立康为汉莎车建功怀德王、西域大都尉，五十五国皆属焉。"① 光武以后，该职时有封授。明帝永平元年（58 年），"以谒者窦林领护羌校尉，居狄道。林为诸羌所信，而滇岸遂诣林降。林为下吏所欺，谬奏上滇岸以为大豪，承制封为归义侯，加号汉大都尉"②。安帝永宁元年（120 年），"掸国王雍由调复遣使者诣阙朝贺，献乐及幻人，能变化吐火，自支解，易牛马头。又善跳丸，数乃至千。自言我海西人。海西即大秦也，掸国西南通大秦。明年元会，安帝作乐于庭，封雍由调为汉大都尉，赐印绶、金银、彩缯各有差也"③。顺帝永建二年（127 年），"（疏勒王）臣磐

① 《后汉书》卷八十八《西域传》，第 2923 页。
② 《后汉书》卷八十七《西羌传》，第 2880 页。
③ 《后汉书》卷八十六《南蛮西南夷列传》，第 2851 页。

遣使奉献，帝拜臣磐为汉大都尉"①。

分析上述诸例，我们能得出以下几点重要认识。

第一，从封授范围上说，"大都尉"主要赐予王朝北部边疆的民族首领，尤其是西北地区。上述四则事例中，两例发生于西域，一例出现在西羌。掸国王雍由调的情况较为特殊，其身份为西南徼外藩属首领，并非汉王朝西南夷地区的民族首领。所以就传世文献与考古资料所见，西南夷乃至南方地区似无获拜"大都尉"的事例，这也从一个侧面反映出汉代民族职官封授的区域性差异。

第二，异族首领能否获得加号的关键是其势力大小，即是否为"大豪"。汉明帝时，护羌校尉窦林为下吏所欺，以滇岸为羌人"大豪"表奏，朝廷遂赐其"汉大都尉"。再联系之后滇岸实非"豪酋"，窦林此举属谬奏欺君而遭惩处等历史情节能够看出，朝廷外授"大都尉"是有其考量依据的，关键因素便是受赐者当为势力较强的民族部落或政权的首领。

第三，封授异族首领为"大都尉"在汉代业已制度化。不论是莎车王康，还是羌豪滇岸，均系"承制"封赐，这表明至迟在建武五年（29年），王朝已有外授"大都尉"的成制。其时天下纷扰，光武帝尚未完成全国统一，无暇大规模地建章立制和实施对边疆地区的有效管理，不少治边制度都袭自西汉。所以，不排除西汉时可能已存在外授"大都尉"之制，只不过史载有阙。汉代赐号"大都尉"的做法，还对其后的民族首领封授制度产生了重要影响。曹魏统治者亦沿袭汉制，对西域地区民族政权的统治者实行了此类封授，如车师后部王壹多杂即被赐予"大都尉"。②

---

① 《后汉书》卷八十八《西域传》，第 2927 页。
② 《三国志》卷三十《魏书》，第 865 页。

(二)"大都护"

除"大都尉"外，汉王朝特设的外封名号还有"大都护"。史籍所见汉代赐号"大都护"者都为鲜卑首领，最早的封赐可能发生在东汉建武二十五年（49年）。光武帝时，匈奴势盛，鲜卑、乌桓等部族处于匈奴控制下，常随其寇塞抄略。辽东太守祭肜建议朝廷，对北边诸族的入侵应当采取分化瓦解、以夷制夷的策略。建武二十五年，汉廷遂对鲜卑遣使招诱，示以财利。是年"鲜卑始通驿使""其大都护偏何亦遣使奉献，愿得归化，肜慰纳赏赐，稍复亲附"①。

观上，史籍记载偏何遣使奉献时径称其"大都护"，再联系建武二十五年汉与鲜卑"始通驿使"，则赐偏何为"大都护"很可能便在此年，属汉廷对鲜卑酋豪招诱赏赐中的一项重要内容。东汉封授的另一位大都护是活跃于和帝时期的鲜卑首领苏拔廆，其因常从护乌丸校尉任尚击匈奴叛者，后被封为"率众王"②。

在汉代民族职官的封授实践中，有一个值得注意的现象——"官爵双授"，即受封者可获赐两项（或以上）的官爵名号。这些名号中，通常一个为爵位，一个为官职。譬如，前文所列举的四位大都尉和两位大都护中，莎车王康、归义侯滇岸、掸国王雍由调、疏勒王臣磐、率众王苏拔廆五人都属于此类情形③。而且，两项官爵名号既可以同时授予，如康与滇岸；也可先后颁赐，如雍由调、臣磐与苏拔廆。

外封过程中为何会出现上述"双授"现象呢？主要原因恐怕是统治者希望通过官爵双授显示朝廷对受赐者的特恩优宠，以抚循怀柔之。为彰显这种恩遇，王朝往往会崇其名号，如所赐官称中多带有

---

① 《后汉书》卷二十《铫王祭列传》，第745页。
② 《后汉书》卷九十《乌桓鲜卑列传》，第2956页。
③ 关于鲜卑大都护偏何，囿于史料记载简略，我们尚不清楚他是否也获封过王、侯等爵，姑且不计。

"大"字，"大都尉""大都护"等即是如此。这样既遵从了少数民族的习俗传统，[1] 又增加了受封者的权势，提升了他们在本族或政权内统治的合法性以及在部族间竞争的优势地位，自然容易被民族首领所接受和认可。

三 周边民族及政权原有的官爵名号

我们所熟悉的"王侯君长"序列就是典型的源于周边民族及政权职官体系的外封官爵名号。汉王朝南北边疆的不少民族有自身的制度传统与文化习俗，一些民族政权还建立了较为系统、繁密的职官制度。

譬如匈奴的职官制度就比较完备，两汉书对此具有详细记载。《汉书·匈奴传》："置左右贤王，左右谷蠡，左右大将，左右大都尉，左右大当户，左右骨都侯。而左右贤王、左右谷蠡为最大国，左右骨都侯辅政，诸二十四长，亦各自置千长、百长、什长、禆小王、相、都尉、当户、且渠之属。"[2]《后汉书·南匈奴传》："南单于既内附，兼祠汉帝，因会诸部，议国事，走马及骆驼为乐。其大臣贵者左贤王，次左谷蠡王，次右贤王，次右谷蠡王，谓之四角；次左右日逐王，次左右温禺王，次左右渐将王，是为六角：皆单于子弟，次第当为单于者也。异姓大臣左右骨都侯，次左右尸逐骨都侯，其余日逐、且渠、当户诸官号，各以权力优劣、部众多少为高下次第焉。"[3]

此外，西域诸国的官爵体系亦较发达。《汉书·西域传》载："最凡国五十。自译长、城长、君、监、吏、大禄、百长、千长、都尉、

---

① 李春梅：《匈奴政权中"二十四长"和"四角""六角"探析》，《内蒙古社会科学》2006 年第 2 期，第 36 页。
② 《汉书》卷九十四上《匈奴传》，第 3751 页。
③ 《后汉书》卷八十九《南匈奴列传》，第 2944 页。

且渠、当户、将、相至侯、王，皆佩汉印绶，凡三百七十六人。"①
《西域传》还对各国的职官设置进行了详细描述，所涉官爵大大超出
了上述列举的这些，其来源多途，明显融汇了汉朝和匈奴的制度
传统。②

在名目繁多的民族职官中，汉王朝只选取了一部分纳入外封官爵
体系，即以"王侯君长"为代表的爵职序列。《续汉书·百官志》
曰："四夷国王，率众王、归义侯、邑君、邑长，皆有丞，比郡、
县。"③《续志》对"王侯君长"的记载十分简略，以致我们对它们的
了解有限。譬如等级问题，是否四夷国王、率众王、归义侯可比郡，
邑君、邑长比县呢？又如，"王侯君长"实际只是笼统的称谓，除去
《续志》所录上述爵职外，还包括哪些职官呢？凡此种种，我们并不
清楚。有赖于近年来玺印封泥、简牍碑刻等考古资料的不断发现与整
理，使我们对上述问题的进一步研究成为可能。下文即对"王侯君
长"官爵体系涵盖的具体官称做一初步探讨。

（一）"王"与"侯"

汉代，在"王""侯"等高级爵号的封授上，未体现出明显的区
域性差异。边疆地区的众多民族及政权首领都获赐过此类封爵，只不
过具体封号会因族属或颁授主体的不同而有所差异。其例甚多，在此
恕不备举。④ 在此需强调的是"侯"在传世文献和玺印封泥中抑或书

---

① 《汉书》卷九十六下《西域传》，第 3928 页。

② 如李文学认为，西域诸国官制其实是汉官制度、西域各国制度传统和匈奴官僚制度
共同影响的结果。参见李文学《汉魏外封武官制度研究》，《西南民族大学学报》（人文社
会科学版）2013 年第 6 期。

③ 《后汉书》卷一百十八《百官志》，第 3631 页。

④ 参见《史记》卷一百十六《西南夷列传》，《史记》卷一百二十三《大宛列传》，
《汉书》卷九十四《匈奴传》，《汉书》卷九十五《西南夷两粤朝鲜传》，《汉书》卷九十六
《西域传》，《后汉书》卷八十六《南蛮西南夷列传》，《后汉书》卷八十七《西羌传》，《后
汉书》卷八十八《西域传》，《后汉书》卷八十九《南匈奴传》，《后汉书》卷九十《乌桓
鲜卑列传》等。

为"邑侯"。如"归义鲁邑侯""汉归义鲁邑侯""汉秽邑侯""新保塞乌桓西黎邑率众侯"等。其中，"新保塞乌桓西黎邑率众侯"印章除了反映封授者、受封者族属、爵称等信息外，还特别书明了邑名，"西黎"盖为此乌桓邑侯的驻牧地。

（二）"君"

与"侯"相似，"君"在文献中或会称作"邑君"。尽管该封号也赐予北部边疆的民族首领，如"汉匈奴归义亲汉君""归义车师君""汉归义羌邑君"等，但其授予对象主要还是广大南方地区的民族首领。与"王""侯"外封不同的是其体现出明显的地域性差异，如"越贸阳君""新越三阳君""新越馀壇君""奉通邑君""越青邑君"等。

（三）"长"

"长"的情况较为复杂，涵盖的职官亦属繁多。除了通常我们所认为的"长""邑长"等官称外，至少"仟长""佰长"应也包含在内，"小长"很可能也属于该序列。

在传世文献与出土资料中，"长"或"邑长"的例子很多。譬如，南方地区的"越归汉蜻蛉长""板盾夷长""汉叟邑长""汉归义叟邑长"等。在北部边疆，汉廷对各族酋豪也多有封赐。譬如，授予羌人的有"汉归义羌长""汉归义羌邑长""汉率善羌长""汉破房羌长""汉青羌长""汉青羌邑长""汉青羌夷长"等；对氐人的封赐有"汉归义氐邑长""汉青芙邑长"等；① 授予匈奴的如"汉匈奴归义亲汉长""汉匈奴守善长""汉匈奴破房长"等；赐予乌桓的有"汉乌桓率众长""汉保塞乌桓率众长""汉保塞乌丸率众长"等；封授鲜

---

① 瞿中溶认为，"青芙"即青氐之类，所以"汉青芙邑长"实即"汉青氐邑长"。参见瞿中溶《集古官印考》卷九《汉代官印》，上海古籍出版社 1995 年版，第 18 页。

卑的如"汉鲜卑率众长"等。由此可见，汉廷对"（邑）长"的封授未显示出明显的区域性差异，① 而这与仟长、佰长的外封形成了巨大反差。

汉王朝对"仟长"的封授既有笼统的以所谓"蛮夷""胡"为赐予对象的情形，如"汉归义夷仟长""汉蛮夷归义仟长""胡仟长""蛮夷仟长"等；也有明确受封者族属的众多例子，主要为北方诸族，如"汉归义羌仟长""汉氐仟长""汉归义氐仟长""汉乌丸归义仟长""汉归义乌桓仟长""汉丁零仟长""汉卢水仟长""汉鲜卑归义仟长""汉高句丽率义仟长""汉叟仟长"等。汉廷外授"佰长"亦体现出相似的地域性特点，如"汉归义氐佰长""汉率善氐佰长""胡归义氐佰长""汉归义车师佰长""汉归义穢佰长""汉归义羌佰长""汉青羌佰长""汉卢水佰长""汉乌桓归义佰长""汉归义叟佰长""新五属左佰长""新西河左佰长""新西河右佰长"等。

以上"仟长""佰长"的封授事例中，不论是氐、羌、卢水（胡）、乌桓、鲜卑、穢（韩）、高句丽等部族名，还是"五属""西河"等反映王朝所置属国的印文，都表明此类官称的受赐者主要还是北部边疆的民族首领。② 此外，"左（右）佰长"的印文表明，"佰长"有左右之分，这也契合少数民族的习俗传统。

"小长"原为西域诸国常设职官。《汉书·西域传》曰："大夏本

---

① 关于"邑长"，周伟洲等认为，西南夷系"邑聚而居"，故设邑长。（周伟洲、[日] 间所香燒：《陕西出土与少数民族有关的古代印玺杂考》，《民族研究》2000 年第 2 期，第 87 页。）而罗继祖认为，邑长之邑，当即少数民族中的部落，汉族统治者命官，所以改称为邑。（罗继祖：《汉魏晋少数民族的官印》，《吉林大学社会科学学报》1986 年第 5 期，第 13 页。）由此可见，北方民族部落也可称邑，故部落酋豪亦可授邑长。盖在中原王朝统治者看来，尽管地理环境的差异导致各民族生活方式与居住格局的不同，但北方的部落与南方的邑聚可大致比附，故也赐予同样的官爵名号。

② 在"仟长""佰长"的封授对象中，除叟人外，其他多属传统的北方民族。汉魏之"叟"乃西南夷的一种泛称，主要指今四川西部、甘肃东南等地民族，故有氐叟、蜀叟、賨叟、青叟、越嶲叟等。参见周伟洲、[日] 间所香燒《陕西出土与少数民族有关的古代印玺杂考》，《民族研究》2000 年第 2 期，第 87 页。

无大君长，城邑往往置小长，民弱畏战，故月氏徙来，皆臣畜之，共
禀汉使者。"① "小长"后被纳入王朝外封官爵体系，现存的实物印章
以新莽时期为多，如"新西国安千制外羌佰右小长""新保塞渔阳左
小长""安定右小长""新前胡小长"等。观上述印例，小长的授予
对象以族属而论，除羌人外，还多见"胡人"。"胡"在汉魏时期一
般指匈奴。② 从隶属关系上讲，小长当为佰长之属官，且也设有左右，
"新西国安千制外羌佰右小长"之印表明，受封者应为羌人佰长之下
的右小长。可见，"小长"应属于民族职官封授体系中的低级别官称，
主要授予匈奴、羌等安置于王朝北部边疆属国、边郡或近塞分布的少
数民族首领。

综上，在来源广泛、名目繁多的民族职官中，汉王朝只吸收了一
部分，并整合进王朝的外封官爵体系。这类民族官称除了前文所论需
要具有封授范围的普遍性外，从形式上看，它们通常是意译的民族职
衔。对于异族官称，华夏史官有的采用意译，有的采用音译，这并不
是随意选择的。通过众多事例的比较我们能够发现，使用意译的民族
职衔，要么源于华夏官制，要么也与华夏职官有相当程度的可比性。
双方的制度差异较小，这无疑为它们的交流与互鉴奠定了良好的基
础，在此情形下，一些意译的民族职官便可能朝着制度融合的主
流——华夏式官爵体制的方向发展。而音译的民族职衔，往往来自本
族或周边民族的文化传统，它们与华夏制度差异较大，融入王朝外封
官爵体系的难度自然很高，因而在王朝的封授实践中逐渐呈萎缩
之势。

四　华夏式与非华夏式：官爵制度分类的又一视角

我们需要特别注意的是，并非汉王朝授予异族首领的职衔都属于

---

① 《汉书》卷九十六上《西域传》，第 3891 页。
② 周伟洲：《汉赵国史》，山西人民出版社 1986 年版，第 21—22 页。

本文所讨论的外封官爵名号。在此，我们有必要区分两类民族职官。一类是被汉王朝吸收、整合进外封官爵体系的职衔，另一类是除前者外的其他少数民族爵职，两者的性质迥然不同。

第一类职官虽然源于少数民族的制度文化，但已融入汉王朝的外封官爵体制，被常态化地授予边疆地区的诸民族首领，并成为王朝边疆治理体系的重要组成部分。从性质上讲，这类民族职官与中原政权内部职官一样同属于华夏式官爵体系，并成为王朝官僚制度的重要基石。

第二类民族职官尽管也有可能被赐予异族首领，但实际上它们并不属于王朝的外封官爵体制。

其一，从封授原因分析，这类封赐仅是中原王朝统治者对周边民族及政权首领政治名分的承认，旨在羁縻和确立双方的统属关系（有些还仅仅是名义上的）。

其二，从封授对象分析，此类职官往往只授予某一民族（政权）或某一地区的若干民族（政权）首领，不具有第一类职官在封授范围上的普遍性，这也是两类民族职官关键的区别。

大体上说，几乎全部的音译民族职官和多数的意译民族职官都属于第二类。① 从性质上论，它们仍是少数民族职官，但并不在汉王朝的外封爵职体制内，属于非华夏式官爵制度。

既然提到华夏式与非华夏式官爵制度，我们有必要对二者的辨别标准做一说明。质言之，判断某种官爵体制属于华夏式还是非华夏式，关键看其制定主体是谁。如果官爵体制的制定主体是华夏政权，即使其中一些内容采自周边民族，我们仍应将其视为华夏式官爵制度，譬如前文讨论的"王侯君长"的爵职体系；反之，若制度的创立

---

① 民族职官依据印文的表述形式可以分为以下两种情况：一种是民族语言的音译官号，如匈奴的且渠、当户等；另一种为意译官号，如匈奴的左右大将、左右大都尉，西域的译长、城长等。实际上，前者中几乎全部、后者中的大部分都未被整合进王朝外封官爵体系。

主体是边疆民族和政权，尽管他们可能吸收某些中原王朝的制度因素，譬如"将""相""左右大将""左右大都尉"等西域、匈奴职官都鉴用了华夏文化传统，我们宜将其归入非华夏式官爵制度。进而言之，尽管制度来源、封授对象与王朝外封官爵体制的创设及实施关系密切，但它们并不能成为制度属性的判断依据，制定主体才应是区别华夏式与非华夏式官爵制度的合理标准。

根据以上判断标准，华夏式官爵制度主要涵盖王朝内部官爵制度与外封官爵制度两类；非华夏式官爵制度则是未整合进外封官爵体系的少数民族职官制度。但我们要明晰的是，在华夏式官爵体制内，各系统的华夏化程度可能并不相同。王朝内臣职官体系的华夏化程度无疑是最高的；在外封官爵体系内，取自少数民族制度文化的职官序列的华夏化程度是最低的，其他两类封授名号要么选自内臣官称，要么根据中原制度文化专门创设，其华夏化色彩自然也很浓厚。

五　外封官爵制度与汉代的文化互鉴和民族融合

以制度属性和华夏化程度的视角来考察、分析外封官爵制度，这不仅有助于明晰民族职官封授体制的性质、特点，还能帮助我们深刻理解其演变规律及深层次原因，洞悉外封官爵制度对汉代的文化交流与互鉴、民族交往与融合等方面的作用和意义。

以上述视角纵向考察汉王朝的封授实践能够发现，越往后期发展，统治者授出的非华夏式官称就越少，至汉末时几至绝迹；[1] 而外

---

① 以两汉魏晋时期的匈奴官印为例，依印文的表述形式可将其分为两类：官爵名号为匈奴语之印和汉语官号之印。由于匈奴无文字，所以上述两类官印所用皆为汉字。据黄盛璋研究，第一类官印所见皆为汉代，汉以后除个别例外，皆为第二类汉语官印，魏晋尤为多见，并且同名之官印很多。（黄盛璋：《关于博物馆藏传世汉匈奴语官印考》，《故宫博物院院刊》1986年第4期，第16页。）第一类民族官印的减少乃至消失，第二类印章的普遍增多，实则反映了汉匈交往、联系的密切，以及周边民族在中原王朝的管理、整合下与以汉族为主体的其他民族日益融合的趋势。

封官爵序列则成为王朝封赐异族首领的主流，且所授名号呈现出向华夏式官爵体系的主轴——内臣职官体系靠拢的趋势。

具体来说，中原统治者在封赐民族职官时，选择外封官爵体系内前两类职官的情况日益增多，尤其是内臣职衔的封授频率明显增加；与此相伴的是，源于周边民族文化传统的名号在封授实践中的地位逐渐下降。最终的结果便是，汉王朝外封官爵体制的华夏化程度不断提高，外封职官与内臣职衔的区别日渐减小。① 外封官爵体制的变化不仅反映了少数民族与汉王朝交往联系的日益增强，华夏制度文化对周边民族的吸引力与影响力的明显提升，还折射出边疆民族在汉王朝的统治整合下，与以汉族为主体的其他民族融合程度的不断加深，其自身的华夏化程度也日渐提高。

实际上，华夏式与非华夏式官爵系统一直处于不断交流、互鉴和融合的状态，不论是汉民族的，还是少数民族的制度，往往都是不同文化传统相互融合、凝聚的产物。一方面，汉政权的外封官爵体系吸收了不少源自周边民族职官制度的名号，如邑君、邑长、仟长、佰长等；另一方面，华夏式职官的外授，对少数民族进一步吸纳汉文化起到了积极的推动作用。从整体层面讲，周边民族及政权的制度变革和社会发展都不同程度地选择了汉王朝的制度成果作为资源。

譬如，西域诸国往往置有"将""相""都尉"等职；② 匈奴的"二十四长"包括"左右大将""左右大都尉"，其中"二十四长"之下又各自置"相""都尉"等。③ 上述"将""相""都尉"等职衔都是借用了中原职官。进而言之，官爵名号的外封实际是一种华夏文化的输出，是中原王朝对周边民族的一种重要的整合手段。最终不仅使

---

① 魏晋南朝时，蛮夷首领获授为左郡左县之长官亦称守令，职衔名号上与内臣的差异性已大为减小。

② 《汉书》卷九十四上《匈奴传》，第3751页。

③ 《汉书》卷九十六下《西域传》，第3928页。

边疆民族认可和接受了华夏式职官，还在一定程度上接受了华夏文化，并深刻影响了本部族及政权的制度建设。

以匈奴为例，其政治制度的核心是分封制，尽管它以部落为实行基础，但与西周的分封制相似。匈奴的分封制也与宗法制紧密结合，实行所谓"家国一体"的统治模式。所以，从这个角度上讲，匈奴的分封制是吸收了中原分封制的某些要素，并结合本政权实际而形成的。① 随着与汉王朝交往的日益密切，匈奴统治者不断借鉴、吸收华夏制度因素，其文明程度越来越高，政权结构与组织形式也越来越完备、复杂。至南匈奴时，匈奴已从早期的单于处于最高级、四大国为第二级、二十四长为第三级的军事色彩浓厚的政权结构，发展成单于为顶级、四角为第二级、六角为第三级、裨小王等为更次一级的军事意味相对淡化的政权组织形式。所以，有学者认为，匈奴统治结构的变化，应是其统治者渐渐懂得中原诸朝的体制后融汇参用的结果。②

六　结语

不同文化间的交流、互鉴与融合是人类文化发展的自然现象，也是社会历史演进的客观规律。汉代的外封官爵制度就是各民族文化交流、互鉴和融合的典型例证。统治者在取材华夏职官制度的同时，还积极吸收、融入了匈奴、乌桓、鲜卑、羌与西域地区等北方民族以及南方苗蛮、百越等民族和政权的制度传统。从文化的多样性与互补性这个角度上讲，民族职官封授制度尽管是由汉王朝制定和推行的，但实际是由当时不同地区的众多民族共同参与和创造的，是以汉文化为主的多种文化交融凝聚的结果，它的实施为当时民族的交流、融合和汉族的形成、发展提供了有利条件。

---

① 李春梅：《论匈奴政权的分封制》，《内蒙古社会科学》2014 年第 1 期，第 54 页。
② 周伟洲：《汉赵国史》，第 51 页。

　　周边民族在与汉文化不断接触、交流、吸收与融合的过程中，逐渐实现了民族文化的变迁与民族意识的弱化，进而导致对本族认同的下降与对汉人及汉文化认同的提升，遂有越来越多的边疆民众将自己视为"汉人"或"汉儿"，并引发了更大范围、更深层次的民族融合和汉族群体的壮大。

（原载《贵州社会科学》2021 年第 12 期）

先秦秦汉时期陇右地区的
族群互动与认同

刘志平*

摘　要：先秦秦汉时期，陇右地区伴随着西北边境的拓展及该地区行政区划的反复盈缩，在族群互动与认同方面呈现出错综复杂的局面。首先是戎人与秦人的互动，最终是戎人逐渐融入华夏；然后是羌人、匈奴人、月氏人、氐人等异族与华夏（秦时为秦人，汉时为汉人）的接触，互动进程中虽然伴随着华夏族群向这一地区的移徙以及华夏式政治、经济、文化不间断地向这一地区渗透、浸染，但该地区始终是不同族群共生共存、摩擦争斗、互化互融的区域。事实上，秦汉陇右异族的整体性自我族群认同一直存在，甚至有越来越强烈的表现，表明异族与华夏在边地的接触并不一定形成异族的华夏化。

关键词：先秦秦汉；陇右；族群互动；族群认同

基金项目：国家社会科学基金重大项目“秦汉时期的国家构建、民族认同与社会整合研究”（项目编号：17ZDA180）；西北大学2018年度“国家社科基金一般项目孵化计划”项目“东周秦汉族群称谓与族群认同研究”（项目编号：17XNFH035）

---

* 西北大学历史学院副教授。

　　"陇右"这一区域地理概念的提出是在东汉，而且往往是与"河西"这一区域地理概念相对而言的。① 东汉的"河西"大体指黄河以西的金城郡、武威郡、张掖郡、酒泉郡和敦煌郡五郡所辖区域，② 而"陇右"大体指黄河以东、陇坻（陇山）以西的陇西郡、天水郡（汉阳郡）、安定郡和武都郡所辖区域。③ 但因金城郡（河湟地区）与"陇右"的密切关系，④ 本文所言陇右地区还包括金城郡所辖区域。

　　陇右地区在先秦秦汉时期伴随着西北边境的拓展及该地区行政区划的反复盈缩，在族群互动与认同方面呈现出错综复杂的局面。在先秦秦汉时期，虽然伴随着华夏族群（秦时为秦人，汉时为汉人）向这一地区的移徙，华夏式政治、经济、文化不间断地向这一地区渗透、浸染，但这一地区始终是不同族群共生共存、摩擦争斗、互化互融的区域。深入分析先秦秦汉陇右地区族群互动与认同的复杂情况，对于认识古代中国边地的多民族样态有着历史标本性的启示。

---

　　① 如《后汉书·申屠刚列传》记载："（申屠）刚遂避地河西，转入巴蜀，往来二十许年。及隗嚣据陇右，欲背汉而附公孙述。"《后汉书》卷二十九《申屠刚列传》，中华书局1965年版，第1015页。《后汉书·窦融列传》记载："帝闻河西完富，地接陇、蜀，常欲招之以逼嚣、述。"《后汉书》卷二十三《窦融列传》，第799页。与"河西"相对的"陇"，应当就是隗嚣所据之"陇右"。

　　② 窦融曾说道："河西殷富，带河为固，张掖属国精兵万骑，一旦缓急，杜绝河津，足以自守。"《后汉书》卷二十三《窦融列传》，第796页。可见，"河西"就是指黄河以西。具体说来，窦融"行河西五郡大将军事"的五郡，即指武威郡、张掖郡、酒泉郡、敦煌郡和金城郡，皆在黄河以西。《后汉书》卷二十三《窦融列传》，第797页。

　　③ 其核心区即天水郡（汉阳郡）。"陇右"这一地理名词在《后汉书》中频繁出现，兹不赘举。

　　④ 不仅西羌对"陇右"的寇犯多经由金城郡（河湟地区），金城郡（河湟地区）往往成为"陇右"汉朝势力与西羌展开生死角逐的战场，而且西汉及东汉初金城郡下辖的河关、枹罕、白石、金城、榆中五县地望本在"陇右"（其中枹罕、白石二县即于汉昭帝始元六年〈前81年〉自陇西郡别属金城郡，金城、榆中二县即于汉昭帝始元六年自天水郡别属金城郡），甚至在建武十二年（36年），还曾出现金城郡被省陇西郡的情形，而在建武十三年（37年），金城郡复从陇西郡析出时，河关、枹罕、白石三县又别属陇西郡。

一 先秦至西汉前期陇右地区的族群互动与认同

最早在陇右地区生活的族群是戎人（或称西戎），其历史悠久，"应是本地自新石器时代晚期以来由于气候变化而逐渐畜牧化、武装化，并具有移动习性的羌系人群，同时也不排除更遥远族群的渗入"①。其实所谓"戎人"或"西戎"，除包含"羌系人群"，应还包含"氐系人群"。② 而至西周中后期，随着秦人入居陇右地区，这里成为秦人和戎人共同生活的区域，秦人和戎人开始相互影响。

春秋时期，虽然秦人主体东徙关中，但陇右之"西垂"是秦人先祖的归葬之地（东迁关中的秦文公死后亦葬于此）③ 与秦人隆兴之地，从而长期成为秦人重要的祭祖、祭神中心之一，④ 秦人也因此一直未放弃对陇右地区的政治关注。《史记·秦本纪》记载："（秦武公）十年，伐邽、冀戎，初县之。"⑤ 说明秦人东迁关中后，陇右地

---

① 史党社：《秦与比邻少数族群的关系新探》，载天水市博物馆编《西戎文化的发现与研究学术研讨会论文集》，文物出版社 2019 年版，第 27 页。苏海洋也认为自"新石器时代结束以后至青铜时代"，随着气候的变化，陇右地区"由原始农业向半农半牧经济或畜牧经济转化。此后，随着北方草原游牧经济的南下和中原农业民族的北上及其双方势力的此消彼长，渭河上游及其代表的北方生态过渡带种植业、家庭畜养业和畜牧业的比重不断发生着变化"。苏海洋：《论渭河上游及毗邻地区原始农业生产结构的演变》，《农业考古》2008 年第 6 期。

② "古代的氐和羌都是西戎，都居住在西方，又同属汉藏语系，关系密切自不待言"，但"氐与羌自古以来便是两族，不能混而为一"。自岷江上游的冉駹以东北，"包括西汉水、白龙江流域及涪水之上游，都是古氐原始分布所在"，而分布的中心在"甘肃东南部的西汉水、白龙江流域"，即"汉武都郡一带"。参见马长寿《氐与羌》，广西师范大学出版社 2006 年版，第 8—11 页。汉武都郡属本文所言陇右地区，可见陇右自先秦以来就是氐、羌的主要聚居地。另外，需要说明的是，虽然氐、羌之称名最迟在商代即已出现，但在两周时期，其称名逐渐隐没，被涵括在更为广泛的"戎"之称谓中。于是，两周时期的西戎成为秦汉羌人与氐人的直接族源，而商周"羌人""氐人"并不一定同秦汉羌人之间存在直接渊源关系。参见朱圣明《华夷之间：秦汉时期族群的身份与认同》，厦门大学出版社 2017 年版，第 130、146 页。

③ 参见徐卫民《秦公帝王陵》，中国青年出版社 2002 年版，第 1—2、14—27 页。

④ 参见王子今《战国秦代"西—雍"交通》，《东方论坛》2016 年第 6 期。

⑤ 《史记》卷五《秦本纪》，中华书局 1982 年版，第 182 页。

区的戎人对秦构成一定威胁，秦人西越陇山对其进行军事讨伐，并设县进行行政管理。而到秦穆公三十七年（前 623 年），"益国十二，开地千里，遂霸西戎"①。"秦霸西戎和一批戎族部落方国被征服，从整体上大大削弱了西戎实力，使双方的力量彻底转换。从此，西戎在春秋后期至战国初年的 160 年间，再也没有发生攻伐行为，秦戎关系在秦人占据主动的条件下又进入一个长期平稳的时代。"② 在此期间，陇右地区的戎人主要有緜诸戎、绲戎、翟（狄）戎、貔戎，正所谓"秦穆公得由余，西戎八国服于秦，故自陇以西有緜诸、绲戎、翟、貔之戎"③。这些戎人在陇右地区的存在仍然对秦人构成威胁，④ 故秦惠公五年（前 395 年）有"伐緜诸"之举；⑤ 秦献公初立，有"兵临渭首，灭狄貔戎"之举；⑥ 秦孝公元年（前 361 年）有"西斩戎之貔王"之举；⑦ 秦惠王时，有"置乌氏县"之举。

到秦昭襄王三十五年（前 272 年），秦国在陇右地区内初置陇西郡和北地郡，⑧ 所谓"至王赧四十三年，宣太后诱杀义渠王于甘泉宫，因起兵灭之，始置陇西、北地、上郡焉"⑨。此后有秦一代，秦人对秦

---

① 《史记》卷五《秦本纪》，第 194 页。

② 雍际春、晏波：《两周时期的秦戎关系与民族融合》，载天水市博物馆编《西戎文化的发现与研究学术研讨会论文集》，第 12 页。

③ 《史记》卷一百一十《匈奴列传》，第 2883 页。《后汉书·西羌传》将"翟戎"写作"狄戎"。《后汉书》卷八十七《西羌传》，第 2872 页。此外，本文所言陇右地区其时还有乌氏戎。《史记·匈奴列传》言及"乌氏"，裴骃《集解》引徐广曰："在安定。"张守节《正义》引《括地志》云："乌氏故城在泾州安定县东三十里。周之故地，后入戎，秦惠王取之，置乌氏县也。"《史记》卷一百一十《匈奴列传》，第 2884 页。

④ 而自秦武公十年（前 688 年）至秦穆公三十七年，邽、冀之戎经过秦人 65 年的行政管控，已经被同化成秦人，故其时已无"邽、冀戎"之称。

⑤ 《史记》卷十五《六国表》，第 711—712 页。

⑥ 《后汉书》卷八十七《西羌传》，第 2875 页。

⑦ 《史记》卷五《秦本纪》，第 202 页。

⑧ 严格说来，其时北地郡东部属陇东地区，不在陇右，其西部在汉武帝元鼎三年（前 114 年）被析置安定郡，属本文所言陇右地区。但为了行文方便，将被析置安定郡之前的北地郡也归入陇右，只是叙述时注意侧重于北地郡的陇右部分，而被析置安定郡之后的北地郡不再归入陇右。

⑨ 《后汉书》卷八十七《西羌传》，第 2874 页。

昭襄王长城以东的陇右地区进行正式的以郡统县的郡县制管理，而在以前陇右诸戎聚居之地设有"道"或"县"，如陇西郡的狄道（应在狄戎聚居之地）、豲道（应在豲戎聚居之地）、緜诸道（应在緜诸戎聚居之地）、羌道（应在羌戎聚居之地）、略阳道（亦应在某戎聚居之地，史失载）、薄道（亦应在某戎聚居之地，史失载）和北地郡的乌氏县（应在乌氏戎聚居之地）。①

而在秦始皇三十三年（前214年）蒙恬率大军"北击胡"②"斥逐匈奴"③"西逐诸戎，北却众狄"之前，④ 黄河以东、秦昭襄王长城以西的陇右地一直是胡（包含匈奴）和羌戎所居之地，而且主要应是羌戎。⑤

秦始皇三十三年后，陇西郡和北地郡大幅度向西北推进，抵至黄河，新开拓的陇右地的羌、胡（包含匈奴）被驱赶至黄河以北，正所

---

① 以上秦县、道，参见周振鹤等《中国行政区划通史·秦汉卷（上）》，复旦大学出版社2017年版，第64—65页。

② 《史记》卷一百一十《匈奴列传》，第2886页。

③ 《史记》卷六《秦始皇本纪》，第253页。

④ 《后汉书》卷八十七《西羌传》，第2876页。

⑤ 朱圣明指出："自商代起，羌人便与中原政权和人群开始了密切的交流。殷墟甲骨文中出现了大量关于羌、羌方、北羌、马羌等的记录，这些羌人或与商人彼此敌对、战争相向，或臣属服事于商朝；在先周时期，羌人中文明程度较高的姜羌与周人世代通婚。武王伐纣，羌为与周联盟的西土八族之一；两周时期，羌人中除与周王室关系密切的一些姜姓诸族得以分封建国外，其他羌人则被含括在更为广泛的'戎'之称谓中，很少以'羌'称在史籍中出现。"朱圣明：《华夷之间：秦汉时期族群的身份与认同》，第130页。此说可从。《后汉书·西羌传》介绍西羌的历史时，言及两周时期的各种戎，而不称"羌"。还说不知道秦厉公时被秦人拘执的羌人先祖无弋爰剑是"何戎之别"。《后汉书》卷八十七《西羌传》，第2871—2875页。正因为"羌"和"戎"有密切关系，汉代频频出现"羌戎"称谓，如赵充国言及"羌戎小夷"（《汉书》卷六十九《赵充国传》，中华书局1962年版，第2975页）；冯奉世有"羌戎弓矛之兵耳，器不犀利"之言（《汉书》卷七十九《冯奉世传》，第3296页）；扬雄也有"羌戎睚眦，闽越相乱"之语（《汉书》卷八十七下《扬雄传下》，第3561页）；卢芳也曾说自己"西连羌戎，北怀匈奴"（《后汉书》卷十二《卢芳列传》，第507页）；朱勃称赞马援"晓诱羌戎，谋如涌泉，势如转规"（《后汉书》卷二十四《马援列传》，第847页）。

谓"胡人不敢南下而牧马"① "众羌不复南度"。② 与此同时，"自榆中并河以东，属之阴山，以为四十四县，③ 城河上为塞"④。关于此，辛德勇认为，"西汉金城郡之榆中，应是承用秦朝旧有建置；至少在西汉设县之前，秦朝的时候当地即已有了'榆中'这一地名"。同时认为此"榆中"应为"表示某一边界范围不是非常清楚而面积又较为广阔的地理区域"，"大致应为西汉榆中县治所附近的一定区域。这一区域，向西南方向，应包括秦县枹罕，它是秦朝在这一带设在最西边的县"。因而"所谓'自榆中并河以东'，应当理解为由'榆中'这一区域顺河岸东行，其最西端，乃是起自'榆中'区域内枹罕县西境的黄河南岸"，并"沿着河岸向东延伸，直至阴山西端并与之相连接；在这一线以内，新设立三十四个县（或四十四个县），并在靠近河岸的地方修筑县城，作为边防要塞"。⑤ 虽然"此四十四（或三十四）县的具体名称和位置，今已大多无法确知"⑥，但黄河以东、秦昭襄王长城以西的陇右地自然也有新县的设置，如上述枹罕县很可能就是新设的四十四县之一，具体说来，很可能是秦人于秦始皇三十三年西逐罕羌后而设。⑦ 这些新设的县被称为"初县"，受到责罚的秦人被迁徙到这里，作为戍卒防卫秦帝国新的西北边境，正所谓"徙谪，实之初县"⑧ "徙適戍以充之"。⑨ 这样，黄河以东、秦昭襄王长城以西的陇右地成为秦人和羌、胡互动的前沿地带。到秦末，"蒙恬死，诸侯

① 贾谊撰，阎振益、钟夏校注：《新书校注》，中华书局2000年版，第2页。
② 《后汉书》卷八十七《西羌传》，第2876页。
③ 《史记·六国年表》所载乃"三十四县"。《史记》卷十五《六国年表》，第757页。
④ 《史记》卷六《秦始皇本纪》，第253页。
⑤ 辛德勇：《秦汉政区与边界地理研究》，中华书局2009年版，第207—208页。
⑥ 辛德勇：《秦汉政区与边界地理研究》，第209页。
⑦ 《元和郡县志》即谓"故罕羌侯邑，秦灭为县，后遂因之"。《元和郡县志》卷三十九，中华书局1983年版，第989页。
⑧ 《史记》卷六《秦始皇本纪》，第253页。
⑨ 《史记》卷一百一十《匈奴列传》，第2886页。

畔秦，中国扰乱，诸秦所徙適戍边者皆复去，于是匈奴得宽，复稍度河南与中国界于故塞"①。戍边之秦人"皆复去"，去向大概有两个：一是回到"故塞"（秦昭襄王长城）内，二是亡入更远的西北羌、胡。后者之后裔在汉代被称为"秦胡"。② 黄河以东、秦昭襄王长城以西的陇右地又为羌、胡所占据，也不排除秦人留居此地的可能。

此外，值得注意的是，陇西郡的南部郡界在汉初拓展到了氐人（白马氐）聚居地，故在西汉水流域有氐道、武都道、平乐道、下辨道等设置。③ 氐人从此与汉人有了更多的接触与交往。

到西汉景帝时，羌人"研种留何率种人求守陇西塞，于是徙留何等于狄道、安故，至临洮、氐道、羌道县"。④ 可见，此时羌人入居陇西郡的西部边县，成为汉朝的"保塞蛮夷"，而所保"陇西塞"当为"故塞"（秦昭襄王长城）。羌人作为"保塞蛮夷"与汉人⑤杂处，相互影响，但"保塞蛮夷"的族群认同与政治认同是复杂的。⑥ 景帝时虽然西羌有保汉塞之举，但仍有对汉帝国的反叛，如李广任陇西郡太守时，西羌反叛，李广诱杀降羌八百余人。⑦ 而到此时，秦人曾征服的陇右诸戎已大多融入汉人。

在从战国秦厉公时直到汉武帝元鼎六年（前111年）的较长时期内，陇右的"湟中"（或称"河湟"）地区一直是羌人聚居生活之地。此外，在匈奴冒顿单于攻逐大月氏后，"余种分散，西踰葱领。其赢

---

① 《史记》卷一百一十《匈奴列传》，第 2887 页。

② 参见刘志平《先秦秦汉"秦人"称谓与"秦人"认同研究》，第四届青年史学家论坛参会论文，上海，2017 年 8 月。

③ 汉武帝元鼎六年，分陇西郡"南部之武都道、下辨道、平乐道、故道等置武都郡"。参见周振鹤等《中国行政区划通史·秦汉卷（上）》，第 478 页。

④ 《后汉书》卷八十七《西羌传》，第 2876 页。

⑤ 关于汉代的"汉人"称谓与"汉人"认同，参见刘志平《汉代的"汉人"称谓与"汉人"认同》，《人文杂志》2018 年第 12 期。

⑥ 关于"保塞蛮夷"的族群认同与政治认同，可参见朱圣明《华夷之间：秦汉时期族群的身份与认同》，第 321—325 页。

⑦ 《史记》卷一百九《李将军列传》，第 2874 页。

弱者南入山阻，依诸羌居止，遂与共婚姻"，①亦被称为"湟中月氏胡"，①亦被称"小月氏"②"小月氏胡"。③小月氏与羌人通婚，无疑促进了二者的融合，其实小月氏与羌人在语言、饮食、服饰、社会组织等方面颇相似，所谓"被服饮食言语略与羌同，亦以父名母姓为种"。④羌人还以"湟中"为基地，势力多次侵入黄河以东、秦昭襄王长城以西的陇右地。直到汉武帝元鼎六年，"汉遣将军李息、郎中令徐自为将兵十万人击平之。始置护羌校尉，持节统领焉。羌乃去湟中，依西海、盐池左右"⑤。

总之，先秦至西汉前期，陇右地区的族群实态经历了复杂微妙的变迁，先是戎人独居，而后戎人与秦人杂处，互融互化，最后秦人征服诸戎，将其置于华夏帝国的行政管控下，与秦人相对立的异族逐渐向西、向北推移，此异族主要就是羌和胡（包含匈奴）。西汉前期仍然承袭了这一族群实态。而在黄河以东、秦昭襄王长城以西的陇右地是族群实态变动剧烈的区域，华夏势力在此区域的渗透只有不到十年的时间，而更远的河湟地区一直是羌人及小月氏胡生活、生产的地方，华夏势力对这一区域唯一的渗透很可能就是秦之亡人的进入（其后裔被称为"秦胡"）。此外，陇右保塞羌人的出现，更加深了汉羌交流，但其对汉帝国的政治认同是不稳固的，其整体性的自我族群认同仍长期存在。聚居在西汉水流域的氐人（白马氐）在汉初被纳入陇西郡管控，氐人与汉人的交往也更加频繁。而小月氏、羌人、匈奴人、氐人诸异族之间在陇右地区的互动也值得我们重视。

---

① 《后汉书》卷八十七《西羌传》，第2899页。
② 《史记》卷一百二十三《大宛列传》，第3162页。
③ 《后汉书》卷十六《邓寇列传》，第609页。
④ 《后汉书》卷八十七《西羌传》，第2899页。
⑤ 《后汉书》卷八十七《西羌传》，第2876—2877页。《汉书·武帝纪》记载："（元鼎）六年冬十月，发陇西、天水、安定骑士及中尉，河南、河内卒十万人，遣将军李息、郎中令徐自为征西羌，平之。"《汉书》卷六《武帝纪》，第188页。

二 西汉中后期（含新莽时期）陇右地区的族群互动与认同

进入汉武帝时代，汉帝国开始"征伐四夷，开地广境，北却匈奴，西逐诸羌"①，华夏势力逐渐向"故塞"（秦昭襄王长城）之西北拓展。元朔二年（前127年），"卫青复出云中以西至陇西，击胡之楼烦、白羊王于河南，得胡首虏数千，牛羊百余万。于是汉遂取河南地，筑朔方，复缮故秦时蒙恬所为塞，因河为固"②。大概在此时，陇西郡和北地郡西部郡界再次向西推移，回到秦始皇三十三年"西逐诸戎，北却众狄"的情形，华夏势力再次进入"故塞"以西、黄河以东的陇右地。这一成果在元狩二年（前121年）得到进一步巩固。这一年春夏，骠骑将军霍去病连续两次率军出陇西，对河西的匈奴势力进行了猛烈攻击，取得了重大军事胜利。③ 特别是这年秋，占据河西的匈奴昆邪王率众降汉，汉朝在河西设置酒泉郡进行管辖，陇右和河西开始连成一片，匈奴人在这一区域对汉的威胁大大减少，正所谓"陇西、北地、河西益少胡寇"④。而降汉的匈奴人被分徙至"边五郡故塞外，而皆在河南，因其故俗，为属国"⑤，按照唐人张守节的解释，这五郡即陇西、北地、上郡、朔方、云中。⑥ 这五个属国处在"故塞"外、黄河以南的地方。可见，"故塞"西北、黄河东南的陇右居住着匈奴人，"依其本国之俗而属于汉"，其与陇右汉人有了更多的接

---

① 《后汉书》卷八十七《西羌传》，第2876页。
② 《史记》卷一百一十《匈奴列传》，第2906页。
③ 《史记》卷一百一十《匈奴列传》，第2908页。
④ 《史记》卷一百一十《匈奴列传》，第2909页。
⑤ 《史记》卷一百一十一《卫将军骠骑列传》，第2934页。
⑥ 张守节《正义》："五郡谓陇西、北地、上郡、朔方、云中，并是故塞外，又在北海西南。"《史记》卷一百一十一《卫将军骠骑列传》，第2934页。其中"北海"很可能是"北河"之误，此可参见（清）王先谦补注，上海师范大学古籍整理研究所整理《汉书补注》，上海古籍出版社2012年版，第4000页。当然，关于五属国的具体位置，学界有不同说法，不过大多认为陇右是以属国形式处置降胡的重要地区之一。参见黎明钊、唐俊峰《秦至西汉属国的职官制度与安置模式》，《中国史研究》2018年第3期。

触和交往。① 陇右汉人也因此对匈奴习俗有了更多的了解，如汉使王乌，因是北地人，故"习胡俗"，去节黥面，得入匈奴单于穹庐，受到单于喜爱。② 此外，关东的汉人被大量迁入陇右，总人数大概有29万人。③ 这对陇右异族的影响无疑是巨大的。

元狩四年夏，汉朝与匈奴进行了一次战略大决战，致使"匈奴远遁，而幕南无王庭。汉度河自朔方以西至令居，往往通渠置田官，吏卒五六万人④，稍蚕食，地接匈奴以北"⑤。"令居是汉渡河西以后建筑的最重要的据点……位金城郡北部，邻近《汉志》武威县、张掖县，当是取自张掖郡的两县之一（置金城郡时武威尚未立）。治今甘肃永登县西。"⑥ 这样，汉人势力接近陇右之河湟地区。

元鼎三年，陇右的行政区划发生调整，陇西郡被析置天水郡，北地郡被析置安定郡。据《汉书·地理志下》记载，当初徙处降胡的陇西郡、北地郡之"故塞"外、黄河以南的属国都尉治所分别在天水郡

---

① 有学者对西汉属国民的生活模式做了这样的推断："降附的游牧外族被纳入属国体系统治后，虽然还保留原来的部族文化，但因为居住地的改变，生活空间大大缩小，迫使部分族群不得不逐渐放弃原来游牧的生活方式，开始定居。"同时指出："属国的归附族群在军事、社会等层面皆和汉帝国密切接触。军事上，属国归义者虽享有特权，不用向官府交纳田租，但仍需向汉帝国的军事行动提供协助。实际上，据简牍资料反映，他们有可能被汉人非法强捕为奴，而且因为官吏希望属国民成为汉帝国的正规编户民并缴纳徭赋，双方往往就徭役问题引发大量社会冲突。"参见黎明钊、唐俊峰《秦至西汉属国的职官制度与安置模式》，《中国史研究》2018年第3期。虽然属国民与汉人有了频繁接触，甚至有部分游牧人群还过上了定居生活，但属国民的整体异质性并未发生根本变化。

② 《史记》卷一百一十《匈奴列传》，第2913页。

③ 《汉书·武帝纪》载："（元狩）四年冬，有司言关东贫民徙陇西、北地、西河、上郡、会稽凡七十二万五千口。"《汉书》卷六《武帝纪》，第178页。若平均来算，每郡徙人14.5万人，陇右之陇西郡和北地郡总徙入29万人。

④ 中华书局点校本1982年第2版《史记·匈奴列传》于此处断为"往往通渠置田，官吏卒五六万人"，而中华书局点校本1962年第1版《汉书·匈奴传上》断为"往往通渠置田官，吏卒五六万人"。后者应是。中华书局点校本二十四史修订本2014年第1版《史记·匈奴列传》已改断为"往往通渠置田官，吏卒五六万人"，当确。

⑤ 《史记》卷一百一十《匈奴列传》，第2910—2911页。

⑥ 周振鹤：《中国行政区划通史·秦汉卷（上）》，第486页。

的勇士县、安定郡的三水县。① 为表示对新开拓陇右地的重视，在元鼎五年冬十月，汉武帝西越陇山，抵至安定郡西边的黄河支流——祖厉河。② 这次西巡对新开拓陇右地的降胡应有一定的震慑作用。

自从汉人势力接近陇右之河湟地区，河湟羌人感受到严重威胁，于是在元鼎五年秋，"先零羌与封养牢姐种解仇结盟，与匈奴通，合兵十余万，共攻令居、安故，遂围枹罕"③。所以才有如前所述的元鼎六年汉平西羌之事。此后，汉人势力正式进入河湟地区，汉人和羌人的互动因此更加频繁。此外，到汉帝国"破匈奴，取西河地，开湟中"，"月氏来降，与汉人错居"。④ 小月氏王还因"将众降""将众千骑降"被封侯。⑤ 安定郡还专门设置月氏道以处月氏降者，这无疑又促进了月氏与汉人的交流，但其众"虽依附县官，而首施两端"，⑥ 对汉帝国的政治认同仍具有不稳固性，其整体性的自我族群认同仍长居主流地位。

从汉昭帝始元六年（前81年）初置金城郡到神爵二年（前60年）或其后不久，"金城郡的地域即已达到《汉志》所示的范围"⑦。在此期间，面对汉人的威胁，河湟诸种羌人为了维护自己族群的核心利益，即夺取河湟之"肥饶之地"⑧，产生较广范围的针对汉人的族群凝聚与认同。如宣帝时，"先零豪言愿时渡湟水北，逐民所不田处畜牧"，遭到拒绝后，竟"抵冒渡湟水，郡县不能禁"，到元康三年

---

① 《汉书》卷二十八下《地理志下》，第1612、1615页。
② 《汉书》卷六《武帝纪》，第185页。
③ 《后汉书》卷八十七《西羌传》，第2876页。
④ 《后汉书》卷八十七《西羌传》，第2899页。
⑤ 《史记》卷二十《建元以来侯者年表》，第1055—1056页。
⑥ 《后汉书》卷八十七《西羌传》，第2899页。
⑦ 周振鹤等：《中国行政区划通史·秦汉卷（上）》，第485页。
⑧ 《汉书》卷六十九《赵充国传》，第2987页。

（前63年），"先零遂与诸羌种豪二百余人解仇交质盟诅"①，"将欲寇边"②。义渠安国的野蛮政策导致包括"归义羌侯杨玉"③ 等在内的"诸羌怨怒，遂寇金城"④。不过，有政治上服从汉帝国的羌人，也往往参与汉帝国平叛的军事行动，如范明友就曾以"羌骑校尉将羌王侯君长以下击益州反虏"⑤，汉宣帝神爵元年"西羌反"，参与讨伐的除了汉人，也有包括羌人在内的诸异族。⑥ 其实，正如赵充国所言，羌人的特点就是"其种自有豪，数相攻击，势不壹"，当其欲有针对汉帝国的反叛行动时，往往要"先解仇"。⑦ 正因其内部存在不相统属及资源利益争夺的情况，故其针对汉人的整体性的羌人族群认同也是不稳固的。"通知四夷事"的陇右人赵充国⑧正是利用羌人的这一特点，在平定河湟叛羌的军事行动中多有胜绩。而神爵元年平定先零羌后，次年即"置金城属国以处降羌"。⑨ 陇右之河湟地区首次以"属国"的形式管理降羌，而降羌人数达到三万五千二百余人。⑩ 此外，金城郡西部的交通建设得到了加强，在湟陿以西修治道桥七十所，"可至鲜水左右"⑪。金城郡遂成为羌汉互动的主要区域。

在此之后，陇右有近二十年的时间无羌患。直到汉元帝永光二年（前42年），才出现"陇西羌彡姐旁种反"⑫ 的情形，这是陇右降羌"在竟内背畔"⑬。可见，降羌的整体性自我族群认同依然存在。不

---

① 《汉书》卷六十九《赵充国传》，第2972页。
② 《后汉书》卷八十七《西羌传》，第2877页。
③ 《汉书》卷六十九《赵充国传》，第2973页。
④ 《后汉书》卷八十七《西羌传》，第2877页。
⑤ 《汉书》卷七《昭帝纪》，第230页。
⑥ 除了羌人，还有胡人与越人。参见《汉书》卷八《宣帝纪》，第260页。
⑦ 《汉书》卷六十九《赵充国传》，第2972页。
⑧ 《汉书》卷六十九《赵充国传》，第2971页。
⑨ 《汉书》卷八《宣帝纪》，第262页。
⑩ 《汉书》卷六十九《赵充国传》，第2992—2993页。
⑪ 《汉书》卷六十九《赵充国传》，第2986页。
⑫ 《汉书》卷七十九《冯奉世传》，第3296页。
⑬ 《汉书》卷七十九《冯奉世传》，第3296页。

过，由于羌种繁多，一些依附汉帝国的羌人仍表现出对汉帝国的政治认同超越羌人族群认同的情态。如针对这次羌叛，参与平叛的除了汉人，也有呼速絫、嗕种等羌人。①

此后，陇右又是数十年无羌患，正所谓"自乡姐羌降之后数十年，四夷宾服，边塞无事"②。而"至王莽辅政，欲耀威德，以怀远为名，乃令译讽旨诸羌，使贡献西海之地，初开以为郡，筑五县，边海亭燧相望焉"③。具体说来，是羌豪良愿等种，共12000人，"愿为内臣，献鲜水海、允谷盐池，平地美草皆予汉民，自居险阻处为藩蔽"④。据说他们"思乐内属"的原因是他们觉得王莽"至仁"，多有祥瑞之征，"羌人无所疾苦"⑤。西海郡设置后，大量汉人（主要是罪犯）被徙入该郡，汉羌互动的场所拓展到陇右金城塞外。但好景不长，两年后，"西羌庞恬、傅幡等怨莽夺其地作西海郡，反攻西海太守程永"，程永逃走，被王莽诛杀，后由护羌校尉窦况等"击破西羌"。⑥ 到王莽败亡，"众羌"又"据西海为寇"⑦。而安定"三水属国羌胡"则与汉人（如卢芳、卢禽、卢程，三水豪杰）一起起兵反莽。⑧"更始、赤眉之际"，羌人更是放纵无忌，"寇金城、陇西。隗嚣虽拥兵而不能讨之，乃就慰纳，因发其众与汉相拒"⑨。陇右人（天水成纪人）隗嚣对羌人采取慰纳的怀柔举措，从而使羌人成为其拒汉的重要力量。

此外，如前所述，陇右南部之西汉水流域的氐人在汉初已接受汉

---

① 《汉书》卷七十九《冯奉世传》，第3298页。
② 《后汉书》卷八十七《西羌传》，第2877—2878页。
③ 《后汉书》卷八十七《西羌传》，第2878页。
④ 《汉书》卷九十九上《王莽传上》，第4077页。
⑤ 《汉书》卷九十九上《王莽传上》，第4077页。
⑥ 《汉书》卷九十九上《王莽传上》，第4087页。
⑦ 《后汉书》卷八十七《西羌传》，第2878页。
⑧ 《后汉书》卷十二《卢芳列传》，第506页。
⑨ 《后汉书》卷八十七《西羌传》，第2878页。

帝国的行政管理，到元鼎六年又设武都郡，进一步加强了对氐人的行政管理。大概因为设郡赋税重，① 武都氐人在汉武帝和汉昭帝时有反抗之举。《汉书·武帝纪》记载："（元封三年，前108年）武都氐人反，分徙酒泉郡。"② 部分武都氐人被远徙至河西之酒泉郡。《汉书·昭帝纪》记载："（元凤元年，前80年）武都氐人反。"③ 此后较长时期内，再无武都氐人反叛的记载。直到王莽时，"氐人亦叛"，后又依附隗嚣和公孙述，隗嚣死后，又"背公孙述降汉"④。可见，武都氐人的政治认同是多变的。

总之，自西汉中期以后，汉人与羌人、匈奴人、小月氏及氐人等异族在陇右地区的互动向较深层面和较广范围发展。如在陇右地区设置属国以处降胡与降羌，进一步将氐人与月氏人纳入汉帝国的行政管辖范围，汉羌互动的场所向西拓展到河湟及西海地区。值得注意的是，降附汉帝国的诸异族对汉帝国的政治认同有的仍表现出不稳定性，有的政治依附趋向在两汉之际还表现出多变性，此亦表明其整体性的自我族群认同仍长期存在。而依附汉帝国的羌人随汉军进击反叛的羌人，又表明这些依附汉帝国的羌人对汉帝国的政治认同超越了羌人族群认同。此外，在陇右西部塞外，羌人作为与汉人对立的异族一直存在。

三　东汉陇右地区的族群互动与认同

据班彪之言，东汉初，包括陇右在内的整个凉州部"皆有降羌"，

---

① 《后汉书·南蛮西南夷列传》："冉駹夷者，武帝所开。元鼎六年，以为汶山郡。至地节三年，夷人以立郡赋重，宣帝乃省并蜀郡为北部都尉。"《后汉书》卷八十六《南蛮西南夷列传》，第2857—2858页。可见，冉駹就曾向汉政府反映"立郡赋重"，汉宣帝于是废汶山郡，以减轻冉駹夷的负担。

② 《汉书》卷六《武帝纪》，第194页。

③ 《汉书》卷七《昭帝纪》，第225页。

④ 《后汉书》卷八十六《南蛮西南夷列传》，第2859页。

"与汉人杂处，习俗既异，言语不通"。班彪还言及羌人"反叛"往往是因为"数为小吏黠人所见侵夺，穷恚无聊"，因而建议光武帝刘秀向前朝学习，复置护羌校尉，理羌人之怨结，"岁时循行，问所疾苦"，"又数遣使驿通动静，使塞外羌夷为吏耳目"。此建议被光武帝采纳。① 但陇右的羌患并未就此停息。在建武十年（34 年），"先零豪与诸种相结，复寇金城、陇西"，被来歙平定。② 大概陇右羌人习惯了隗嚣的怀柔政策，对东汉政府的举措不满，故有反汉之举，正所谓"初王莽世，羌虏多背叛，而隗嚣招怀其酋豪，遂得为用。及嚣亡后，五溪、先零诸种数为寇掠，皆营堑自守，州郡不能讨"③。建武十一年，"先零种复寇临洮，陇西太守马援破降之。后悉归服，徙置天水、陇西、扶风三郡"④。建武十二年，陇右东南部的武都又出现"参狼羌与塞外诸种为寇，杀长吏"的情形，马援带兵进击之，致使羌人"数十万户亡出塞，诸种万余人悉降"，"于是陇右清静"。⑤ 值得注意的是，这次降汉的羌人只有万余人，而亡出陇右塞外的羌人达到数十万户，以每户 5 人计，总人数有 200 万左右，这远远超过西汉末年的羌人数量。⑥ 陇右塞外众多羌人的存在无疑是东汉羌患严重的重要人口因素。另外值得注意的是，如前所述，西汉前期及武、昭时期，武都的异族主要是氐人，大概到了西汉后期，武都成了"杂氐、羌"之地。⑦ 这次武都氐人并未参与反叛，应跟之前东汉政府对氐人的政策有关，正所谓"武都氐人背公孙述来降者，（马）援皆上复其侯王君

---

① 《后汉书》卷八十七《西羌传》，第 2878 页。
② 《后汉书》卷八十七《西羌传》，第 2878 页。
③ 《后汉书》卷十五《来歙列传》，第 588 页。
④ 《后汉书》卷八十七《西羌传》，第 2878—2879 页。
⑤ 《后汉书》卷二十四《马援列传》，第 836 页。
⑥ 有学者指出："到西汉末，估计羌人的数量也有数十万，但其中一部分已纳入汉朝的户籍统计，在户口数之外的羌人不会超过二三十万。"葛剑雄：《中国人口史（第一卷）》，复旦大学出版社 2002 年版，第 399 页。
⑦ 《汉书》卷二十八下《地理志下》，第 1646 页。

长，赐印绶，（光武）帝悉从之"①。不仅如此，在隗嚣族人隗茂反汉，攻杀武都太守之际，武都"氐人大豪齐钟留为种类所敬信，威服诸豪"，还与武都郡丞孔奋共"击茂，破斩之"。② 与武都氐人不同，武都参狼羌在东汉初多次反叛，如"中元元年，武都参狼羌反，杀略吏人"③。此外，"安定属国胡"也发生反叛。④

值得注意的是，由于金城郡屡屡成为西羌寇犯对象，金城汉民往往北亡至武威，从而成为武威之"客民"，直到光武帝刘秀采纳马援"不弃金城破羌以西"建议，三千多客居在武威的金城民才"各反旧邑"，从而出现郡中乐业、羌汉和亲的局面。⑤

光武帝末期，自烧当种羌大破先零、卑湳羌从而占据了先零的居地大榆中，烧当种羌成为威胁东汉陇右安全的西羌强种，"常雄诸羌"，成为"欲侵边"之诸羌的领导者，其对东汉陇右的强势攻击还导致"守塞诸羌皆复相率为寇"⑥。

可见，光武帝期间，威胁陇右的羌人主要是先零羌、武都参狼羌和烧当羌，其寇犯的主要原因应是对东汉政府的政策不满。而东汉政府应对的主要举措就是武力讨伐和内徙，羌人不仅被迁徙到陇右，还被迁徙到关中西部，羌汉互动的地域自此从陇右扩展至关中。而金城郡内的羌汉互动也有了一定程度的加强。但陇右守塞诸羌在自我族群认同与对汉帝国的政治认同之间表现出摇摆状态，尤其在有羌人强种取得对汉的军事优势时，其羌人族群认同会超过对汉帝国的政治认同。此外，陇右塞外数百万羌人的存在无疑是东汉羌患严重的重要人口因素。

而到明帝、章帝、和帝时，对东汉陇右构成严重威胁的是烧当

---

① 《后汉书》卷二十四《马援列传》，第 836 页。
② 《后汉书》卷八十六《南蛮西南夷列传》，第 2859—2860 页。
③ 《后汉书》卷八十七《西羌传》，第 2879 页。
④ 《后汉书》卷一下《光武帝纪下》，第 73 页。
⑤ 《后汉书》卷二十四《马援列传》，第 835—836 页。
⑥ 《后汉书》卷八十七《西羌传》，第 2879 页。

羌。其原因正如东汉人曹凤所言："以其据大、小榆谷，土地肥美，又近塞内，诸种易以为非，难以攻伐。南得钟存以广其众，北阻大河因以为固，又有西海鱼盐之利，缘山滨水，以广田蓄，故能强大，常雄诸种，恃其权勇，招诱羌胡。"①

针对烧当羌的威胁，东汉政府采取的主要措施还是武力讨伐和内徙并举。如永平元年（58 年），在大破烧当种羌滇吾后，对降羌进行了大规模内徙，总共有 7000 人被迁徙至三辅地区。② 自此始，羌汉在关中的互动得到进一步加强。而与此同时，汉人也被大量募徙至陇右，所谓"募士卒戍陇右，赐钱人三万"③。陇右的羌汉互动也得到了进一步加强。值得注意的是，东汉政府对羌人的内徙有时又具有主观选择性，如和帝时，针对因与汉有杀父之仇而"难用德怀，终于叛乱"的迷唐，尽管其"不肯远出"，东汉政府还是想方设法促使其出塞。④ 不过，后来当迷唐率不满千人的种众"远踰赐支河首，依发羌居"时，东汉政府将其余投降的六千多羌人分徙到陇右"汉阳、安定、陇西"三郡。⑤ 这进一步增加了陇右羌人的数量，形成了"诸降羌布在郡县"的局面。⑥

虽然随着羌人的内徙和汉人的徙入，陇右的羌汉互动得到进一步增强，但陇右塞内羌汉两分的族群格局依然没有发生改变。典型的例子就是汉章帝建初元年（76 年），金城郡安夷县的县吏因抢掠卑湳种羌人之妻，被其丈夫杀害，安夷县长宗延竟"追之出塞"，导致整个卑湳种羌人恐惧，于是一起杀了宗延，同时又与勒姐、吾良二种"相

---

① 《后汉书》卷八十七《西羌传》，第 2885 页。
② 《后汉书》卷八十七《西羌传》，第 2880 页。
③ 《后汉书》卷二《明帝纪》，第 99 页。
④ 《后汉书》卷八十七《西羌传》，第 2882—2884 页。
⑤ 《后汉书》卷八十七《西羌传》，第 2884 页。
⑥ 《后汉书》卷八十七《西羌传》，第 2886 页。

结为寇"，从而发生羌汉大战。① "汉吏略羌妇而被杀"这样一件事情，居然能引起羌汉大战，足见当时金城塞内羌汉两分的族群认同格局的显明，这也体现了徙入塞内的羌人是聚种而居，与汉人有严格的空间分隔。这应是塞内羌人在族群认同和政治认同上表现出群体性主观选择特征的人口地理因素。②

也正因为这样一种人口地理因素，在此期间，陇右守塞诸异族仍在自我族群认同与对汉帝国的政治认同之间表现出摇摆状态。如建初二年，在金城塞内，"迷吾遂与诸众聚兵，欲叛出塞"，接着，"诸种及属国卢水胡悉与相应"③。又如元和三年（86年），降汉的迷吾"复与弟号吾诸杂种反叛"，随后守塞羌胡"复叛出塞，更依迷吾"。④ 还如永元九年（97年），迷唐"胁塞内诸种羌共为寇盗，众羌复悉与相应，合步骑三万人，击破陇西兵，杀大夏长"⑤。还如永元十二年，迷唐"复背叛"，又"胁将湟中诸胡，寇钞而去"。⑥ 还如永元十四年，"安定降羌烧何种胁诸羌数百人反叛，郡兵击灭之，悉没入弱口为奴婢"。⑦ 当然，陇右守塞诸异族有时也出于对汉帝国的政治认同而随汉军进击同族。如永元八年，护羌校尉史充"发湟中羌胡出塞击迷唐"⑧。又如永元十三年，在"迷唐复将兵向塞"的情形下，护羌校尉周鲔"与金城太守侯霸，及诸郡兵、属国湟中月氏诸胡、陇西牢姐羌，合三万人，出塞至允川，与迷唐战"。⑨

---

① 《后汉书》卷八十七《西羌传》，第 2881 页。
② 徙入陇右塞内的羌人往往是以种落的形式聚居，且保留了原初的由种豪统领的部落组织形式，种落族群认同和政治认同的抉择往往由种豪决定。
③ 《后汉书》卷八十七《西羌传》，第 2881 页。
④ 《后汉书》卷八十七《西羌传》，第 2881 页。
⑤ 《后汉书》卷八十七《西羌传》，第 2883 页。
⑥ 《后汉书》卷八十七《西羌传》，第 2883 页。
⑦ 《后汉书》卷八十七《西羌传》，第 2885 页。
⑧ 《后汉书》卷八十七《西羌传》，第 2883 页。
⑨ 《后汉书》卷八十七《西羌传》，第 2884 页。

另外，东汉政府在明、章、和时期，对羌人有一个逐渐向西的压迫，其最显著的表现就是护羌校尉治所的西移。先从陇西郡的狄道西移至金城郡的安夷，再从安夷西移至临羌。① 而到汉和帝永元十四年，"缮修故西海郡，徙金城西部都尉以戍之"②。汉羌互动的地域再次西移至西海地区。还"广设屯田"于大、小榆谷，以"规固二榆"，"隔塞羌胡交关之路，遏绝狂狡窥欲之源"③。此时，"西海及大、小榆谷左右无复羌寇"④。

在此期间，同种羌人有时在对羌人的族群认同与对汉帝国的政治认同上表现出不同的趋向。如"滇吾子东吾立，以父降汉，乃入居塞内，谨愿自守。而诸弟迷吾等数为盗寇"⑤。又如"号吾将其种人降"，而其兄迷吾屡屡寇犯陇右汉塞。⑥

而随着羌汉互动的加深，汉人对羌人的种豪制度也有了更深入的了解。如汉明帝时，护羌校尉窦林先"奏上滇岸以为大豪"，滇岸被"承制封为归义侯，加号汉大都尉"。而后窦林又奏上滇吾为"第一豪"，汉明帝"怪一种两豪，疑其非实"。窦林竟以"滇岸即滇吾，陇西语不正"之语欺骗汉明帝，汉明帝"穷验知之，怒而免林官"⑦。可见汉明帝对羌人一种一豪的制度是熟悉的。

到安帝永初年间（107—113 年），发生了严重的羌患，而且是从塞内降羌开始的，根本原因是地方吏治腐败，致使塞内羌人积怨甚深，所谓"诸降羌布在郡县，皆为吏人豪右所徭役，积以仇怨"⑧。

---

① 《后汉书》卷八十七《西羌传》，第 2880—2881 页。
② 《后汉书》卷四《和帝纪》，第 189 页。
③ 《后汉书》卷八十七《西羌传》，第 2885 页。
④ 《后汉书》卷八十七《西羌传》，第 2885 页。
⑤ 《后汉书》卷八十七《西羌传》，第 2881 页。
⑥ 《后汉书》卷八十七《西羌传》，第 2881—2882 页。
⑦ 《后汉书》卷八十七《西羌传》，第 2880 页。
⑧ 《后汉书》卷八十七《西羌传》，第 2886 页。

而导火线则是东汉政府"迫促发遣"陇右塞内羌人远征西域。①

在这次羌患中，首先是被征发的金城、陇西、汉阳羌"惧远屯不还，行到酒泉，多有散叛"；其次是勒姐、当煎大豪东岸等"同时奔溃"，早降汉而"居安定"的烧当种羌麻奴兄弟"与种人俱西出塞"；紧接着，"先零别种滇零与钟羌诸种大为寇掠，断陇道"。② 居然阻断关中西通陇右的通道，大有割据陇右之态势。而他们都是"归附既久"的塞内降羌，因"归附既久"，所以已无真正的军事装备，"或持竹竿木枝以代戈矛，或负板案以为楯，或执铜镜以象兵"。但就是面对这样的叛羌，"郡县畏懦不能制"。③ 而后东汉政府调集数万大军与滇零等数万人大战于汉阳郡平襄县，汉军大败。在这种情势下，滇零在北地郡自称"天子"，广泛召集武都参狼、上郡、西河诸杂种羌，④ "东犯赵、魏，南入益州，杀汉中太守董炳，遂寇钞三辅，断陇道"，以致"湟中诸县粟石万钱，百姓死亡不可胜数"。⑤ 在整个陇右战场，汉政府军一败涂地，于是被迫将金城郡治所内徙至陇西郡襄武县，将护羌校尉治所移徙至张掖。羌人甚至东渡黄河，入寇河东、河内、上党，直接威胁都城洛阳，致使东汉政府不得不派重兵屯守黄河重要渡口——孟津，以保卫洛阳。在这种情势下，陇西郡治所也东移至襄武县，安定郡治所徙至扶风美阳。对"恋土，不乐去旧"的百姓，采取"刈其禾稼，发彻室屋，夷营壁，破积聚"的野蛮措施。汉阳人杜琦、杜季贡、王信等人还"与羌通谋"，杜琦甚至"自称安汉将军"，后杜琦、王信被杀，杜季贡"亡从滇零"。⑥

---

① 《后汉书》卷八十七《西羌传》，第2886页。

② 《后汉书》卷八十七《西羌传》，第2886页。

③ 《后汉书》卷八十七《西羌传》，第2886页。

④ 有学者认为这是"史载最早的东西羌联盟"。参见朱圣明《华夷之间：秦汉时期族群的身份与认同》，第159页。

⑤ 《后汉书》卷八十七《西羌传》，第2886页。

⑥ 《后汉书》卷八十七《西羌传》，第2886—2888页。

可见，在这次羌患中，塞内诸羌不仅已拥有了针对汉人的更广范围的族群认同，而且这种认同已上升到国家政权层面。① 与此同时，开始出现了东西羌联盟，"这种跨地域、跨血缘的东西羌联盟的出现则意味着羌人的族群认同上升到了新的高度"②。此外，陇右汉人也开始跟随羌人反汉。经过这次羌患，除了汉阳郡和武都郡，陇右大部分地区为羌人占据，华夏势力在陇右地区大面积退出。

从安帝元初元年（114 年）到元初五年，东汉政府在巴郡板楯蛮、湟中降羌胡、匈奴南单于、匈奴左鹿蠡王须沈、当阗种羌榆鬼、劾功种号封、上郡全无种羌雕何等异族的支持下，降服了"西河虔人种羌万一千口"③，剪灭了以零昌、狼莫、杜季贡为首的羌人政权，从而"诸羌瓦解，三辅、益州无复寇儌"④。但陇右曾内徙后的陇西郡、安定郡仍为羌人控制。⑤

这次羌汉战争，在一定程度上加强了羌汉两分的整体族群格局，因为"羌人社会政治组织由松散结盟向稳固联盟乃至国家政权的演进是在与汉朝抗争中逐步实现的"，而且"塞内羌人有意识的政治行为并未伴随东羌政权的覆灭而消失，相反却愈加强烈且频繁。这显然与东羌政权的建立一定程度上巩固并提升了塞内羌人的族群认同意识有关"⑥。

汉安帝后期，东羌和西羌对河西和陇右展开配合式攻击。永宁元年（120 年）春，东羌上郡沈氏种五千多人寇犯河西张掖。这是东羌

---

① 元初三年（116 年），当在北地郡袭击滇零之子零昌获得胜利后，"得僭号文书及所没诸将印绶"（《后汉书》卷八十七《西羌传》，第 2890 页），也足以说明零昌继承了其父滇零的"天子"僭号，并设有一套职官体系。

② 朱圣明：《华夷之间：秦汉时期族群的身份与认同》，第 160 页。

③ 但至延光元年（122 年），"虔人种羌与上郡胡反，攻谷罗城"。《后汉书》卷八十七《西羌传》，第 2892 页。

④ 《后汉书》卷 87《西羌传》，第 2889—2891 页。

⑤ 直到"延光三年，陇西郡由襄武还治狄道……至此，陇西郡境当完全恢复"［参见周振鹤等《中国行政区划通史·秦汉卷（下）》，第 876 页］；直到"顺帝永建四年（129 年），安定郡返回故土"［参见周振鹤等《中国行政区划通史·秦汉卷（下）》，第 888 页］。

⑥ 朱圣明：《华夷之间：秦汉时期族群的身份与认同》，第 164、167 页。

的一次远途西征，表明其已具备远程作战能力。趁马贤率汉军至张掖抵抗这支东羌力量时，西羌当煎种大豪饥五等乘虚寇犯金城；而当马贤从张掖回师金城时，西羌烧当、烧何种又趁机进犯张掖。建光元年（121年），西羌麻奴等在金城郡令居县大败武威、张掖郡兵，并胁将东羌先零、沈氏诸种四千多户，"缘山西走，寇武威"。① 东西羌的配合再次说明羌人族群认同的进一步提升。东西羌的配合式攻击虽给东汉陇右和河西地区再次造成严重威胁，但最终东汉政府还是取得了阶段性胜利。典型成果就是延光三年秋，陇西郡治所返回狄道。② 这表明东汉政府对陇右的控制得到一定程度的恢复。

汉顺帝前期，即"永和羌叛"③ 之前，只有陇西钟羌有两次反叛，很快都被平定。④ 在此期间，安定、北地、上郡回复到内徙前的状态，当初内徙的三郡汉民"各归旧县"⑤，陇右安定郡再次受东汉政府控制，其族群布局也再次回到羌汉分隔而居的杂处状态。另外，由于护羌校尉马续对两河间屯田的正确处理，两河间羌人无寇犯陇右之举。

自永和元年（136年）开始，东汉政府又遭十余年的羌患。首先是陇右武都塞上白马羌"攻破屯官，反叛连年"。⑥ 其次是"烧当种那离等三千余骑寇金城塞"，在受到汉军打击后，"那离等复西招羌胡，杀伤吏民"。⑦ 再次是"且冻傅难种羌等遂反叛，攻金城，与西塞及湟中杂种羌胡大寇三辅，杀害长吏"，且冻还"分遣种人寇武都，烧陇关，掠苑马"，"于是东西羌遂大合。巩唐种三千余骑寇陇西，又

---

① 《后汉书》卷八十七《西羌传》，第2892页。
② 《后汉书》卷八十七《西羌传》，第2892页。
③ 《后汉书》卷八十七《西羌传》，第2893页。
④ 《后汉书》卷八十七《西羌传》，第2893—2894页。
⑤ 《后汉书》卷八十七《西羌传》，第2893页。
⑥ 《后汉书》卷八十七《西羌传》，第2894页。
⑦ 《后汉书》卷八十七《西羌传》，第2894页。

烧园陵，掠关中……罕种羌千余寇北地……诸种八九千骑寇武威"。①
最后是"护羌从事马玄遂为诸羌所诱，将羌众亡出塞"。②

在这次长达十余年的羌患中，又出现东西羌大联合的局面，说明
羌人族群认同得到进一步的提升。同时，还出现东汉官员出于政治利
益考量而带领羌人"亡出塞"的情形。此外，虽有"湟中义从兵及羌
胡"跟随汉军攻击叛羌，但又有"降胡"在跟随汉军进击叛羌的中途
而"叛走"，说明降羌和降胡的族群认同与政治认同的复杂多变性。
而造成这次东西羌联合反汉的主要原因是汉朝官员"天性虐刻"，对
羌人"多所扰发"，不能执行"防其大故，忍其小过"的"安羌胡"
之策。③ 这次羌患还造成安定郡和北地郡的再次内徙，直到永嘉元年
（145 年）"陇右复平"后，④ 才复归故土，说明汉人的势力在陇右的
存在具有不稳定性。

汉桓帝前期，羌患还不是很严重，只在建和二年（148 年），"白
马羌寇广汉属国"，与此同时，"西羌及湟中胡复畔为寇"。⑤ 此后十
余年间，陇右无事。延熹二年（159 年）以后，陇右又是羌患不断。
首先是"烧当八种寇陇右"⑥，其次是"零吾复与先零及上郡沈氏、
牢姐诸种并力寇并、凉及三辅"⑦，最后是"乌吾羌寇汉阳、陇西、
金城"⑧。同样存在东西羌联合寇陇右的情形。

东西羌联合寇陇右的情形在汉灵帝时期再次上演，所谓"中平元
年，北地降羌先零种因黄巾大乱，乃与湟中羌、义从胡北宫伯玉等

---

① 《后汉书》卷八十七《西羌传》，第 2895—2896 页。

② 《后汉书》卷八十七《西羌传》，第 2897 页。

③ 《后汉书》卷八十七《西羌传》，第 2895 页。

④ 《后汉书》卷八十七《西羌传》，第 2895 页。

⑤ 《后汉书》卷八十七《西羌传》，第 2895 页。

⑥ 《后汉书》卷八十七《西羌传》，第 2895 页。

⑦ 《后汉书》卷八十七《西羌传》，第 2895 页。

⑧ 《后汉书》卷七《孝桓帝纪》，第 310 页。

反，寇陇右"①。湟中月氏胡也参与了此次叛乱。② 此外，这次羌患，同样有汉人（含汉朝官与民）参与，如"枹罕河关群盗"与"金城人边章、韩遂"等。③ 值得注意的是，汉人是从属于湟中羌人和月氏胡而参加叛乱，所谓"共立湟中义从胡北宫伯玉、李文侯为将军"，"劫致金城人边章、韩遂"。④ 有学者指出："这些汉朝官民的涌入使得羌人的聚合更为牢固、持久，规模也愈加壮大。"⑤ 同时指出："至中平三年冬，韩遂杀害边章及北宫伯玉、李文侯，羌人开始沦为凉州地方势力对抗中央的工具。此后，出现在董卓、马腾军中的羌胡均是如此。"⑥ 可见，东汉时期，在包括汉人在内的反汉联盟中，"羌""胡"在陇右地区的地位有一个由强而弱的转变过程。而从族群互动与认同的角度看，陇右地区的"羌""胡"作为与汉人对应的整体性异族似一直存在。

东汉末年（汉献帝建安年间）陇右的族群情势仍体现了该地区"羌""胡""氐"等异族的长期存在。建安十九年（214 年），"韩遂徙金城，入氐王千万部，率羌、胡万余骑与夏侯渊战，击，大破之，遂走西平"⑦。韩遂率领的反汉军队，除了氐人，还有羌人和胡人。同年，毌丘兴将赴任安定郡太守，曹操对其说了这样一番话："羌、胡欲与中国通，自当遣人来，慎勿遣人往。善人难得，必将教羌、胡妄有所请求，因欲以自利；不从便为失异俗意，从之则无益事。"⑧ 而毌丘兴没有听曹操的告诫，派遣校尉范陵到羌中，范陵果然

① 《后汉书》卷八十七《西羌传》，第 2898 页。
② 《后汉书》卷八十七《西羌传》，第 2899 页。
③ 《后汉书》卷七十二《董卓列传》，第 2320 页。
④ 《后汉书》卷七十二《董卓列传》，第 2320 页。
⑤ 朱圣明：《华夷之间：秦汉时期族群的身份与认同》，第 161 页。
⑥ 朱圣明：《华夷之间：秦汉时期族群的身份与认同》，第 161 页。
⑦ 《三国志》卷一《魏书·武帝纪》，中华书局 1982 年版，第 42 页。
⑧ 《三国志》卷一《魏书·武帝纪》，第 42—43 页。

"教羌，使自请为属国都尉"①。可见，直到此时，陇右羌、胡仍是作为与汉人（中国人）相对的异族群而存在的。此外，陇右羌人仍是以种落的形式聚居，正所谓"诸羌在遂军者，各还种落"。②陇右羌人的这种独立自主的聚居形式在三国曹魏时期仍旧保持下来，如魏文帝曹丕时，"西羌恐，率众二万余落降"③。而此时的河湟地区仍是华夏"吏民"与"羌胡"的共居之地。④此外，曹魏时期的陇右安定郡既有"卢水胡"，又有羌人，自有其"大帅"。⑤陇右之陇西、南安、金城、西平诸郡还遍布饿何、烧戈、伐同、蛾遮塞诸羌，仍以种落的形式聚居。⑥

建安二十年，曹操"西征张鲁"，"将自武都入氐，氐人塞道"，而后"氐王窦茂众万余人，恃险不服"，被曹操"攻屠"。⑦曹操军"收氐谷十余万斛"⑧。这表明东汉末年的陇右南部武都地区，仍是氐人活动的重要区域。此外，氐人也是以种落的形式聚居。曹操就曾令张既到武都，"徙氐五万余落出居扶风、天水界"⑨。以种落聚居的武都氐人不仅被迁徙到关中，还被迁徙到陇右的核心地区。曹魏时期的陇右氐人亦仍是以种落的形式聚居，如正始元年（240 年），郭淮曾"按抚柔氐三千余落"⑩。

综上所述，东汉陇右地区的族群互动与认同仍表现出异常复杂的状态。总体来说，由于东汉定都洛阳，政治中心远离陇右，东汉政府

---

① 《三国志》卷一《魏书·武帝纪》，第 43 页。

② 《三国志》卷九《魏书·诸夏侯曹传》，第 271 页。

③ 《三国志》卷十五《魏书·刘司马梁张温贾传》，第 476 页。

④ 《三国志》卷十五《魏书·刘司马梁张温贾传》，第 476—477 页。

⑤ 《三国志》卷十七《魏书·张乐于张徐传》，第 526 页；《三国志》卷 26 《魏书·满田牵郭传》，第 734 页。

⑥ 《三国志》卷二十六《魏书·满田牵郭传》，第 735 页。

⑦ 《三国志》卷一《魏书·武帝纪》，第 45 页。

⑧ 《三国志》卷九《魏书·诸夏侯曹传》，第 272 页。

⑨ 《三国志》卷十五《魏书·刘司马梁张温贾传》，第 472—473 页。

⑩ 《三国志》卷二十六《魏书·满田牵郭传》，第 735 页。

对边地采取整体性退缩政策，更重要的是由于东汉朝政及地方吏治腐败，对羌人持以歧视性、压迫性对待的态度，[①] 以及陇右塞外存在数百万羌人，东汉陇右羌患极其严重。东汉陇右羌患持续的时间更长，规模更大，波及范围更广，塞内外诸羌的联合更加紧密，还出现了东西羌的大联合，陇右一度成为西羌与东羌联合的桥梁地带。这都表明羌人的整体性族群认同得到了进一步强化与提升。此外，羌人与属国匈奴人在陇右地区的联合抗汉也是继续出现的现象，汉人与羌人的联合反叛也多次出现。虽然在包括汉人在内的反汉联盟中，"羌""胡"在陇右地区的地位有一个由强而弱的转变过程，而从族群互动与认同的角度看，陇右地区的"羌""胡"作为与汉人对应的整体性异族似一直存在，降羌、降胡与降氐的族群认同与政治认同一直表现出复杂多变性。羌胡对陇右地区还一度形成压迫性攻势，迫使东汉陇右诸郡内徙，这一内徙无疑造成了陇右汉人势力的真空，陇右的异族化趋势一度增强。虽然陇右诸郡后来得到恢复，但其异族化的惯性则保留了下来。东汉政府对"羌""胡""氐"等异族的武力讨伐和内徙都强化了异族与汉人两分的族群格局，何以言之？首先，虽然和平环境下的民族融合是一个十分漫长的过程，但至少提供了民族融合的外在契机，而战争对抗在总体上消弭了这种契机；其次，内徙的异族一直是以独立自主的聚居形式而与汉人分隔而居，与汉人的通婚也很有限，[②] 而通婚是民族融合的重要因素；最后，内徙的异族往往受到汉人的歧视性与压迫性对待，两者之间的族群隔阂始终存在。

---

① 东汉政府对边民都有歧视（参见朱圣明《华夷之间：秦汉时期族群的身份与认同》，第277—278页），更不用说对边地异族的歧视了。

② 马腾的父亲马平在陇西时，因"家贫无妻"，于是"取羌女，生腾"（《后汉书》卷七十二《董卓列传》李贤等注引《献帝传》曰，第2335页）。可见，在通常情况下，汉人是不娶羌女的。

四 余论

值得我们深思的是，为何秦汉陇右地区的羌、胡、氐等异族经过与华夏四百四十余年的互动，仍保持其族群的独立性？为何不像戎人那样融入华夏？原因可能是陇右戎人本身的历史及与华夏互动的历史都更悠久，其在战国时期就已具有相当程度的华夏特征，融入华夏的障碍比较小。而尽管羌、氐与戎人有一定的渊源关系，但作为华夏所面对的新的异族，羌、氐、胡与华夏的接触要晚些，而其自从与华夏接触后，一直保留非华夏特征，且这种非华夏特征在其内徙华夏帝国后仍得以保留。这主要表现为其采取独立自主的聚居形式及组织形式，从而造成异族与汉人通婚的有限性，而通婚是民族融合的重要因素。同时，陇右塞外又始终存在羌、胡、氐等异族，这对陇右塞内异族始终是一个显著的族群认同提示，而华夏政府对陇右塞内异族的歧视性与压迫性对待，又使得这种族群认同提示不断得到强化。

总之，从西汉到东汉，华夏与异族在陇右互动的加深，并未促成两者的族际整合，反而使两者的各自族群认同更加凸显。由此看来，异族与华夏在边地的接触并不一定造成异族的华夏化，特别是由于华夏政府错误的边地政策与民族政策而造成的族际和平互动环境的缺失，更能促使异族对华夏帝国政治认同的不稳定性，从而促其产生更长久、更强烈的自我族群凝聚与认同。与华夏的通婚也变得更加有限，其华夏化的途程也就变得更加漫长。这样，由异族与华夏互动而产生的有限的族群融合成果也被掩盖了。而从族群互动、交融的角度去看华夏政府对异族的内徙政策，范晔所言"夷貊殊性，难以道御"① 及江统所言"非我族类，其心必异，戎狄志态，不与华同"②
的反对理由虽不可取，但范晔提及的"朝规失绥御之和，戎帅骞然诺
之信。其内属者，或倥偬于豪右之手，或屈折于奴仆之勤。塞候时
清，则愤怒而思祸；桴革暂动，则属鞭以鸟惊"③ 及江统述及的内徙
的戎狄因"苦汉人侵之"而产生"毒于骨髓"的"怨恨之气"④，都
是值得我们深思的。

（原载《西北大学学报》2021 年第 5 期）

---

① 《后汉书》卷八十七《西羌传》，第 2901 页。
② 《晋书》卷五十六《江统传》，中华书局 1974 年版，第 1531—1532 页。
③ 《后汉书》卷八十七《西羌传》"论曰"，第 2899 页。
④ 《晋书》卷五十六《江统传》，第 1531—1532 页。

战国秦汉的国人意识与族群认同

陈　鹏*

　　摘　要：战国时期，随着列国的人群凝聚，形成兼具政治和族群认同的"国人"意识。秦朝统一后，意图整合"诸夏"，塑造新"秦人"认同。但秦国法制与六国旧俗的冲突，激起六国故民的反秦情绪，以致秦帝国崩溃和新"秦人"认同瓦解。秦汉之际，列国"国人"意识复生，"汉人"作为政治人群出现。至汉武帝朝，诸侯国渐与汉郡相差几无，"诸侯国人"转变为汉朝编户，接受了"汉人"身份。同时，在汉帝国与周边族群的互动中，汉朝吏民的内聚力得到强化，"汉人"的族属性质得以凸显。在政治、文化和制度的共同作用下，兼具政治体和族群性质的"汉人"认同最终确立，完成"统一华夏"的凝聚和重塑。

　　关键词：战国秦汉；国人；华夏；秦人；汉人；族群认同

　　基金项目：国家社科基金重大招标项目"秦汉时期的国家建构、民族认同、社会整合研究"（项目编号：17ZDA180）

　　秦汉帝国的建立，是中国历史之一大变，实现了政治大一统，也推动了族群整合。钱穆提出，秦统一推动了"中国民族之抟

---

　　* 吉林大学文学院副教授。

成"①；范文澜从共同语言、地域、经济、心理特征四要素，论证了"汉族在秦汉时已经开始形成民族"②；罗志田指出，秦统一后"复数的诸夏"成为"单数的统一之华夏"③；葛兆光认为自秦汉起，"语言文字、伦理风俗和政治制度就开始把民族在这个空间中逐渐固定下来"④。

上述研究展现出秦汉帝国政治大一统对华夏整合或汉族形成的重要影响，但对"华夏"或"汉族"的界定，往往依据"华夷之辨"观念或近代"民族""族群"概念，因而受到新近研究的挑战。较典型的是，胡鸿提出"走出族群看华夏"，倡导以政治体视角来考察"华夏"的性质及形成⑤，并论述了秦汉帝国如何"凝聚复数诸夏成为单数华夏"⑥。从政治体视角来审视"华夏"，抓住了古代中国"特有的民族认同与国家认同的同一性传统"和"华夏民族意识和国家意识在历史发展中相互交叉、合一的特殊性"⑦，但对中国古代以文化分辨"华夷"的传统不无忽视之嫌。对此，朱圣明在肯定了胡鸿之说的基础上，提出了政治与文化都是界定作为"族群"的"华夏"的重要因素⑧，或为平允之论。

无论采用哪种视角，既往研究皆注意到秦汉帝国对族群认同的塑造作用，但也不乏有待讨论之处。其一，研究者提出秦汉统一促使

---

① 钱穆：《国史大纲》（修订本），商务印书馆1996年版，第116页。
② 范文澜：《试论中国自秦汉时成为统一国家的原因》，《历史研究》1954年第3期。
③ 罗志田：《先秦的五服制与古代的天下中国观》，载罗志田《民族主义与近代中国思想》（修订版），（台北）三民书局2011年版，第32页。
④ 葛兆光：《宅兹中国——重建有关"中国"的历史论述》，中华书局2011年版，第28页。
⑤ 胡鸿：《能夏则大与渐慕华风——政治体视角下的华夏与华夏化》，北京师范大学出版社2017年版，第2—19页。
⑥ 胡鸿：《能夏则大与渐慕华风——政治体视角下的华夏与华夏化》，第35—45页。
⑦ 李禹阶：《华夏民族与国家认同意识的演变》，《历史研究》2011年第3期。
⑧ 朱圣明：《华夷之间：秦汉时期族群的身份与认同》，厦门大学出版社2017年版，第20—28页。

"复数诸夏"走向"单数华夏",或形成"汉人"认同,但此前"复数诸夏"在族群认同上是什么情形?其二,秦末汉初,政治统一出现"逆流",对族群认同造成怎样影响?笔者注意到,战国至西汉前期,存在着以"国"为名号的人群称谓,例如秦人、楚人、汉人、齐人等,可统称作"国人"。他们与西周春秋的"国人"不无渊源,但性质和范畴皆发生变化,其中蕴含着重要的政治认同和族群认同信息。对此考察,庶几能为解答上述问题提供新的线索。本文拟在前贤研究的基础上,考察战国秦汉的"国人"意识与族群认同,审视秦汉帝国如何塑造"华夏"。

一 战国的国人意识与诸夏认同

战国时期,存在以列国为名号的人群称谓,包括秦人、齐人、楚人、赵人、魏人、韩人、燕人等。例如翟强谓魏襄王:"晋人见楚人之急,带剑而缓之;楚人恶其缓而急之。"① 武安君说秦昭王曰:"长平之事,秦军大克,赵军大破;秦人欢喜,赵人畏惧。"② 其中"楚人""晋人""秦人""赵人",皆指某国之人。这种以"国"为号的人群称谓,可统称作"国人"。比如赵孝成王时,公孙龙论封赏不均,称"亲戚受封,而国人计功"③,"国人"指赵国民众;再如燕惠王遗乐毅书,提到"寡人之罪,百姓弗闻",因乐毅言之于外,以致"寡人之罪,国人不知,而议寡人者遍天下"④,"国人"与燕国"百姓"相当;又楚考烈王时,李园欲杀春申君,"国人颇有知之者"⑤,亦指楚国民众。晁福林指

---

① 何建章:《战国策注释》卷二十五《魏策四》,中华书局 1990 年版,第 940 页。
② 何建章:《战国策注释》卷三十三《中山策》,第 1250 页。
③ 何建章:《战国策注释》卷二十《赵策三》,第 732 页。
④ 刘向编著,石光瑛校释:《新序校释》卷三《杂事》,中华书局 2001 年版,第 347、356 页。
⑤ 何建章:《战国策注释》卷十七《楚策四》,第 593 页。

出战国时期的"国人",不同于西周春秋的"国人","多指某国之人"①。

西周春秋"国人"的内涵和性质,虽存争议,但大体认为"国人"出自统治氏族,在列国政治中有参政议政、废立君主、组成军队等权利,而与"野人"有别。西周春秋列国"国人",也可作"某(国)人",如《春秋》《左传》中"晋人""卫人""郑人""齐人"等,即多指该国"国人"②。由春秋入战国,"国人"内涵的变化,源自"国野之别"的消除。而这与郡县制、户籍制的施行和兵役制度的变化息息相关。

春秋晚期,郡县已出现;至战国,郡县制在列国普遍推行。近年,研究者据楚简指出,楚国或因灭国置县,破坏了原有的政治与宗族体系;或改贵族采邑、县邑设县,破坏了旧的基层政治结构。③ 列国的郡县制虽存在差异,但在推行过程中,旧的基层组织无疑都遭到破坏和重组。这从基层组织上破坏了国野体制。大体同时,列国施行户籍制度,对原本的"国人""野人"以及新征服地区的民庶采用同样的管理方式。"编户齐民"成为一国民众共同的新身份,皆承担赋税、徭役、兵役等义务。尤其"当兵特权由国及野","国人"与"野人"的身份和社会地位差异走向泯除。④

"国野之别"消弭,"国人"内涵转变为一国人众,"国人"意识也随之诞生。战国时期,各诸侯国呈现出"领土国家"面貌。⑤ 国际政治学者许田波(Victoria Tin－bor Hui)认为战国列国与近代早期欧

---

① 晁福林:《论周代国人与庶民社会身份的变化》,《人文杂志》2000 年第 3 期。

② 日知:《从〈春秋〉"称人"之例再论亚洲古代民主政治》,《历史研究》1981 年第 3 期。

③ 郑威:《出土文献与楚秦汉历史地理研究》,科学出版社 2017 年版,第 14—16、64—65 页。

④ 杜正胜:《周代城邦》,联经出版事业股份有限公司 1979 年版,第 139—148 页。

⑤ [日]宫崎市定:《中国古代史概论》,载宫崎市定《东洋的古代》,张学锋、马云超、尤东进、石洋译,上海古籍出版社 2018 年版,第 89—94 页;田昌五、臧知非:《周秦社会结构研究》,西北大学出版社 1996 年版,第 214—241 页。

洲国家类似，为"领土国家"和"主权国家"①。在这种情形下，列国"国民也各有其认同与归属"②。这种认同和归属感，即列国"国人"意识。它是一种国家意识和政治认同，在兼并过程中，"呈现为强烈的坚持其国家主权"③。较典型的是，燕将乐毅下齐七十余城，而"齐人未附"④，成为田单复齐的基础。

当时，列国皆在国内统一法令、文字和度量衡，"凝聚控制疆域内诸种人群"，从而"形成新型的、以国家为基础的""国族群体"⑤。这种"国族群体"，有各自的文化特点。所谓"七国异族，诸侯制法，各殊习俗"⑥。《孟子·滕文公下》载孟子讲的"楚人学齐语"假喻⑦，表明"楚人"与"齐人"存在语言和习俗差异。《吕氏春秋·用众》曰"戎人生乎戎，长乎戎，而戎言不知其所受之；楚人生乎楚，长乎楚，而楚言不知其所受之"⑧，亦显示出"楚人"的"地域文化人群"性质⑨。是故，列国"国人"，皆为政治—族群共同体。"国人"意识既是以政权为依托的政治认同，又是基于一定制度和文化的族群认同。

列国"国人"意识，又因敌国、它邦等"他者"的存在得到强化。"岳麓秦简"《尸等捕盗疑购案》涉及"秦人"和"它邦人"，即呈现出"我者"与"他者"之别。在简文中，"秦男子治等"被称作"秦人"；"荆男子阆等"被称作"荆人""荆邦人"，因不属于"秦

---

① 许田波：《战争与国家形成：春秋战国与近代早期欧洲之比较》，徐进译，上海人民出版社 2018 年版，第 5 页。
② 许倬云：《我者与他者：中国历史上的内外分际》，生活·读书·新知三联书店 2015 年版，第 25—26 页。
③ 许倬云：《我者与他者：中国历史上的内外分际》，第 26 页。
④ 《史记》卷八十二《田单列传》，中华书局 1959 年版，第 2454 页。
⑤ 鲁西奇：《楚秦汉之际的"楚人"》，《早期中国史研究》2016 年第 8 卷第 1 期。
⑥ 刘文典：《淮南鸿烈集解》卷六《览冥训》，中华书局 1989 年版，第 212 页。
⑦ 赵岐注，孙奭疏：《孟子注疏》，载李学勤主编《十三经注疏（十一）》，北京大学出版社 1999 年版，第 172 页。
⑧ 许维遹撰，梁运华整理：《吕氏春秋集释》卷四《用众》，中华书局 2009 年版，第 101 页。
⑨ 鲁西奇：《楚秦汉之际的"楚人"》，《早期中国史研究》2016 年第 8 卷第 1 期。

人", 亦称"它邦人"。二者在法律权责上存在明显不同①。沈刚指出"它邦人就是不在秦国户籍上的他国人"②, 显示出编户身份对"国人"身份的界定功能。"睡虎地秦简"《法律答问》也提到"秦人"与"臣邦人"之别。③ "臣邦人"为秦国臣邦、属邦之人, 而不同于秦国本土民户——"秦人"④。"它邦人"和"臣邦人", 构成了"秦人"自我认同的"他者"存在。

值得注意的是, 研究者提出春秋"诸夏"认同"着眼于共同的礼乐文化和政治立场, 开始超越一族一姓的狭隘血缘关系"; 至战国, 七国皆在"诸夏的政治体系"之内。⑤ 此说对春秋"诸夏"的认识诚属卓见, 但对战国列国的认识却不够充分。盖春秋"诸夏"上承西周封建体制, 在"尊王攘夷"的旗号下, 彼此间尚存在一定的政治认同; 而至战国, 列国兼并, 统一的政治认同已然崩溃。正如许倬云所论, "若与春秋华夏诸侯还有相当共同意识相比", 战国列国隔阂极大, 只是"还不曾强调种族主义而已"⑥。而且, 战国结盟并不限于"诸夏"之间, 例如秦惠文王七年（前318年）, "韩、赵、魏、燕、齐帅匈奴共攻秦"⑦。显然, 战国时期, 所谓"诸夏的政治体系", 并非由列国的"政治立场"来维系的。

《荀子·正论》曰: "诸夏之国同服同仪, 蛮、夷、戎、狄之国同

① 朱汉民、陈松长主编:《岳麓书院藏秦简》（叁）, 上海辞书出版社2013年版, 第113—117页。

② 沈刚:《秦人与它邦人——新出秦简所见秦代人口身份管理制度一个方面》, 载中国政法大学法律古籍整理研究所编《中国古代法律文献研究》第9辑, 社会科学文献出版社2015年版, 第145页。

③ 陈伟主编, 彭浩、刘乐贤等撰:《秦简牍合集: 释文注释修订本》第1辑《睡虎地秦墓简牍》（上）, 武汉大学出版社2016年版, 第250页。

④ 参见［日］工藤元男:《睡虎地秦简所见秦代国家与社会》, ［日］广濑薰雄、曹峰译, 上海古籍出版社2010年版, 第73—104页; 朱圣明《华夷之间: 秦汉时期族群的身份与认同》, 第93页。

⑤ 胡鸿:《能夏则大与渐慕华风——政治体视角下的华夏与华夏化》, 第42—43页。

⑥ 许倬云:《我者与他者: 中国历史上的内外分际》, 第26页。

⑦ 《史记》卷五《秦本纪》, 第261页。

服不同制。"① 所谓"仪",王念孙曰"谓制度也"②。制度可分为政治制度与礼乐制度。列国政治制度虽不尽相同,但在将相制、郡县制和文书行政等重要方面颇为相近,兼之战国士人流通,列国制度不乏共通之处。礼乐制度,自西周、春秋以来,即为列国"诸夏"认同的重要表象,并成为文化视角下"华夷之辨"的基础。战国"诸夏政治体系",正是基于政治制度和礼乐制度形成的。

从西周春秋至战国,列国"领土国家"的形成,一方面促成列国内部的人群整合,另一方面也强化了列国之间的隔离和分裂。前者促使列国"国人"意识的形成,而后者却令昔日基于封建制度或"尊王攘夷"旗帜下统一的"诸夏"政治认同趋于瓦解和崩溃。但列国间政治制度和礼乐制度的共通性,维系了"诸夏"政治体系和文化认同。就此而言,春秋战国之际的政治和社会变迁,令时人出现"二重认同",即"诸夏"认同和"国人"认同。"国人"认同,可谓"诸夏"认同之下的亚族群认同。而"诸夏"认同的维系,促使战国由分裂走向政治"大一统",也为后来秦汉统一帝国的族群整合奠定了基础。

二 新"秦人"认同的塑造与瓦解

秦并六国,统一"诸夏",六国"国人"意识依托的政治体不复存在,促使"复数诸夏"走向"单数华夏"。其实,战国时秦国已通过推行郡县制、编户制和秦法,有意识地将新兼并土地上的人群整合到"秦人"中。《商君书·徕民》提到秦国存在"故秦(民)"与"新民"之别③,"睡虎地秦简"《秦律杂抄》也提到"故秦人"④。

---

① 王先谦撰,沈啸寰、王星贤点校:《荀子集解》卷十二《正论》,中华书局1988年版,第329页。
② 王念孙:《读书杂志·读荀子杂志》,上海古籍出版社2015年版,第1831页。
③ 蒋礼鸿撰:《商君书锥指》,中华书局1986年版,第92页。
④ 陈伟主编,彭浩、刘乐贤等撰:《秦简牍合集:释文注释修订本》第1辑《睡虎地秦墓简牍》(上),第158页。

"故秦人/故秦民" 为 "秦国旧有的人民"，而 "新秦人/新民" 正是新征服或归顺之人，通过 "纳入秦国版籍"，整合进 "秦人"①。秦统一后，延续并发展了上述做法，推动 "故秦人" 与六国故民的整合，以期将 "秦人" 身份在秦帝国疆域内普及，塑造新的 "秦人" 认同。

历史学家范文澜将秦朝 "书同文" "车同轨" "行同伦" 和划定疆域比对为共同语言、经济生活、心理状态和地域等 "民族" 四要素②；民族学家费孝通认为秦朝 "车同轨，书同文，立郡县和确立度量衡的标准，在经济、政治和文化上为统一体立下制度化的规范"，是中华民族这个民族实体形成的重要一步③。二说提示我们，秦朝族群认同的塑造是在帝国官方主导下进行的。"秦人" 认同的普及，实质是令 "故秦人" 与六国故民（"新秦人"）"同质化"，亦即 "海内为郡县，法令由一统"④。具体来讲，包括政治认同和文化认同两个方面。

在政治认同上，秦朝在帝国疆域内推行郡县制和编户制，对 "故秦人"、六国故民和其他族裔人群采用相同的统治方式，使之具有同等身份。其他人群，是指秦帝国编户中戎人、越人、淮夷等原非 "诸夏" 人群，比如 "秦并六国，其淮、泗夷皆散为民户"⑤。各郡县编户（黔首）在法令上具有同等权责，皆需依法承担赋役和戍边，打破了不同人群以往的政治隔阂，实现了政治身份的 "同质化"，推动了新 "秦人" 认同的形成。

在文化认同上，秦帝国在 "法令由一统" 的基础上，整齐各地的文化和风俗。战国列国 "田畴异亩，车涂异轨，律令异法，衣冠异

---

① 鲁西奇：《楚秦汉之际的 "楚人"》，《早期中国史研究》2016 年第 8 卷第 1 期。
② 范文澜：《试论中国自秦汉时成为统一国家的原因》，《历史研究》1954 年第 3 期。
③ 费孝通：《中华民族的多元一体格局》，载费孝通主编《中华民族多元一体格局》（修订本），中央民族大学出版社 2003 年版，第 10—11 页。
④ 《史记》卷六《秦始皇本纪》，第 236 页。
⑤ 《后汉书》卷八十五《东夷列传》，中华书局 1965 年版，第 2809 页。

制，言语异声，文字异形"①，正是列国"国人"意识存在的文化基础。秦法的推行，以法令整饬各地风俗。"睡虎地秦简"《语书》，为秦王政二十年（前 227 年）南郡守腾发布的文告，即提到"乡俗""或不便于民，害于邦"，故设"法律令""以教道民，去其淫避，除其恶俗"②。这篇文告虽发布于秦统一前，但"以法化俗"政策为秦帝国延续。工藤元男即认为《语书》反映了秦朝"追求一元化统治的坚强意志"，为此否定社会旧俗，"督促秦法的彻底化"③。这从始皇帝刻石可得到证明，比如琅琊刻石曰"匡饬异俗"，之罘刻石曰"黔首改化"，会稽刻石曰"禁止淫佚"④。清人顾炎武即认为秦朝"坊民正俗之意固未始异于三王也"⑤。除整饬风俗外，秦朝"书同文字"，从文字和用语上消除各方言人群的隔阂，确保帝国内部交流和文书行政的顺畅⑥；统一学术，焚毁六国史书和百家语，"若有欲学者，以吏为师"⑦；整合各地信仰，确立国家祭祀⑧。帝国从文字、学术和信仰三方面，塑造统一的"秦文化"，促使帝国编户实现文化"同质化"。此外，秦始皇采纳"五德终始说"，确立"黄帝—夏—商—周—秦"的华夏王朝正统序列，将帝国编户纳入共同的历史记忆和祖先记忆，也有助于强化帝国民众的认同。

正如葛兆光所论："身处一个共同空间的人们，在统一帝国影响

---

① 许慎撰，徐铉校定：《说文解字》卷十五上《叙》，中华书局 1963 年影印本，第 315 页上栏。

② 陈伟主编，彭浩、刘乐贤等撰：《秦简牍合集：释文注释修订本》第 1 辑《睡虎地秦墓简牍》（上），第 29 页。

③ ［日］工藤元男：《睡虎地秦简所见秦代国家与社会》，第 361 页。

④ 《史记》卷六《秦始皇本纪》，第 245、250、262 页。

⑤ 顾炎武著，黄汝成集释：《日知录集释》卷十三"秦纪会稽山刻石"条，上海古籍出版社 2006 年版点校本，第 752 页。

⑥ 陈侃理：《里耶秦方与"书同文字"》，《文物》2014 年第 9 期。

⑦ 《史记》卷八十七《李斯列传》，第 2546 页。

⑧ 李零：《两次大一统（下）》，载李零《茫茫禹迹：中国的两次大一统》，生活·读书·新知三联书店 2016 年版，第 64—65 页；葛兆光：《历史中国的内与外——有关"中国"与"周边"概念的再澄清》，香港中文大学出版社 2017 年版，第 76 页。

下，都对这一文化、信仰和历史给予'认同'的时候，由'语言与书写文字的媒介'联系起来的这个文化传统、神圣信仰和共同历史中的人，就会想象自己拥有一个传统，因而也应当是一个民族，理应成为一个国家。"① 秦帝国从政治和文化两个层面，推动帝国内部人群的"同质化"；兼之"一法度衡石丈尺。车同轨"②，加强帝国内部人群的联系，试图令"秦人"认同得到帝国各地的普遍接受。

秦帝国自上而下的新"秦人"认同塑造，取得了一定成功。鲁西奇已指出鄠鄢地区的"楚人"渐次"秦人化"，演变为"新秦人"。③再如秦汉时朝鲜半岛南部的辰韩，"自言古之亡人避秦役来适韩国"，言语"有似秦人"，亦称"秦韩"。④"亡人避秦役来适韩国"者，多来自燕齐地区，若秦韩确因"秦人"得名，则"秦人"身份已被部分燕齐之人接受。"秦人"还成为周边族群和外国对中原人的称呼，甚至延续至汉代。⑤ 颜师古即谓《汉书》中汉代匈奴人"谓中国人为'秦人'，习故言也"⑥。不过，研究者也注意到，在秦代，"各地区的名称如燕人、齐人、赵人、魏人、楚人等仍然存在"⑦。可见，各地对"秦人"身份的接受并不彻底，旧的"国人"意识仍然存在。这种情况的出现，实源自秦国与山东六国在法令制度和文化风俗上存在较大差异。宫崎市定注意到，"秦国法制与六国旧俗多有差异"⑧；陈苏镇认为"秦之'法律令'与关东文化存在距离，特别是与楚'俗'之

---

① 葛兆光：《历史中国的内与外——有关"中国"与"周边"概念的再澄清》，第74 页。

② 《史记》卷六《秦始皇本纪》，第 239 页。

③ 鲁西奇：《楚秦汉之际的"楚人"》，《早期中国史研究》2016 年第 8 卷第 1 期。

④ 《三国志》卷三十《魏书·东夷传·韩传》，中华书局 1959 年版，第 852 页。

⑤ 贾敬颜：《汉人考》，载费孝通主编《中华民族多元一体格局》（修订本），第169—170 页。

⑥ 《汉书》卷九十六（下）《西域传下》颜注，中华书局 1962 年版，第 3914 页。

⑦ 翁独健主编：《中国民族关系史纲要》，中国社会科学出版社 2011 年版，第 76 页。

⑧ ［日］宫崎市定：《宫崎市定解读〈史记〉》，马云超译，中信出版社 2018 年版，第84—85 页。

间存在较大距离"①；李禹阶指出"秦与关东，尤其是齐、鲁文化，存在价值观上的冲突"②。因法制与文化上的差异，六国故民对秦法往往难以接受；而秦帝国却以强硬甚至残暴的手段来推行秦法、秦制，无疑加剧了秦国法制与六国旧俗的冲突。这反而激起了六国故民的故国之思和残存的"国人"意识。比如楚南公曰"楚虽三户，亡秦必楚"③，正是故楚之人怀有强烈"楚人"认同的表现。

六国故民"国人"意识尚存，无疑给秦帝国塑造的新"秦人"认同带来了危机，也为秦帝国的覆灭埋下了伏笔。汉人徐乐称"秦之末世"可谓"土崩"，"民困而主不恤，下怨而上不知，俗已乱而政不修"④，正是秦朝政治认同危机的写照。因此，秦末，陈胜起事，振臂一呼，"天下云集响应，赢粮而景从"⑤，六国得以复兴。随着秦帝国崩溃，新塑造的"秦人"认同也随之瓦解。"秦人"身份又缩回到"故秦"范围。比如刘邦入关中，"与父老约法三章"，史称"秦人大喜"⑥，此"秦人"即指关中百姓。

新"秦人"认同的塑造与瓦解，表明在族群认同塑造上，来自帝国自上而下的权力，往往起到至关重要的作用。或者说，在统一政权下，政治认同是族群认同的先导和基础。而制度和文化的整合，则是塑造政治—族群认同的手段与工具。然《荀子·议兵》曰："兼并易能也，唯坚凝之难焉。"⑦ 自上而下的权力，或能起到一时之效；但新认同的维持，必有赖于制度和文化整合的完成。新"秦人"认同的瓦

---

① 陈苏镇：《〈春秋〉与汉道——两汉政治与政治文化研究》，中华书局 2011 年版，第 37 页。

② 李禹阶：《秦始皇"焚书坑儒"新论——论秦王朝文化政策的矛盾冲突与演变》，《重庆师范大学学报》2004 年第 6 期。

③ 《史记》卷七《项羽本纪》，第 300 页。

④ 《汉书》卷六十四《徐乐传》，第 2804—2805 页。

⑤ 《史记》卷六《秦始皇本纪》，第 281—282 页。

⑥ 《史记》卷八《高祖本纪》，第 362 页。

⑦ 王先谦撰，沈啸寰、王星贤点校：《荀子集解》卷十《议兵》，第 290 页。

解，正源自秦国与山东六国间法制和文化的鸿沟较深，并非短期内通过强制手段所能消弭的。

三 国人意识变化与"汉人"认同形成

史家李开元将"秦末陈涉起义至汉景帝在位之间"的历史时期称作"后战国时代"，他写道："秦王朝在此期间崩溃，战国七国在此期间复活，项羽在此期间称霸分割天下，汉王朝也在此期间诞生。"[1] 在"后战国时代"，"楚人""齐人""赵人"等以国为号的人群称谓再次出现。这些"某（国）人"称谓，被统称作"诸侯人""诸侯国人"。例如《汉书·高帝纪上》载刘邦立为汉王，"楚子、诸侯人之慕从者数万人"[2]。文颖曰："楚子，犹言楚人也。诸侯人，犹诸侯国人。"[3] 再如汉文帝时，淮南王"聚收汉（、）诸侯人及有罪亡者"[4]，"汉、诸侯人"，即"汉人"与"诸侯国人"[5]。

鲁西奇指出秦楚汉之际的"楚人"，是兼具政治体和族群性质的人群[6]。其实，齐人、赵人、燕人等"诸侯国人"，也同样如此。比如齐人，在秦末支持田儋、田横兄弟等故齐王族复齐，"以距诸侯"[7]，展现出强烈的政治自立性和认同感。韩信谓刘邦曰"齐伪诈多变，反覆之国也"[8]，实为"齐人"政治自立性的表现。刘邦立韩信为齐王，及招揽齐王田横，以"存恤楚众"，也是考虑到齐地的政

---

① 李开元：《汉帝国的建立与刘邦集团——军功受益阶层研究》，生活·读书·新知三联书店2000年版，第74—75页。
② 《汉书》卷一上《高帝纪上》，第29页。
③ 其实，站在其他诸侯国的角度，"楚子"（楚人）亦可归入"诸侯人"之列。只因"楚"作为秦楚之际的"主角"，被视作与其他诸侯不同罢了。
④ 《史记》卷一百一十八《淮南衡山列传》，第3077页。
⑤ 王先谦：《汉书补注》，上海古籍出版社2008年标点本，第3527页。
⑥ 鲁西奇：《楚秦汉之际的"楚人"》，《早期中国史研究》2016年第8卷第1期。
⑦ 《史记》卷九十四《田儋列传》，第2644页。
⑧ 《史记》卷九十二《淮阴侯列传》，第2621页。

治文化特点①。后来，刘邦立刘肥为齐王，"食七十城，诸民能齐言者皆予齐王"②。语言是文化和族群认同的重要标志，刘邦此举则是顾及齐人的文化认同。可见，秦末汉初的"齐人"，既是以复兴的齐国为依托的政治人群，又是基于齐地文化的族群。

秦楚汉之际的"诸侯国人"，彼此互为"他者"，还以周边族群为"他者"。《汉书·高帝纪》载汉四年（前203年）八月"北貉、燕人来致枭骑助汉"③。"燕人"与"北貉"并列，当具有族属或种族性质。再如《史记·朝鲜列传》称"（卫氏）朝鲜王满者，故燕人也"，卫满亡命后，"稍役属真番、朝鲜蛮夷及故燕、齐亡命者王之"④。"故燕、齐亡命者"与"真番、朝鲜蛮夷"并举，显示出"燕人""齐人"的族属性质。

值得注意的是，秦末汉初的诸侯国与战国七国并非完全一致，"诸侯国人"与战国"国人"也不完全重合。比如在项羽封诸侯，分秦地为汉、雍、塞、翟四国，分楚地为西楚、九江、衡山、临江四国，分齐地为齐、济北、胶东三国。不同国别的"诸侯国人"，政治身份无疑有别；但在族群认同上，因与战国"国人"无法完全割裂，造成政治身份与族群认同的复杂关系。鲁西奇指出，项羽"分楚为四"后，楚地之人"以不同的政权为依托，成为不同意义上的'楚国之人'"⑤。至汉初，张良还将淮南国人称作"楚人"⑥。与之类似，三齐之人皆以"齐人"自居，三秦之人皆以"秦人"自居。可见，诸侯国作为政治体，固然是划分人群身份的重要依据，却非判断族群认同的绝对标准。对于秦楚汉之际"诸侯国人"的族群认同来讲，战国

---

① 陈苏镇：《〈春秋〉与汉道——两汉政治与政治文化研究》，第75—76页。
② 《史记》卷五十二《齐悼惠王世家》第1999页。
③ 《汉书》卷一上《高帝纪上》，第46页。
④ 《史记》卷一百一十五《朝鲜列传》，第2985页。
⑤ 鲁西奇：《楚秦汉之际的"楚人"》，《早期中国史研究》2016年第8卷第1期。
⑥ 《史记》卷五十五《留侯世家》，第2046页。

以来的历史记忆和文化认同，可能有着更重要的意义。历史记忆和文化风俗，成为超越政治体的族群认同的基础。

在列国"国人"意识复生的同时，还出现一个重要现象，即"秦人"身份走向消弭，而"汉人"人群出现。上文指出，秦末，"秦人"认同缩回到"故秦人"的范畴，但他们仍保持较强的认同感。项羽分封"三秦"，而治下之民皆称"秦人""秦民"①。然随着汉定关中、灭三秦，"秦人"渐次融入"汉人"中。

"汉人"称谓出现，刘志平指出，是在楚汉相争之际，系"汉王刘邦一方人员之统称，是'汉'这一新诸侯王政权名号统摄下的包含'秦人''楚人''燕人''韩人''赵人''魏人''齐人'等在内的人群集合体"，但还不是"族群与文化意义上"的人群称谓②。其将汉初"汉人"界定为政治性人群，堪称卓见。刘邦集团本多为"楚人"，立为汉王后，"楚与诸侯之慕从者数万人"③，加上巴、蜀、汉中的"秦人"，共同构成最初的汉国之人（"汉人"）。

"汉人"身份自始即以政治归属来界定，与作为政治—族群共同体的"楚人""齐人"等存在较大差异，其人员构成呈现出多元化面貌。这令"汉人"身份具有较大的变动性和包容性。其范畴会因汉国扩张、诸侯国人归降等原因而扩大，也会因分封诸侯、吏民军士逃亡等情况而缩小。"汉人"构成的多元化及其身份的包容性，为日后"汉人"身份与认同的推广提供了便利。

随着楚汉战争的发展，"汉人"范畴逐步扩大，而关键点即关中秦人的"汉人化"。田余庆曾提出汉朝建立过程中"非承秦不能立

---

① 《史记》卷九十二《淮阴侯列传》，第 2612 页。
② 刘志平：《汉代的"汉人"称谓与"汉人"认同》，《人文杂志》2018 年第 12 期。
③ 《史记》卷八《高祖本纪》，第 367 页。

汉"之说①；陈苏镇进一步解析为"据秦之地""用秦之人"和"承秦之制"②。秦人的"汉人化"，也是"汉人"政治体扩大的关键一步。我们注意到，汉国"郎中骑"左右校尉重泉人李必、骆甲曾自称"故秦民"③，正是秦人"汉人化"之遗痕。

随着汉国兼并诸侯，更多"诸侯人"加入"汉人"。但因诸侯国的存在，"汉人"与各诸侯国"国人"间始终有别，即便某诸侯国臣属或依附于汉。这一情况一直持续到刘邦即皇帝位，天下归汉后。陈苏镇指出，汉初"东西异制"。西部为中央直辖郡县，由中央派遣郡守、县令"奉汉法以治"；东部为诸侯国，在立法、司法、行政等方面皆有一定自主权，"从俗而治"④。汉朝分封诸侯王，有着缓解地区文化冲突的考虑；而诸侯国的存在，却强化了各国的"国人"意识。在这种形势下，"汉人"往往"只是与关东'诸侯人'相对的汉朝直辖地区的人群称谓"⑤。而"诸侯国人"在汉法中，被视作"他国人"⑥。

汉朝与诸侯国并立的形势，自汉文帝朝逐渐发生改变。历经文景二朝的削藩和七国之乱的平定，"王国的独立性日益削弱，中央对王国的控制逐渐加强"，汉朝法令"越过关中和关东、郡县和王国的界线"，推广到原诸侯国地区。⑦ 伴随着诸侯国"日益削弱"，"诸侯国人"意识也渐趋瓦解。至武帝朝中前期，"后战国时代"结束，诸侯国与汉郡相差无几，"诸侯国人"与郡县编户民身份趋于等齐。原本

---

① 田余庆：《说张楚——关于"亡秦必楚"问题的探讨》，载田余庆《秦汉魏晋史探微》（重订本），中华书局 2004 年版，第 28 页。

② 陈苏镇：《〈春秋〉与汉道——两汉政治与政治文化研究》，第 43—66 页。

③ 《史记》卷九十五《樊郦滕灌列传》，第 2668 页。

④ 陈苏镇：《〈春秋〉与汉道——两汉政治与政治文化研究》，第 66—107 页。

⑤ 刘志平：《汉代的"汉人"称谓与"汉人"认同》，《人文杂志》2018 年第 12 期。

⑥ 张家山二四七号汉墓竹简整理小组编：《张家山汉墓竹简［二四七号墓]》（释文修订本），文物出版社 2006 年版，第 93 页。

⑦ 陈苏镇：《〈春秋〉与汉道——两汉政治与政治文化研究》，第 107 页。

的"诸侯国人"意识走向消弭，而代之以"汉人"认同。"涵括旧'汉人'和'诸侯人'的整体性的新'汉人'认同"最终形成①，在真正意义上完成了从"复数诸夏"到"统一华夏"的转变。

在一定程度上，"汉人"认同的塑造，是对秦朝塑造新"秦人"认同的重复，同样是在帝国主导下，以权力来塑造编户齐民的政治—族群认同。但汉朝经历"郡国并行"阶段的过渡，推行汉法、汉制的方式较秦朝要缓和得多，从而较稳妥地规避了不同地区文化的强烈冲突，最终将"汉人"认同推广到汉帝国的疆域内，完成了"统一华夏"的重塑。

同时，"汉武帝时代的版图扩张，也促使了汉文化共同体的内聚力的显示"②，"汉人"国家意识和族群认同因之增强。在汉朝与周边族群的交往中，"汉人"的族属或种族性质得到凸显。贾敬颜注意到，东汉"汉人""汉民"之称，同样出现在与周边族群互动的语境中。③刘志平进一步举证，指出"汉人"称谓在西汉已具有族属含义，至东汉更加明显。④ 在"汉人"认同普及的同时，"中国人"所指也由"中原人"转变为统一的汉帝国统治下的编户齐民⑤。与之相对，"汉人"将周边政权人群则称作"某国国人"，如"大夏国人""莎车国人"等⑥；又统称为"外国人"，如匈奴降人金日磾自称"臣外国人"⑦。"外国人"作为"他者"存在，增强了"汉人""中国人"的自我认同。

---

① 刘志平：《汉代的"汉人"称谓与"汉人"认同》，《人文杂志》2018 年第 12 期。

② 王子今：《"汉朝"的发生：国家观念的历史考察》，载王子今《秦汉边疆与民族问题》，人民大学出版社 2010 年版，第 405 页。

③ 贾敬颜：《汉人考》，载费孝通主编《中华民族多元一体格局》（修订本），第 170 页。

④ 刘志平：《汉代的"汉人"称谓与"汉人"认同》，《人文杂志》2018 年第 12 期。

⑤ 参见吴淑惠《〈史记〉论析六章》，广西师范大学出版社 2015 年版，第 1—54 页。

⑥ 《汉书》卷六十一《张骞传》，第 2689 页；同书卷九十六上《西域传上·莎车国传》，第 3897 页。

⑦ 《汉书》卷六十八《金日磾传》，第 2962 页。

四　余论

"国人"本指西周春秋列国的统治氏族。至战国，随着列国内部的人群凝聚，"国人"内涵转变为一国民众。兼具政治和族群认同的"国人"意识，也随之形成。秦兼并天下后，从政治和文化两方面整合"诸夏"，推动六国故民"秦人化"，力图塑造新"秦人"认同。这一举措取得了一定成绩，但秦法与六国旧俗的冲突，以及秦帝国塑造认同方式的强硬，激起了六国故民的故国之思和反秦情绪，最终造成秦帝国的崩溃和新"秦人"认同的瓦解。秦楚汉之际，列国复兴，"国人"意识得以再现。在此期间，"汉人"作为政治人群出现，与"诸侯国人"并立。历经文景二朝削藩，至汉武帝朝，诸侯国渐与汉郡趋同，"诸侯国人"成为汉朝编户，接受"汉人"身份。同时，在汉帝国与周边族群的互动中，汉朝吏民的内聚力得到加强，"汉人"的族属性质得以凸显，确立了兼具政治体和族群性质的"汉人"认同。

纵观战国秦汉的"华夏"和"汉人"认同的塑造，族群认同的形成，往往以政治体为基础，受政治认同和国家意识的直接影响。从这个角度来讲，中国历史上的族群，具有政治共同体性质，与现代"国族"（Nation）含义相近。但现代"国族"是民众自主选择的结果；而中国历史上的族群，比如本文所论列国"国人"和"秦人""汉人"，则是自上而下塑造的产物。普通民众在政治和族群认同上的选择机会极少，即便出现机会，"在强大的国家权力面前"，民众的"主动性"也非常微弱，"且很快消失"。① 不过，"国家权力"在族群认同塑造上，也不是为所欲为的，受到制度认同和文化认同的制约。这从秦帝国塑造的新"秦人"认同的瓦解即可窥一斑。

---

① 鲁西奇：《楚秦汉之际的"楚人"》，《早期中国史研究》2016 年第 8 卷第 1 期。

历史上的"华夏"或"汉人"认同，主要可划分政治认同和文化认同两个层面。胡鸿指出："政治体意义上的华夏化是指加入或建立华夏式帝国政治体，被制度承认为华夏国家的成员，略等于'王化'；文化认同意义上的华夏化则涉及语言、习俗、祖源重构、心理认同等方面。这两者并非同步进行的，但一般来说，政治体意义上华夏化的完成基本可以宣告文化认同意义上华夏化的启动，只要不出现大的变故，两者间的差距只是时间。"[1] 需补充的是，在政治与文化间，尚存在制度认同这一层面。本文即指出战国"诸夏"认同，有赖于列国制度来维系。制度认同涉及政治制度和礼乐制度，兼具政治和文化色彩，但又有别于二者。正如制度史家所论，制度在塑造中国社会形态和维系中国历史"连续性"上起到重要作用。[2] 秦汉帝国建立后，典章制度成为华夏帝国的重要标志。在"华夏"塑造上，它是促成政治与文化认同的内在强化剂。

政治（权力）、文化与制度，三者共同塑造了历史上"华夏"或"汉人"认同。但在中国历史的不同时期、不同阶段和不同情境下，三者的作用有所不同，尤其在政治统一时期和分裂时期差异尤为明显。在政治统一时期，政治认同对"华夏"或"汉人"的塑造起到了主导作用，文化与制度整合往往成为其手段或工具；但其最终的完成与维系，则又有待文化认同与制度认同的形成。在政治分裂时期，由于政治认同的崩溃，文化认同与制度认同，则上升为各割据政权、地方政权维系"华夏体系"的主要因素，甚至推动周边民族政权"华夏化"。尤其是制度认同，成为周边民族政权"华夏化"的首要条件。研究者注意到北族政权对华夏制度的接受与适应，是将其"纳入中国

---

[1] 胡鸿：《能夏则大与渐慕华风——政治体视角下的华夏与华夏化》，第164页。
[2] 阎步克：《中国古代官阶制度引论》，北京大学出版社2010年版，第8—9页。

的制度与文化体系的重大步骤"①，正是有赖于文化认同与制度认同的存在，"华夏"或"汉人"认同在政治分裂时期仍可维系，历久长存。历史上的"华夏"或"汉人"，也正是历经统一与分裂，不断重塑和壮大。

（原载《西南大学学报》2021 年第 1 期）

① ［德］傅海波、［英］崔瑞德编：《剑桥中国辽西夏金元史》，史卫民等译，中国社会科学出版社 1998 年版，第 3 页。

从上博简《容成氏》篇看楚人的
东方政治地理观

李禹阶 陈 昆*

摘 要：与《禹贡》《职方氏》等中原"九州"地理观相比，上博简《容成氏》篇中的"九州"地理框架带有明显的"东方倾向"。具体表现为该系统中与州域划分相对应的八个水系在东、西分布中呈现 6:2 的比例，而在东方水系中，泰山、黄河以南的水系又占据多数，表现出不均衡的特征。《容成氏》"九州"单指楚地之外的中原地区，暗示楚地与"九州"成并列对举的关系，这是楚人在发展中所选择的一条游离于中原政治中心的独特文化取向的结果。同时，《容成氏》"九州"中的东方倾向可视作楚人政治地理的体现，展示了楚人向其惯常族群聚居地以东开拓的理念，并与战国后期楚国的政治、经济核心区东移的历史相吻合，它也导致了楚人政治文化意识及"天下观"的狭隘性。

关键词：《容成氏》；楚人；九州理念；东方倾向；政治地理观

基金项目：国家社科基金重大招标项目"秦汉时期的国家建构、民族认同、社会整合研究"（项目编号：17ZDA180）

---

* 李禹阶，重庆师范大学历史与社会学院教授。陈昆，重庆师范大学历史与社会学院讲师、博士。

《上海博物馆藏战国楚竹书（二）》公布后，其中《容成氏》篇中的"九州"地理观念异于《尚书·禹贡》（以下简称《禹贡》）、《周礼·职方氏》（以下简称《职方》）、《吕氏春秋·有始览》（以下简称《有始》）、《尔雅·释地》等文献中的传统的"九州"政治地理观念，由此引发学界极大的关注。《容成氏》篇文本的初创年代目前仍有多种解释。例如有学者认为该系统只是逐一论述某州"始可居"，而没有提及创设或划分九州之事，推测这些州名在禹治水前已存在。① 亦有学者认为《容成氏》"九州"系叙事而非制度，其成书时间应为两周之际或春秋前期。② 裘锡圭先生则认为《容成氏》篇写成的时间在燕王哙禅让失败的事件之前，作者的时代大概早于孟子，最晚也应与孟子同时。③ 但是，对于作为出土文献的《容成氏》篇简牍的书写年代、国别属性，学者们则意见比较一致。即上博简整理者及相关研究机构所判断的用楚国文字书写的上博简应为战国晚期作品，"乃是楚国迁郢以前贵族墓中的随葬品"④。由此，我们可将《容成氏》中的"九州"观视为战国楚人观念中的政治地理理念加以探讨，并通过联系楚国历史发展，研究楚系"九州"观所反映出的楚人的政治地理与政治文化意识。

一 问题的提出

"九州"一词是学界在讨论古代中国早期国家建构、民族融合、社会整合等重大问题时不能回避的政治地理概念。20 世纪以来，不少学者对于当时的"九州"观在打破政治上分散的诸侯国边界、寻求统

---

① 陈伟：《竹书〈容成氏〉所见的九州》，《中国史研究》2003 年第 3 期。
② 晏昌贵：《〈上海博物馆藏战国楚竹书（二）〉中〈容成氏〉九州柬释》，《武汉大学学报》（哲学社会科学版）2004 年第 4 期。
③ 裘锡圭：《中国出土古文献十讲》，复旦大学出版社 2004 年版，第 32 页。
④ 马承源：《前言：战国楚竹书的发现保护和整理》，载《上海博物馆藏战国楚竹书（一）》，上海古籍出版社 2001 年版，第 2 页。

一的历史意义方面有着较为一致的认识。如顾颉刚先生便认为，九州乃是战国时势引起的区划土地的一种假设，这种假设是建立在当时全国即将统一的认识上的。① 周振鹤先生则认为，九州的划分显示出了战国人普遍希望停止战争、向往统一的"天下"观念，所以将时人所能认知到的地理区域当作一个整体来进行区划。② 实际上，战国割据局面下的"九州"观是一个超越本国疆域，将"天下"视为一个整体的地理系统而进行政治区划的一种"天下"观，它不仅是一种政治地理的推测，也是当时各国士人期望天下统一的政治文化意识。因此"九州"观与"天下"观，本质上是一种政治地理与政治文化观，也是当时士人从其身处的现实中对所能认知的以中原为中心的"空间"环境的一种构想，还是一种通过"空间"环境的构想而对政治、族群、社会等问题的观念集合体。③ 所以，探讨"九州"观，不仅能深入了解和认识战国时期士人的"天下"观的重要意义，也能拓展对战国时代各国政治地理与文化观的研究视野。

过去我们通常以《禹贡》《职方》等文献阐释战国时期的"天下"观与"九州"观。《禹贡》《职方》等文献的特征是以中原为中心视角，构成由内及外完整的"天下"区划的划分。而《容成氏》篇打破了我们惯常的关于"九州"的常识，为我们重新认识战国时期楚人思想中的地理世界提供了材料支持。特别是《容成氏》篇的"九

---

① 顾颉刚：《秦汉统一之由来和战国人对于世界的想象》，《国立第一中山大学语言历史学研究所周刊》1927 年第 1 卷第 1 期。

② 周振鹤：《体国经野之道——中国行政区划沿革》，上海书店出版社 2009 年版，第 91 页。

③ 对于"天下观"的定义，学界已有诸多成果。例如邢义田认为，"天下观"其含义为"人们对这个世界人群组织、关系和政治秩序的概念或想法，包含了方位观、层次观和文化观交织而成"（邢义田：《从古代天下观看秦汉长城的意义》，载《天下一家：皇帝、官僚与社会》，中华书局 2011 年版，第 84—109 页）；游逸飞在讨论周秦汉时期"天下观"问题时，将天下观定义为以"天下"为出发点的政治观念和心态（游逸飞：《四方、天下、郡国——周秦汉天下观的变革与发展》，硕士学位论文，台湾大学，2009 年）。

州"地理的新思想，使我们有了不同于传统"九州"观的另一个参照文本，它也明确反映了战国人在政治观、历史观、地理观方面有着不同趋向的多样性特性。它向我们展示了中国先秦时期各国在地理构建思想上的价值取向。因此，《容成氏》篇所反映的与《禹贡》《职方》等文献阐释的"九州"观颇有差异的政治地理观念，既对我们了解先秦时期位居南方的楚人的政治地理观念体系有着许多重要启示，也对我们进一步认识当时各国的"天下"观及所涉及的政治文化意识有着一定的学术价值。

《容成氏》篇的特征在于，它是以不同于中原列国的政治地理的"空间"观来看待"天下"区划设置及相关环境因素的。其一，在《容成氏》简文开篇，并未如同其他战国诸子及《禹贡》《职方》等文献中所整齐划一的，并明显有着战国时人修正的述及大禹区划"九州"的事迹，以及在这个齐一的"九州"观下体现的与各州域对应的政治区域规划；也未明显涉及其后秦汉文献所宣扬的"大一统"的宇宙、社会、秩序、五方等相互对应的政治文化内容，而是通过大禹治水的"过程"，间接地展现出一个非齐一性、非制度性的以地理规划为形式所表现的政治文化结构。其二，一般而言，上古时代各国及族群有将本国、本族群所居之处视为政治地域中心的趋向。例如蒙文通先生在考证《山海经》地域时，提出上古各文化族群有视本族所居之地为中央的思想。① 邢义田先生认为古代中国人的天下观念是由中央和四方构成的，而各个族群、国家显然存在不同的"中心"和"四方"。② 罗志田先生在讨论"天下观"或"天下中国观"时，亦认为古人的天下观之所以详近略远，不仅是为地理知识的认知所限制，同

---

① 蒙文通：《略论〈山海经〉的写作时代及其产生地域》，载《古学甄微》，巴蜀书社 1987 年版，第 35—66 页。

② 邢义田：《从古代天下观看秦汉长城的意义》，载《天下一家：皇帝、官僚与社会》，第 84—109 页。

时更是一种对文化体系的界定和对既存政治秩序（即天命所归）的肯
定。① 应该说，这些思想大都是在上古或商周时期留下的传说或神
话记载。而对于战国时代各诸侯国的"天下""九州"观念的异说
却甚为稀少，尤其是战国时代在江淮流域可见的传世性的异见别说
更是少见。《容成氏》篇关于"九州"地理的阐释，却使我们见到
了异说这种情况。它不仅与传统观念中的以中原为中心的"天下"
"九州"及"五方""五地"等观念相异，也与上古传说中以族群
所居地为中心的地理概念不同。《容成氏》篇作为战国后期楚简属
性的文本，既刻意回避了楚人的龙兴之地——江汉区域，也在"九
州"观念中对于江河水泽的分布做了不同于《禹贡》等文献的解
释。由此，笔者推断《容成氏》所表达的楚人"九州"系统，是基
于当时其所面对的天下大势，从而做出的对其所认知的地理世界及
此后有利于楚国发展战略方向的选择性描述的结果。因此，通过探
究《容成氏》中反映的楚人独特的"九州"观，可以使我们进一步
了解古代华夏"天下观"由分到合的渐进过程。而其中以古代中国
东方区域为主体的一种有别于中原中心的"东方趋向"，正是我们
理解楚人这套地理观的关键。

　　关于《容成氏》对"九州"地理的相异阐释，已有学者加以注
意。例如李零先生在整理《容成氏》篇时，便已注意到"东方四州"
的问题②；周书灿先生根据《容成氏》"九州"至少有四州的州名、
州域与今天的山东有关，以及莒州的格外存在，推断《容成氏》"九

---

　　① 罗志田：《先秦的五服制与古代的天下中国观》，载《民族主义与近代中国思想》，
东大图书公司 1998 年版，第 16 页。
　　② 李零先生在《容成氏》简文说明中曾将九个州名与五方进行了对应，"夹、徐、
兖、莒在东，藕州在北，荆、扬在南，豫州在中，雍州在西，异于《禹贡》等书"，惜未能
深入探讨。参见马承源主编《上海博物馆藏战国楚竹书（二）》，上海古籍出版社 2002 年
版，第 249 页。

州"传说发生的地域最大可能在黄河下游的今山东一带。① 但由于作者研究角度或研究内容的差异，对此问题目前还没有专门的深入研究，这不得不说是战国政治地理研究的一个遗憾。从《容成氏》简文看，它主要描绘了楚国传统核心区（江汉地区）以东的地理世界，其认知尺度主要是以楚人等居住的南方江、淮等自然水系为标尺。并且由于其认知标尺的不同，《容成氏》没有将"天下"观涵盖诸夏整体诸域，而显露出明显的以东方为主体的倾向。这是与《禹贡》《职方》中包含水系、山川、土壤、物产等物质信息及涵盖华夏诸域的"空间"特征的认知尺度不同的。笔者认为这种东方倾向有着特殊的意义。一般来说，古人对于政治文化及地理空间概念的视觉聚焦，往往和自己有限的地理知识与切身利益相关。而对于利益视角以外的区域，往往关注较少或其认知相对模糊。《容成氏》给我们的启示，首先是表现了秦汉大一统帝国建立前华夏地域基于国别视野的各种关于"九州"地理认知的差异，它反映了当时各个区域内不同国家、人民在天下、地理认识水平上的局限性以及各国所面临的现实的政治、经济、文化需要。这一点在过去的文献中是不多见的。

因此，要理解《容成氏》篇中楚人的"东方倾向"，最好是利用对其时间、属地两大特性的把握，将其视为楚人思想中的独特视觉，置于楚国发展的特定时空语境去考察。这样便为我们理解战国时代各国"九州"观念的多样性提供了新的维度。同时考虑到楚国作为身处诸夏、蛮夷间过渡地带中的具有"夷""夏"双重特质的南方国家，《容成氏》篇中对楚人"九州"观念的记录，可以反映楚人在"中心—边缘""蛮夷—华夏"环境下对自身族群的国家战略、族群身份认同、价值判断等重大问题的认知。所以，依据《容成氏》描述的九州系统与出土、传世文献互证，从楚人地理观念角度来解读楚人的

---

① 周书灿：《上博简〈容成氏〉九州补论》，《史学集刊》2012 年第 3 期。

"九州"观,是十分有意义的。

二 《容成氏》"九州"观的空间框架

《容成氏》篇公布后,一些学者在简文整理者基础上对文本进行了较为深入的研究,同时亦对其中描述的"九州"中的一些州名、州域作出了解读。① 但是对于《容成氏》篇中关于地理、水系的总体走向与"九州"空间框架的构建关系,以及简文中楚人政治地理思想的属性问题目前研究较少,而这两点正是解读《容成氏》九州观的关键因素。因此,对《容成氏》篇所涉及的河流及空间区域,即对楚人地理认识中重点关注的区域进行探讨,可以使我们进一步了解楚人的政治地理认知。

从整体上看,简文在对"九州"进行叙述的过程中,实际上已经暗示了整体空间架构下部分州与州之间存在组合关系,其表现形式是将九个州通过文本段落的语句组合表现出来。作者在叙述九个州时,并非以九个独立的、前后依次排列的单句陈述;而是在各州排列中插入了分组、聚合的关系,使文本上的表述具有一定的层次性特征。整理者将简文述及的"九州"部分断为六个句子,这六个句子可以理解为作者有意识划分的六个部分。

1. (大禹)吕波(陂)明者(都)之泽,决九河之阻,于是乎夹州、涂(徐)州始可处。

2. 禹通淮与沂,东注之海,于是乎兢州、簪(莒)州始可处也。

---

① 例如,陈伟先生将"蓏"字释读为"藕"字(陈伟:《竹书〈容成氏〉所见的九州》,《中国史研究》2003 年第 3 期);晏昌贵先生认为简文中的夹州应释为冀州 [《〈上海博物馆藏战国楚竹书(二)〉中〈容成氏〉九州柬释》,《武汉大学学报》(哲学社会科学版)2004 年第 4 期];易德生先生认为应将简文中的夹州、徐州、莒州、蓏州分别释为冀州、兖州、徐州、幽州(《上博楚简〈容成氏〉九州刍议》,《江汉论坛》2006 年第 5 期)。

3. 禹乃通蒌与汤, 东注之海, 于是乎蔌州始可处也。

4. 禹乃通三江五湖, 东注之海, 于是乎酄 (荆) 州、扬州始可处也。

5. 禹乃通伊、洛, 井里廛、涧, 东注之河, 于是乎敔 (豫) 州始可处也。

6. 禹乃通泾与渭, 北注之河, 于是乎虞 (雍) 州始可处也。① (第二十四至二十七简)

按照这样断句, 或一句话对应一州, 或一句话对应两州, 形成了六个并列存在的小集合。在第一层级的夹州、徐州和第二层级的兢州、莒州, 它们都是两州并列出现在一个独立句子中, 并共同对应该句前面所列出的水系; 而在第三层级, 蔌州却是单独出现并对应蒌、汤二水。这种书写应是暗含了创作者的叙述逻辑。我们可以按照这种结构将九州分为六个组, 见表1。

表1　　　　　《容成氏》中水系、州名按叙述顺序分组

第一层级	明都泽、九河	夹州、徐州
第二层级	淮、沂	兢州、莒州
第三层级	蒌、汤	蔌州
第四层级	三江五湖	荆州、扬州
第五层级	伊、洛、廛、涧	豫州
第六层级	泾、渭	雍州

简文将九州以六个组合的叙述顺序呈现出来, 这是与同时期中原产生的其他几套九州体系截然不同的特征。中原系《禹贡》《职方》

① 马承源主编: 《上海博物馆藏战国楚竹书 (二)》, 第269—271页。本文述及的《容成氏》州名参考简文整理者李零先生的释文, 但不认为《容成氏》与其他 "九州" 系统中的同名州存在必然对应关系。

等都是先将九州按照诸如方位、地理参照物、对应的国家等标准前后排列，再依次按照从第 1 个州到第 9 个州的顺序分别加以叙述，整体叙述排列是以九个独立的且相互并列的句子完成。例如在《职方》中是以空间方位为先导，"东南曰扬州，……正南曰荆州"①，然后分别叙及各州的名山、湖泽、物产、男女比例等信息；在《禹贡》中是以山岳、河流来确定州域，然后分别论述了各州的土壤、赋税、贡道等情况；在《有始》中则是先以方位、地理参照物确定各州空间范围，然后又一一对应各自区域内的国家，"河、汉之间为豫州，周也。两河之间为冀州，晋也……"② 因此至少从文本角度来看，上述中原视域下的九州区划在整体上是不存在或不能直接反映出各州之间存在某种组合关系的。这说明我们在考虑《容成氏》篇"九州"时应注意到楚人在以"州"为单位区划"天下"时，区域与区域之间具有一定的排列组合规律。而深究这种排列组合关系，仅凭州名的组合关系进行判断是不够精确的，必须有可靠的地理参照物。从本质上说，州名是作为人为设定的概念而存在的，而概念本身所具有的内涵及外延又是与创作者的态度、立场、目的、知识背景等紧密联系的。以往学者在研究《容成氏》篇"九州"时，采用的主要方法便是通过文字考释确定相应的州名，再凭借得出的州名及各自对应的水系与包括其他九州系统在内的传世文献记载进行比附。应该说，这种方法是有一定效果的。但是，《容成氏》既然同《禹贡》《职方》《有始》等一样都借用了自然地理标志（水系）作为确定州域的依据，相较于作为概念而没有实指的州名，我们完全可以通过有较为稳定地理位置指向的水系来考察各州具体的州域，从而对

---

① 郑玄注，贾公彦疏：《周礼注疏》卷三十三《职方氏》，载李学勤主编《十三经注疏（四）》，北京大学出版社 1999 年版，第 870—871 页。

② 许维遹撰，梁运华整理：《吕氏春秋集释》卷十三《有始览第一》，中华书局 2009 年版，第 278 页。

整个楚人《容成氏》中的地理空间框架进行精确的把握。简文中具体的水系地望如下所述。

（一）明都、九河

明都又作孟诸、望诸、盟诸等，是位于今商丘东北、单县西南的一个先秦时期著名的大泽。《尔雅·释地》称其为天下十薮之一，频见于《左传》《禹贡》《职方》《尔雅》等典籍中。在目前所见战国时人的"九州"观中，明都泽归属州域存在两个不同版本。在《禹贡》中归入豫州，在《职方》中归入青州。但是，在《容成氏》中明都泽与九河一并被作为与夹州、徐州相对应的水系。明都泽是当时一个非常重要的地理标志，其重要性主要表现在它的政治归属上。明都泽所在的区域在先秦时期长期为宋国所有，且可作为后者的地理象征，史料中频频可见两者的对应关系，"宋有孟诸"①"宋之孟诸"②。宋国虽然在先秦时期内实力不如齐、晋、楚等威震天下的强国，却仍然是时人眼中不可忽视的区域性政权。在战国后期为齐灭亡前仍有"五千乘之劲宋"③ 之称，甚至汉代人在星野与地域的结合划分中也认为"宋虽灭，本大国，故自为分野"④。故而在先秦地理文献中，明都泽及其代表的宋国（地）在当时各个九州系统中都是不能被忽视的，只能将其进行归属上的调整。另外还需要注意的是，在《容成氏》中存在州名与水系间2∶2、2∶1、1∶2，甚至4∶1的不同比例，但是每个层级中的水系都存在相邻之间可以直接或间接贯通的关系。简文将明都泽与"九河"并列对应二州，说明作者有考虑到当时两者在水道上应是可以互通的。这从《墨子》中也可以得到印证："防孟诸之泽，洒

① 郭璞注，邢昺疏：《尔雅注疏》卷七《释地第九》，载李学勤主编《十三经注疏（十三）》，北京大学出版社1999年版，第191页。

② 许维遹撰，梁运华整理：《吕氏春秋集释》卷十三《有始览第一》，第280页。

③ 何建章注释：《战国策注释》卷二十九《燕一》，中华书局1990年版，第1099页。

④ 《汉书》卷二十八下《地理志第八下》，中华书局1962年版，第1664页。

为九浍，以楗东土之水，以利冀州之民。"① 而明都泽要实现与黄河下游流域内的"九河"贯通，有两个选择。首先，在战国中前期可以借助流经明都泽的丹水，南下泗水，再通过泗水北上穿越荷水，从而实现与济水、黄河之间的水路贯通；其次，在战国中后期特别是"鸿沟"水系建成后，从明都泽出发，可以直接通过丹水上溯至魏国都城大梁附近，再接入黄河。② 因此在考虑明都泽的具体地理指向时，应同时考虑承担着连接九河的中介丹水、泗水。这两个水域不仅存在交通线路上的贯通关系，也是先秦时期宋国疆域所及。

"九河"一般被认为是黄河下游存在过的多条河流的总称，先秦时期在黄河下游实际上存在过两个"九河"系统。第一处是位于《禹贡》兖州境内的"九河"，"济、河惟兖州。九河既道，雷夏既泽，灉、沮会同"；第二处应是位于同篇冀州中的"九河"，"导河、积石，至于龙门；南至于华阴，东至于厎柱，又东至于孟津，东过洛汭，至于大伾；北过降水，至于大陆；又北，播为九河，同为逆河，入于海"。③ 当时黄河在流经宿胥口后下游存在三条主河道，两个"九河"系统的出现很可能对应了战国中期黄河筑堤以前黄河下游流道极不稳定的事实。有研究表明，《尔雅》所释"九河"，实际乃属《禹贡》兖州之"九河"，地域在今高唐、黄骅、利津三角区内；《禹贡》中的冀州"九河"，地域在今深县、黄骅、天津、容城之间。④

① 吴毓江撰、孙启治点校：《墨子校注》卷四《兼爱中》，中华书局 1993 年版，第 160 页。

② 谭其骧主编：《中国历史地图集》第一册，中国地图出版社 1982 年版，第 24—25、33—34 页。另《水经注》"汳水"条："故汳兼丹水之称。河沛水断，汳承水旃然而东，自王贾灌大梁，水出县南，而不逕其北。"说明沿丹水可至大梁（郦道元著，陈桥驿校证：《水经注校证》卷二十一，中华书局 2007 年版，第 555 页）。

③ 孔安国传，孔颖达疏：《尚书正义》卷六《禹贡》，载李学勤主编《十三经注疏（二）》，北京大学出版社 1999 年版，第 139—140、160—162 页。

④ 张淑萍、张修桂：《〈禹贡〉九河分流地域范围新证——兼论古白洋淀的消亡过程》，《地理学报》1989 年第 1 期。

再联系简文中，夹州、徐州的北界应为下文即将提到的，域内含有涞水（或滱水）和易水的蓏州。根据地图，在蓏州所涉及的水系中，涞水居北，易水居中，滱水居南①，以地处三条水系最南端的滱水来看，古人认为它是冀州的北界。《水经注·滱水》云：“滱水出代郡灵丘县西北高氏山。山上有铭，题言冀州北界。”② 这样《容成氏》“九河”空间范围应与《禹贡》中兖州、冀州境内的两个九河流经区都有一定重叠关系。综合考虑，《容成氏》中的“九河”基本囊括了黄河下游三条主河道东部支流所流经的华北平原东部地区，南界为明都泽，北界为易水、涞水（或滱水）区域，并对应了《禹贡》中的冀州东部靠海区域和兖州区域。

（二）蓡与汤

“禹乃通蓡与汤，东注之海，于是乎蓏州始可处也。”简文将二水并立，共同作为蓏州一州的水系标志，这是比较特殊的。“蓡”与“汤”二水，前者主要存在“滱水”和“涞水”的争议③，而后者为易水几无争议，三者都发源于太行山脉北部地区。根据《中国历史地图集》可见，三者的南北顺序为涞水居北、易水居中、滱水居南，且涞水与滱水之间的地理距离也较近。因此无论“蓡水”究竟指代“滱水”还是“涞水”，我们都可以根据三条河流（特别是易水）的位置大致判断出蓏州的位置，即华北平原北部、太行山脉东北部区域。联系当时列国割据局势来看，不仅中山国位于此区域，燕国疆域也“南有滹沱、易水”④，且燕国下都正是在易水附近，说明蓏州容纳了部分

---

① 谭其骧：《中国历史地图集》第一册，中国地图出版社 1982 年版，第 37—38 页。

② 郦道元著，陈桥驿校证：《水经注校证》卷二十一，第 284 页。

③ 另有“蓡”为“溇水”之说，即溇沱水支流。［晏昌贵：《〈上海博物馆藏战国楚竹书（二）〉中〈容成氏〉九州柬释》，《武汉大学学报》（哲学社会科学版）2004 年第 4 期。］

④ 《史记》卷六十九《苏秦列传第九》，中华书局 1959 年版，第 2243 页。

燕国核心区。燕国不仅与楚国地理空间相隔甚远，甚至在较长时间内
不为中原注目，"燕（北）［外］迫蛮貉，内措齐、晋，崎岖彊国之
间，最为弱小，几灭者数矣"①。因此，战国时期几套"九州"体系
对燕国（燕地）的重视程度是存在差异的。《职方》和《有始》都较
为完整地容纳了燕地，两者区别在于：前者在叙述幽州、并州域内河
流、山川时，间接涵盖了战国时燕国地域，甚至提到了位于辽东"医
无闾"山；② 后者则直接说"北方为幽州，燕也"③，这样便以国家而
不提自然参照物，从而实现对燕地的囊括。《禹贡》中与燕地相关的
州为冀州，其北界为"常、卫既从，大陆既为……夹右碣石，入于
海"，其中"常""卫"分别为滱水、滹沱支流。"《集解》郑玄曰
'《地理志》恒水出恒山在灵寿，大陆泽在巨鹿'。《索隐》：'此文改
恒山、恒水皆作常，避汉文帝讳故也。常水出常山上曲阳县，东入滱
水。卫水出常山灵寿县，东入滹池。'"④ 从上述解释来看，详细可考
的冀州北界在黄河下游只能达到燕国下都所在易水区域以南的滱水、
滹沱水流域，以及黄河河道流经区。对燕地的容纳程度虽与《容成
氏》一样都不太完整，但是就囊括燕国的核心区域来说，容纳易水流
域的《容成氏》相较《禹贡》更丰富一些。考虑到《容成氏》作者
的背景是与燕地相隔甚远的楚国人，说明《容成氏》是汇集当时天
下，特别是东方区域内主要国家所在地的地理知识后形成的较为完整
的政治地理观。

---

① 《史记》卷三十四《燕召公世家第四》，第 1561—1562 页。

② 孙怡让撰，王文锦、陈玉霞点校：《周礼正义》卷六十四《夏官·职方氏》，中华
书局 1987 年版，第 2672 页。

③ 许维遹撰，梁运华整理：《吕氏春秋集释》卷十三《有始览第一》，第 278 页。

④ 《史记》卷二《夏本纪第二》，第 52—54 页。另外，引文中关于"碣石"的位置
一直存有争议，不过从《禹贡》篇中提到的两处碣石史料来看，即"太行、恒山至于碣
石""夹右碣石，入于海"，大致也应在滱水、滹沱、黄河下游河道范围内，对结果影响不
大。

（三）三江五湖

"通三江五湖，东注之海，于是乎荆州、扬州始可处也。"简文将一个水系同时配属简文中的荆州、扬州，这是非常特殊的。先秦时"三江五湖"一般被认为是位于长江下游的吴越地区，①《史记》中记载："（大禹）于吴，则通渠三江、五湖。"《集解》引韦昭曰："五湖，湖名耳，实一湖，今太湖是也，在吴西南。"《索隐》："三江，按《地理志》北江从会稽毗陵县北东入海，中江从丹阳芜湖县东北至会稽阳羡县东入海，南江从会稽吴县南东入海。"② 在《禹贡》《职方》中，"三江五湖"同为扬州一州所辖。《职方》"东南曰扬州……其薮曰具区（太湖），其川三江，其浸五湖"③；《禹贡》"三江既入，震泽致定"，"震泽"亦太湖的一部分。④ 而《容成氏》中却在"三江五湖"区域内划分出扬、荆二州。这一方面当与楚人长期在南方经略密切联系，另一方面或许在当时楚人的地理知识中已经根据河流走向将"三江五湖"区域视为一个广阔的整体。据《墨子》载："南为江、汉、淮、汝，东流之，注五湖之处，以利荆楚、干、越与南夷之民。"⑤ 显示时人已注意到大水系中的支流汇合情况。其中淮、汝合流入长江下游，应该与春秋时期"吴城邗，沟通江、淮"⑥ 有关。"三

---

① "三江""五湖"的具体指向历史上说法较多，差异产生的主要原因是对历史时期太湖的形成、周边水系存在动态演变把握存在局限。先秦时期"五湖"主要指代太湖及周边湖泊，而"三江"则应参照《汉书·地理志》中的三江，即《尚书禹贡》中的三江。参见张可辉《太湖异名考》，《兰州大学学报》（社会科学版）2006 年第 3 期；王建革《太湖形成与〈汉书·地理志〉三江》，载《历史地理》第二十九辑，第 44—55 页。

② 《史记》卷二十九《河渠书第七》，第 1407 页。

③ "具区"就是太湖，参见《中国历史大辞典·历史地理卷》编纂委员会编《中国历史大辞典·历史地理卷》，上海辞书出版社 1996 年版，第 500 页。

④ "《集解》'孔安国曰：吴南太湖名。言三江已入，致定为震泽。'《索隐》'震，一作振。《地理志》会稽吴县故周泰伯所封国，具区在其西，古文以为震泽'"。《史记》卷二《夏本纪第二》，第 58—59 页。

⑤ 吴毓江撰，孙启治点校：《墨子校注》卷四《兼爱中》，第 160 页。

⑥ 杨伯峻：《春秋左传注》（修订本），中华书局 1990 年版，第 1652 页。

江五湖"中的大部分区域大约在与简文写作时间接近的楚威王、楚怀王时期成为楚境，因此简文作者对位于长江下游的吴越地区的熟悉程度相较于《禹贡》《职方》等由中原人创作的地理文献更高，划分也更为细致。

（四）其余水系

简文中，兖州、莒州对应淮水与沂水，豫州对应伊、洛、廛、涧四水，雍州对应泾水与渭水，都具有非常明了的指向，本文将不再赘述其地望。这些河流也出现在同时期《职方》《禹贡》等文献中，但是在州域的归属划分中存在不同。例如淮水、沂水在《职方》中为青州境所纳（"其川淮泗，其浸沂沭"），而在《禹贡》中则为徐州所辖（"淮、沂其乂"）；伊、洛、廛、涧四水，在《禹贡》中为豫州所纳，而在《职方》中对应的豫州境内只提到其中的洛水（"其川荥雒"）；泾水、渭水同为《禹贡》《职方》中雍州所纳，该区域内《容成氏》篇也依据二水所在地设立了一州，这也是三套九州观在水系与州域组合上少有的相一致的情况。但是值得注意的是，《容成氏》在叙述泾、渭二水流向时是存有错误的。简文中提到的同为注入黄河的河流，"豫州"所含伊、洛、廛、涧四条河流东入黄河（实际应为东北方向）的记载大体是与传统地理文献符合的，而"雍州"所纳泾水与渭水北入黄河的记载却是与事实背离的错误认知。从河流流向来看，两水流入黄河前先合为一水。其中泾水自西北至东南流向并汇入渭水，"泾谷之山，泾水出焉，东南流注于渭"；而发源于西部的渭水汇合泾水等河流后"东流注于河"①，但并非《容成氏》中记载的北入黄河。这个错误认知反映了当时楚人对东方区域水系的重视，而对西北区域水系的陌生，这是值得注意的。

---

① 袁珂校注：《山海经校注》卷二《西山经》，上海古籍出版社1980年版，第61、64页。

综上所述，可以绘制出下列表格见表2。

表2　　依据《容成氏》对应的水系位置推断出的州域范围

州名	对应水系	水系所在地
夹州、徐州	九河、明都泽	蓏州以南黄河下游及支流冲积扇和丹水(泗水)流域
兢州、莒州	淮与沂	淮河和沂水
蓏州	莱与汤	易水、滱水(涞水)
荆州、扬州	三江五湖	吴越地区三条古代河流和太湖
豫州	伊、洛,廛、涧	伊水、洛水、廛水、涧水
雍州	泾与渭	泾河、渭河

依据上述各州州域的地理位置可知，《容成氏》凭借水系描绘的地理世界蓝图不是传统观念中的均衡的"天下"。按照水系排列来看九个州的大致位置，呈现出东方区域远大于西方区域的特征。简文东方部分不仅包括为整理者及相关研究者所注意到的位于中原东部的莒、徐、夹、兢四州，还加入蓏州、荆州、扬州三州。这七个州从北到南依次排列，形成从黄河下游主河道及易水、九河等支流所在的华北平原南下，连接明都泽及附近丹水、泗水，容纳淮、沂水两水，再南下连接长江下游的吴越等区域。在简文西方部分则仅有豫州、雍州，两州同处黄河中游的支流流域，即关中平原、洛阳盆地。《容成氏》东西方大体是以"太行山（黄河下游、易水等分水岭）—桐柏山（淮水发源地）"一线予以划分。由此，可见《容成氏》中的各州分布呈现出一个倒"T"字形结构——"⊥"，东方州数占据了这套九州中名义上的大约78%的地域，表现出东西方向上州数分布极其不平衡的关系。这种极为重视东方区域的地理观念，与《禹贡》《职方》等文献中记载的传统"九州"观念不同，它充分表现了楚人对天下地理空间的另一个认知。《禹贡》《职方》通过对各州域内主要自然参

照物的合理把握，有效地避免了这样一个不均衡地图的出现。例如在《禹贡》中九州的划分不仅较为有效地覆盖了黄河流域附近的诸夏活动范围，也包含了《容成氏》篇"九州"中没有列出的巴蜀、江汉等地，实现了对长江、黄河流域内当时列国整体政治版图的有效覆盖。

《容成氏》中东方州数远大于西方，不仅造成了地理空间框架中东方的权重大于西方，而且在"太行山—桐柏山"分界线以西甚至没有囊括入楚国的江汉核心区，而江汉地区不仅为同时期其他九州系统容纳并都以荆州作为该区域命名。这说明楚人所作《容成氏》篇是对于本国疆域外的天下形势所做出的带有一定目的的记载，要对这种目的进行解读应联系楚人观念中如何认识楚地与九州之间的关系，并将系简文书写于东迁前的时间节点置于当时楚国面临的列国形势中进行讨论。

三 《容成氏》"九州"观的解读

尽管《容成氏》在九州叙述中详述东方州域而忽略西方是个显著的特点，但是单从这一点并不能完整地解读《容成氏》九州观的特殊含义。毕竟即使是中原人创作的《禹贡》在对中原人所熟知的黄河流域进行州域区划时，也存在一定偏向东方的特征，"西边梁、雍面积广大，分画粗略，而东方的兖、青、徐、豫则窄小密集，分辨仔细。州的发育东方胜于西方"[1]。《容成氏》东西不均衡州域划分的整体框架只是一个表征，这种政治地理观背后还隐藏着楚人独特的思想文化以及创作《容成氏》篇时的政治观念两个问题。要解决这两个问题，可以从两方面入手。第一，简文存在楚国传统的核心区是被作者有意

---

① 唐晓峰：《从混沌到秩序：中国上古地理思想史述论》，中华书局 2010 年版，第217 页。

排除在"九州"之外的事实,这是非常特殊的;第二,这种重视东方的九州框架与楚国政治历史之间的关系。两者结合才是解开《容成氏》表达的楚人独特九州观的重要支撑。

(一)楚国核心区的缺失问题

在楚国东迁陈以前,楚国的传统核心区主要是指方城以内的南阳盆地及江汉平原,特别是后者曾长期是楚都所在,而这两个区域基本可以被排除在《容成氏》述及的水系范围之外。在中原系统的"九州"中,江汉平原一直是"天下"重要的组成部分,甚至在《禹贡》中可以看到处于"九州"中心位置的豫州"荆河惟豫州"。这里的"荆河"是指"荆山"与"黄河"之间,说明江汉平原中的一部分,即楚人的发祥地荆山在《禹贡》中也居于核心地位。然而偏偏是楚人自己的"九州观"却忽略掉本国、本族群的惯常聚集地。这个问题牵涉如何解读楚人九州观问题,因此必须予以解决。日本学者平势隆郎先生的研究颇有启发意义,他依据简文在叙述完各州水系后写道"禹乃从汉以南为名谷五百,从汉以北为名谷五百",认为"汉"指"汉水",这句话说明汉水流域是整片地理描述突出的特殊区域。[①] 也就是说,楚人并未将自己族群的核心区域忽略掉,而是将本族群所在地区置于与"九州"并列的地位,"天下"由楚地和以中原地区为主的九州组成,后者也包含淮泗及长江下游地区。这种组合虽然不同于中原九州观,却颇为符合游离于中原边缘的楚人的价值取向。

"九州"应起源于中原地区,该词最早也是在春秋时期中原地区史料中出现的,《左传·襄公四年》中有"芒芒禹迹,划为九州"[②],

---

① [日]平势隆郎:《从城市国家到中华:殷周 春秋战国》,周洁译,广西师范大学出版社 2014 年版,第 185 页。
② 杨伯峻:《春秋左传注》(修订本),第 938 页。

出土的叔尸镈上有"咸有九州，处禹之都"（285.6b—7）①。"九州"在一定程度上是中原意识的反映，但这种意识并不一定被与中原存在血缘、文化差异的族群完全接受，将这种情况结合楚国的历史可以得到答案。楚国并非一直是被中原诸夏所接受的国家，其在政治上频繁参与中原事务的同时却在文化上长期被中原人以蛮夷相视，"昔成王盟诸侯于岐阳，楚为荆蛮，置茅蕝，设望表，与鲜卑守燎，故不与盟"②，甚至在汉代仍有"秦、楚、吴、越，夷狄也"③ 的记载。《史记·楚世家》记载楚人祖先世系时说"或在中国，或在蛮夷，弗能纪其世"④，说明在中原人的知识体系中，楚人既有与中原联系的一面，也有浓厚的蛮夷因素，这种写照也可作为楚人与中原政治关系的反映。西周时期，熊渠便曾以"我蛮夷也，不与中国之号谥"⑤ 为理由，公然挑战中原以周天子为核心的政治秩序。虽然春秋以来楚国长期参与中原争霸、会盟等事务，与中原的政治经济势力频繁碰撞，但是其国土组成还是多取自中原视角之外的"南国"及更遥远的南方。西周金文中常出现"南土""南国"，其各自的含义也不尽相同。据朱凤瀚先生考证："南土"是周王国南方的国土，在其南部边域地区设有"侯"之类具有军事防卫职能的长官。"南国"则更在其南，大致在今淮水流域、南阳盆地南部与汉淮间平原一带。⑥ 这些都提醒我们在考虑楚人与中原的关系特别是政治、文化关系时，既要看到两者相互联系的一面，也要注意到楚国在发展的同时，存在融入中原政治、礼乐文化和经营中原之外的南方地区这两条并行的国家发展道

---

① 中国社会科学院考古研究所编：《殷周金文集成释文（第一卷）》，香港中文大学中国文化研究所2001年版，第252页。
② 徐元诰撰，王树民、沈长云点校：《国语集解》，中华书局2002年版，第430页。
③ 《史记》卷二十七《天官书第五》，第1344页。
④ 《史记》卷四十《楚世家第十》，第1690页。
⑤ 《史记》卷四十《楚世家第十》，第1692页。
⑥ 朱凤瀚：《论西周时期的"南国"》，《历史研究》2013年第4期。

路。从这个角度来看,《容成氏》中作者将中原区域划分为"九州",而将本国所在区域独立于"九州"之外,符合楚人作为当时处于中心—边缘、诸夏—蛮夷间过渡地带的族群自身所携带的独特的身份认同与文化认同。

(二)《容成氏》"九州"空间与楚东迁前历史形势

前面已论述楚人在《容成氏》表达的观念中,楚国(地)是独立于"九州"之外的,那么对于中原以水系区划的逻辑,或许应结合"九州"一词政治含义去理解。九州在某种程度上反映、象征着天下统一的意志,列入九州的区域也是一个国家在进行对外政治、军事、经济等战略时的具体空间指向,我们可以结合当时也就是战国后期楚国东迁前后的历史予以管窥。从战国后期列国疆域来看,《容成氏》篇"九州"系统尽管在地理空间架构上呈现出不完整态势,但是依据其中的水系位置与当时列国以都城为代表的核心区来看,简文基本能容纳当时天下主要的国家。例如易水附近的燕,洛水附近的周,泾、渭二水附近的秦,丹水(明都)、泗水流域的魏国、鲁国、宋、"泗上十二诸侯"①,三江五湖区域内的越国,等等。

从简文叙述来看,在东、西地理空间不均衡划分下,楚人观念中的"东方世界"还可以依据楚人的历史活动做出进一步划分。春秋战国时期楚国势力在中原的经略基本未越过黄河,以黄河为线可以将简文东方区域再细分为北、南两部分,北、南水系呈现 2:4 的比例,南方区域大于北方区域。由此我们可以断定,突出黄河以南的明都泽(丹水)、沂、淮、泗、三江五湖是简文"九州"东西划分不均衡的地理聚焦的更进一步的倾向,即莒、徐、扬、荆、兢五州区域,此部

---

① 据蒙文通研究,"泗上十二诸侯"泛指淮泗区域内诸附庸小国,"固不能拘于十二国之数。小国以泗上为多,故每言泗上十二诸侯,然亦不限于泗上也"。(蒙文通:《越史丛考》,人民出版社 1983 年版,第 136 页。)

分也是战国时与楚国疆域直接接壤的地区。淮、泗、沂流域从春秋时期开始频繁出现楚人踪迹，同时楚人在地理观念中常将这片区域以"东国"相称，① 表明了楚国在这片广阔区域的进取。从楚人地望祭祀也可例证这种疆域取向，春秋时期"三代命祀，祭不越望。江、汉、雎、漳，楚之望也"②，最终在战国中前期淮河成为楚人新的地望祭祀对象："□及江、汉、沮、漳，延至于濠（淮），是日就祷楚先老童、祝□。"③《容成氏》书写时间为战国后期楚国东迁之前，最有可能为楚怀王、顷襄王时期，这段时期应该说是楚国大力投入对东方区域的土地占领的时期。

战国中期以来楚国在东方江淮地区的发展成效显著。一方面有着春秋以来在该地的长期经营作为基础，另一方面当时楚国传统北方边界的不断南移、国土南北距离的压缩也在一定程度上突出了楚国东部边界不断东移的趋势特征。丹淅之战、蓝田之战、垂沙之战等重大战役后，楚国江汉核心区北部的方城、南阳盆地等逐渐失陷于秦、韩、魏，北部边界线不断南移。而在楚国东方的淮泗、长江下游地区主要分布着一些小国，对楚国东部边界威胁较小。"孝公元年，河山以东强国六，与齐威、楚宣、魏惠、燕悼、韩哀、赵成侯并。淮泗之间小国十余。"④ 即便是东方颇具实力的越国，相比衰弱的楚国也是"越乱而楚治也"⑤。从楚怀王时期开始，楚国在东方区域的经略已成为其疆域开拓的主要来源。《新书》中记载："楚怀王心矜好高人，无道而欲有伯王之号，铸金以象诸侯人君，令大国之王编而先马，梁王御，

---

① 陈伟曾对楚人的"东国"概念做过详细研究，认为楚国的"东国"从地理空间上讲是个发展变化的概念，其范围大致西起方城，以淮水为中轴向两侧展开。北达淮北平原南部，西北延伸到汝、颍二水上游，东北延至泰山南麓；西南止于大别山脉，东南约接于大江之滨。（陈伟：《楚"东国"地理研究》，武汉大学出版社1992年版，第5—6页。）

② 杨伯峻：《春秋左传注》（修订本），第1636页。

③ 河南省文物考古研究所编著：《新蔡葛陵楚墓》，大象出版社2003年版，第197页。

④ 《史记》卷五《秦本纪第五》，第202页。

⑤ 何建章注释：《战国策注释》卷十四《楚一》，第505页。

宋王骖乘，周、召、毕、陈，滕、薛、卫、中山之君，皆象使随而趋。"其中据点校者研究，"召"应指燕召公所封燕国，① 说明楚怀王有征服上述国家的野心。值得注意的是，这里面提到的国家都能放置在《容成氏》中的水系附近，特别是东方水系。周在洛、伊水系所在豫州；梁王即魏王，其都城大梁与宋国都城同在明都泽所处的丹水区域；滕、薛两国属于泗水区域，与明都泽所处的丹水区域可连接；卫国处于济水、黄河之间，即《禹贡》《有始》中的兖州地，此区域同九河关系密切；中山与燕国则在易水流域附近。这说明《容成氏》区域的划定与楚国对外战略导向是有密切联系的。在《史记》《战国策》等史料中，则主要记载了楚怀王在《容成氏》中淮水、三江五湖区域的攻略。因此，我们看到，楚怀王即便是在秦国接连攻楚的危急局面下，仍顶着大臣"王虽东取地于越，不足以刷耻"② 的批评，承受"尝与吴人战，五战而三胜，阵卒尽矣"③ 的巨大代价，取得了"故楚南塞厉门而郡江东"④ 的成果。这种转向也为秦国所注意，于是便有张仪劝说楚王"举宋而东指，则泗上十二诸侯尽王之有也"⑤，劝楚国将注意力转向东方。到顷襄王时期，楚国在东方的发展重心逐步转移到丹水、泗水、沂水流域。不仅与魏国争夺故宋国所在的丹水流域，也在泗水流域内取得了极大成果。东迁后的楚国在不到九年时间内，相继灭掉郯、邳、小邾、邾（邹）、费、鲁六国，短时间内灭

---

① "周、召毕陈，滕、薛、卫、中山之君"一句是由点校本中"周召毕陈滕薛卫中山之君"一句重新断句而来。点校者将此句中"毕陈"二字判为"毕""陈"两国（注释78），并将二者与前后所举列国并列，这是值得商榷的。首先，从当时列国形势来看，"毕""陈"两国是不存在的；其次，"毕陈"一词也在先秦史书中偶尔可见，表示一种服侍行为。因此在这段史料中，"毕陈"应该非指国家。贾谊撰，阎振益、钟夏校注：《新书校注》，中华书局 2000 年版，第 249、258 页。

② 《史记》卷四十《楚世家第十》，第 1726 页。

③ 《史记》卷七十《张仪列传第十》，第 2291 页。

④ 《史记》卷七十一《樗里子甘茂列传第十一》，第 2318 页。

⑤ 《史记》卷七十《张仪列传第十》，第 2292 页。

国之多，在楚国历史上是空前绝后的①，说明楚国对夺取该区域图谋已久。

综上所述，《容成氏》篇在"东西不均衡"的地理框架下，做出的州域划分是与楚国自春秋时期以来的对外战略保持一致的。它是以现实的国家政治、经济、军事条件为依据从而主动选择的最优国家发展路线，因此简文中东方州域大于西方以及东方州域中黄河、泰山以南区域最为详细是它的两个显著特征。从战国后期历史来看，楚人也依照《容成氏》设计的政治地理蓝图，逐步实现了对简文提到的东方淮、泗、丹、沂、三江五湖流域的占领，楚地的概念因此也发生了转换，从战国时期以江汉平原为核心的"楚国之楚"转变成秦末汉初的社会观念中以淮泗区域为中心的"三楚之楚"②。

四　结论

《容成氏》篇的"九州"观反映出楚人的一种基于现实政治利益的"天下"观，这个"天下"观的核心即是"东方趋向"，即在政治地理观念中突出了位于楚地（江汉平原）以东、黄河以南的先贤踏足过的广阔地域。其中既反映出楚人思想观念中"楚地"与"天下九州"的并列关系，也延续了楚人自春秋以来对外开拓发展地理空间的"东向"趋势和对中国东方区域的政治地理认知，以及楚国向东方发展的国家战略转变。

《容成氏》篇的"九州"具有"东方倾向"这一特点，我们从楚人的历史、文化、现实利益中可以明显看出，这是楚人在长期实践后

① 何浩：《楚灭国研究》，武汉出版社 1989 年版，第 8 页。
② "三楚之楚"和"楚国之楚"分别指秦末汉初社会观念中的楚地、以淮泗流域为中心的楚地，和战国时期社会观念中以江汉平原为中心的楚地。这种概念变化的基础是楚国在战国后期将都城从江汉平原迁移至淮河流域。参见郑威、易德生《从"楚国之楚"到"三楚之楚"：楚文化地理分区演变研究》，《江汉论坛》2017 年第 4 期。

选择的一条游离于传统诸夏地理空间之外的国家发展路径，而这种发展路径从观念上看，更加注重自己开疆拓土的箭头趋向，而与北方各诸侯国士人对天下的完整视野是有差距的，具有对当时内陆国家发展的短视与狭隘的特征。但是这种东方趋向，却使楚人将眼光紧紧地盯着东方江淮流域。它使楚人满足于传统诸夏以南疆土的获取，难以形成覆盖诸夏整体疆域的全局观及相应的天下经营战略。虽然在某些时候有着北上争锋的趋势，但是在受到挫折后便退出与中原诸侯国的争斗，而满足于在东方、南方的发展。正是这种传统的政治地理观念，使楚简《容成氏》在广域天下的地理结构上存在严重的东方趋向，而缺乏像《禹贡》等书一样的广域的天下视野。它充分表现了华夏民族的发展，在其政治与文化、地理认同中，并非是直线式发展的，而有着一个曲折的前进过程。

（原载《西南大学学报》2021 年第 1 期）

漏刻与时间观念

董 涛[*]

摘 要：漏刻的定型和完善使人们获得了新的时间计量方式和计量单位，这种新的计量方式以流水模拟时间的流逝，通过对器具的改良可以获得更为精确的时间。而新的计量"刻"的广泛使用标志着人们获得了更小的精确时间的单位，人们不再对时间进行感性的判断，而是有了精密仪器的辅助。至汉哀帝和王莽改制，时间制度上升为国家体制改变的重要内容，追求的是数术对国家运转的影响，而不是时间计量方式的更精确。

关键词：铜壶滴漏；昼夜百刻；须臾；百二十

基金项目：国家社科基金重大招标项目"秦汉时期的国家建构、民族认同、社会整合研究"（项目编号：17ZDA180）

我们知道，"刻"是在汉代社会广泛使用的最小的精确时间的单位，时间精确到"刻"对汉代人的日常生活和思想观念都产生了重要影响，其中至关重要的一点是人们不再对时间进行简单感性的判断，而是有了精密仪器的辅助。正如苏轼在《徐州莲花漏铭》中所云："人之所以信者，手足耳目也，目识多寡，手知轻重。然人未有以手量而目计者，必付之于度量与权衡。无意无我，然后得万物之情。故

---

* 重庆大学人文社会科学高等研究院副教授。

天地之寒暑，日月之晦明，昆仑旁薄于三十八万七千里之外，而不能逃于三尺之箭，五斗之瓶。"① 实际上，人们早期的计量方式是"手量而目计"，只是随着技术的发展进步，因为有了更加可以信赖的工具，也就不再仅仅依赖自身的感知了。人们对外界万物的认知都是经由自身出发，与此同时也在逐步摆脱自身的局限，尤其是对于抽象的时间，人们一直在试图寻找稳定的方式模拟时间的流逝，所以经历了从观测秩序运转的天文现象确定时间的周期，到以更为稳定的流水模拟时间的流逝等不同阶段。

一　漏刻的演变及使用

"刻"这种计量时间单位的出现来源于铜壶滴漏的使用，"刻"的本意就是刻画，具体到铜壶滴漏来说，就是在器壁或者箭杆上刻画符号，以表示时间的经过。"刻"有时也作"节"，也作"度"，如《说文解字》说："漏，以铜受水，刻节，昼夜百节。"这里的"节"就是"刻"②；另如《史记·乐书》说："五色成文而不乱，八风从律而不奸，百度得数而有常。"《集解》认为百度就是百刻③，此处的"度"当和"度量衡"的"度"意思相同，即《孟子》所谓"度然后知长短"，也就是以长度单位计量抽象的时间单位。

漏刻被认为是一种使用较为悠久的计时方式。有学者根据《隋书·天文志》中"昔黄帝创观漏水，制器取则，以分昼夜。其后因以命官，《周礼》挈壶氏则其职也"④ 的记载，认为在黄帝时代就已经发明了漏壶；而《周礼·夏官·司马》中有"挈壶氏"，所以也有学

---

① 苏轼：《徐州莲花漏铭》，载《唐宋八大家集》，九州出版社2003年版，第779页。
② 段玉裁：《说文解字注》，段玉裁认为"百节"他本皆作"百刻"，此处当以"百节"为是，其以当是"昼夜以百节之，故为刻者百"。
③ 《史记》卷二十四《乐书》，中华书局1959年版，第1211、1213页。
④ 《隋书》卷一十九《天文志》，中华书局1973年版，第526页。

者认为至少周代就已经出现了专门职司漏刻的官员。

我们认为黄帝"制器取则"固然只是传说，而《周礼》中的相关记载也未必完全可信。

> 掌挈壶以令军井，挈辔以令舍，挈畚以令粮。凡军事，悬壶以序聚（木橐）。凡丧，悬壶以代哭者。皆以水火守之，分以日夜。及冬，以火爨鼎水而沸之，而沃之。[1]

根据《周礼》的说法，挈壶氏属夏官司马，是军队中的职官，从他的具体职掌来看，应当是与军队后勤有关的工作。而最早认为《周礼》使用漏刻的是郑司农，他说："分以日夜者，异昼夜漏也。漏之箭，昼夜共百刻。冬夏之间有长短焉，太史立成法有四十八箭。"郑司农是东汉中后期时人，在他的时代漏刻制度完备，且使用已经较为广泛，是以他根据所谓"分日夜"的说法，判定《周礼》此处记载的就是漏刻，并且补充了他所处时代的漏刻制度。这一看法深刻影响了后世学者的判断，历代学者在讨论漏刻问题的时候都会引述这一观点。然而我们认为，郑司农关于东汉时期漏刻制度的记载是没有问题的，但《周礼》此处的描述和漏刻的使用场景有明显的不同，是否指的就是漏刻应当存疑。

《汉书·百官公卿表》提到秦时有"率更令"，是詹事的属官，而詹事的职责是"掌皇后、太子家"。颜师古注释提到率更的职责是"掌知漏刻"，不过这恐怕是唐代的制度。如《新唐书·百官志》云，"率更寺，令一人，从四品上。掌宗族次序、礼乐、刑罚及漏刻之政"[2]，后面还提到率更的职责有负责太子的释奠、讲学的礼仪。问题是，魏晋及以前时代的史书中都没有率更掌漏刻的记载，例如《晋

---

① 孙诒让：《周礼正义》，中华书局 2015 年版，第 2909—2916 页。
② 《新唐书》卷四十九上《百官志》，中华书局 1975 年版，第 1298 页。

书·职官志》说率更令"主宫殿门户及赏罚事，职如光禄勋、卫尉"①，《宋书·百官志》所记率更令职事大体相同。那么颜师古经由唐制对率更令的认识，是否符合秦制，就不得而知了。不过从"率更"二字的本意来看，大约是负责管理统率宿卫人员，而在宿卫职守、更替时，需要使用到漏刻，也是有可能的。

所以，秦时宫廷是否使用漏刻，以及是否有专门执掌漏刻的官员还存疑。但可以肯定的是，秦地方行政中确实曾使用漏刻，这一点里耶秦简中的相关记载可以证明。例如《里耶秦简》有"九月己亥水下三刻"（5—22），"六月庚辰水十一刻刻下六""六月乙亥水十一刻刻下二""三月丁丑水十一刻刻下二""十月丁卯水十一刻下九""二月丙戌水十一刻下八""甲申水下七刻""水下尽"等记载②，这些简文的内容大多属于文书传递。李学勤认为其中所记漏刻皆指白昼，即将一昼分为十一刻，刻于漏壶箭上，视箭下沉几刻，以判定时间，可以说是漏刻的原始形态。③ 张春龙、龙京沙则根据后来里耶秦简中新发现"夜水下四刻"的简文证明漏壶有昼夜之别。④ 胡平生认为秦时的漏刻制度是白天、黑夜各有十一刻，一昼夜二十二刻。⑤

总的来看，里耶秦简中将白天、黑夜各分十一刻的说法是正确的，这样看来每刻合现在的一小时有余。值得注意的是，这种漏刻制度比昼夜百刻，每刻合现在 14.4 分钟当然要原始得多。《里耶秦简》中的时间计量可以使用较为粗糙的仪器，例如普通的水器，只要确定

① 《晋书》卷二十四《职官志》，中华书局 1974 年版，第 743 页。
② 陈伟主编：《里耶秦简牍校释》（第一卷），武汉大学出版社 2012 年版，第 13、43、43、48、52、54、55、57 页。
③ 李学勤：《初读里耶秦简》，载《里耶古城》，青海人民出版社 2003 年版，第 133 页。
④ 湖南省文物考古研究所：《湘西里耶秦代简牍选释》，《中国历史文物》2003 年第 1 期。
⑤ 胡平生：《里耶简所见秦朝行政文书的制作与传送》，载《简帛研究 2008》，广西师范大学出版社 2010 年版。

器内的水能够漏完一天即可；也不一定要使用箭尺，只需在器壁刻画十一个刻度即可。在使用过程中不同地点约定每日固定时刻，如日出时加水，那么不同地点的人们就可以获得一个大致统一的时间，而统一的时间对保证文书传递的效率和速度自然是有较大便利的。另外要注意，里耶秦简中出现的漏刻并非真切地测量时间，而且不一定要与天文现象随时保持一致，它的最终目的是确保文书能够按时传递，所以只要保证不同地点的人们都能够统一使用时间即可。

汉代以后不仅史料中关于漏刻的记载逐渐增多，考古中也出土了较多铜壶滴漏实物，其中比较重要的是河北满城西汉中山靖王刘胜墓出土的"满城铜漏"，陕西兴平西汉墓出土的"兴平铜漏"，内蒙古伊克昭盟出土的"干章铜漏"，山东巨野西汉墓出土的"巨野铜漏"，[1] 以及新近出土的海昏侯墓铜漏。其中"满城铜漏"和"兴平铜漏"属明器，而"干章铜漏""巨野铜漏"是实用器。据实验，"干章铜漏"属于"一刻之漏"，即每漏完一壶需要一刻，合现在14.4分钟；而"巨野铜漏"无盖，无箭尺扶梁，推测应该是浮箭漏的供水壶。[2] 海昏侯墓中出土的铜漏与以上汉代铜漏的基本形制类似。

根据学者的研究，至迟在汉武帝时候，出现了浮箭漏，这种类型的铜漏一般由两只漏壶组成，一只供水壶，另一只是受水壶，受水壶内装有箭尺，随着水位上升，箭尺也会上升，所以称为浮箭漏。浮箭漏一般分为昼漏和夜漏两部分。而且这种漏壶计量时间较为稳定，可以达到较高的准确性，所以也被用于天文测量。我们在文献中看到的所谓昼漏"上""上水""未尽"，夜漏"上""上水""下""未尽""不尽"等都是使用的浮箭漏。[3] 其中比较著名的例子有《汉书·外

---

① 参见中国社科院考古研究所《中国古代天文文物图集》，第39—41页；山东省菏泽地区汉墓发掘小组《巨野红土山西汉墓》，《考古学报》1983年第4期。

② 华同旭：《中国漏刻》，第33—36页。

③ 华同旭：《中国漏刻》，第40—41页。

戚传》中说汉成帝"昼漏上十刻而崩",《汉书·王尊传》说"漏上
十四刻行临到";夜漏的例子是《汉书·昌邑王传》中所谓的"夜漏
未尽一刻"。

汉代史料中多见"传漏"的记载,应当就是在宫廷中具体负责管
理滴漏的人员。例如汉哀帝时董贤"传漏在殿下",颜师古注说"传
漏,奏时刻"①,即报告时间。董贤的身份是郎官,他原本是刘欣的舍
人,后来随同刘欣到长安以后才开始做"传漏"这样的工作。同样以
郎官身份传漏的还有桓谭"前为郎,典漏刻"。这说明两汉宫廷之中
皆以郎官管理漏刻,奏报时间,另外桓谭还说:"燥湿寒温辄异度,
故有昏明昼夜。昼日参以晷影,夜分参以星宿,则得其正。"可见汉
代宫廷中对于漏刻的管理有一套较为完备的制度。

在东汉宫廷中,漏刻似与钟和鼓配合,以起到报时的作用。《续
汉书·礼仪志》引蔡邕《独断》说:"鼓以动众,钟以止众,故夜漏
尽,鼓鸣则起。昼漏尽,钟鸣则息。"② 与之类似,《续汉书·百官
志》注引蔡质《汉仪》说:"右丞与仆射对掌授廪假钱谷,与左丞无
所不统。凡中宫漏夜尽,鼓鸣则起,钟鸣则息。"③《续汉书·祭祀
志》还提到"庙日上饭,太官送用物,园令、食监典省,其亲陵所宫
人随鼓漏理被枕,具盥水,陈严具"④,这里所谓的"鼓漏",应当与
前引"夜漏尽,鼓鸣则起"类似,说明东汉宫廷从皇族到侍卫都是根
据漏刻安排生活节奏。根据蔡邕和蔡质的记载,漏刻是用来计量时间
的,而鼓和钟则是用来报时的,只是和人们熟知的"暮鼓晨钟"的说
法不符的是,东汉宫廷中是晨起鸣鼓,夜晚休息时鸣钟。而晨起的时
间是"夜漏尽",休息的时间是"昼漏尽",则是应当引起注意的

---

① 《汉书》卷九十三《佞幸传》,中华书局1962年版,第2733页。
② 《后汉书》卷九十五《礼仪中》,中华书局1965年版,第3126、3127页。
③ 《后汉书》卷一百一十六《百官三》,第3598页。
④ 《后汉书》卷九十九《祭祀下》,第3200页。

问题。

而东汉宫廷中，也以《鸡鸣》歌声报告晨起之时，例如《续汉书·百官志》注引蔡质《汉仪》还提到"卫士甲乙徼相传，甲夜毕，传乙夜，相传尽五更。卫士传言五更，未明三刻后，鸡鸣，卫士踵丞郎趋严上台，不畜宫中鸡，汝南出鸡鸣，卫士候朱爵门外，专传《鸡鸣》于宫中"。《鸡鸣歌》由卫士歌的记载也见于《晋太康地道记》："后汉固始、铜阳、公安、细阳四县卫士，习此曲于阙下歌之，今《鸡鸣》是也。"① 也有人认为《鸡鸣歌》是楚歌，项羽被困垓下有四面楚歌，应劭说："楚歌者，谓《鸡鸣歌》也。汉已略得其地，故楚歌者多鸡鸣时歌也。"而颜师古则认为："楚人之歌也，犹言'吴讴''越吟'。若鸡鸣为歌之名，于理则可，不得云'鸡鸣时'也。高祖戚夫人楚舞，自为楚歌，岂亦鸡鸣时乎?"② 前面提到后汉时代固始、铜阳、公安、细阳四县的卫士在阙下练习《鸡鸣歌》，这四县都属于楚地，所以《鸡鸣歌》可能确实是楚歌。

《周礼》中有"鸡人"之职，本身就是负责时间工作的，所谓"夜呼旦以叫百官"，也是在早晨报时的含义。另外《梁书》中曾提到梁代宫廷中有"鸡人伺漏传签"，则是让鸡人直接管理漏刻。

《宋史·律历志》保留了宋代宫廷中使用漏刻的详细记载，也可以方便理解秦汉时期的情形。

> 国朝复挈壶之职，专司辰刻，署置于文德殿门内之东偏，设鼓楼、钟楼于殿庭之左右。其制有铜壶、水称、渴乌、漏箭、时牌、契之属：壶以贮水，乌以引注，称以平其漏，箭以识其刻，牌以告时于昼，契以发鼓于夜，常以卯正后一刻为禁门开钥之节，盈八刻后以为辰时，每时皆然，以至于酉。每一时，直官进

① 《后汉书》卷一百一十六《百官三》，第3598页。
② 《史记》卷七《项羽本纪》，第333页。

牌奏时正，鸡人引唱，击鼓一十五声，至昏夜鸡唱，放鼓契出，发鼓、击钟一百声，然后下漏。每夜分为五更，更分为五点，更以击鼓为节，点以击钟为节。每更初皆鸡唱，转点即移水称，以至五更二点，止鼓契出，五点击钟一百声。鸡唱、击鼓，是谓攒点，至八刻后为卯时正，四时皆用此法。①

这里详细记载了漏刻以及"鸡唱""击鼓"的具体情形，提供了宝贵的历史信息，只是汉代宫廷中是否如此，就不得而知了。

汉以后宫廷中仍有传漏人员存在，例如《晋书·天文志》说，"柱史北一星曰女史，妇人之微者，主传漏"②，提到传漏的人员是"妇人之微者"，是说晋代宫廷中负责传漏的是地位较为低微的妇人。《梁书·豫章王综传》中有"谁怜传漏子，辛苦建章台"，大约是说负责传漏事的人员需要日夜守护漏壶，是以工作较辛苦。前引董贤曾于殿下传漏，显然地位也不十分高；而桓谭以郎官的身份传漏，也需要日夜小心守护铜漏，可见这份工作十分之辛苦。

实际上我们知道虽然负责"传漏"的是郎官或者妇人之微者，但他们终究只是负责"技术层面"的工作，需要日夜守护漏刻避免偏差，或者传报时间；而真正对漏刻制度负责的是史官。司马迁说史官的职责在"天人之际"和"古今之变"，这个说法揭示的是史官职事的两部分内容，其一在天官，主要负责观测和记录天文现象；其二是掌管图书档案资料。然自西汉中后期开始，史官的职能就开始分化，其中图籍秘书的部分逐渐由御史、兰台令史负责。东汉时期史官的职责就仅局限于原本天官的内容，《续汉书·百官志》说："太史令一人，六百石。本注曰：掌天时、星历。凡岁将终，奏新年历。凡国祭祀、丧、娶之事，掌奏良日及时节禁忌。凡国有瑞应、灾异，掌记

---

① 《宋史》卷七十《律历志》，中华书局1977年版，第1588页。
② 《晋书》卷十一《天文上》，第289页。

之。"而与之相关的明堂、灵台等官都属于太史,李贤注引《汉官》说:"灵台待诏四十一人,其十四人候星,二人候日,三人候风,十二人候气,三人候晷景,七人候钟律。一人舍人。"① 后文也提到,负责占卜的太卜官,也被并入太史官之中。《后汉书·显宗明帝纪》李贤注释"史官"直接说是"掌天文之官"。② 而东汉史料中出现的史官的具体活动,也都和修订历法、陈说天文灾异、占卜时日吉凶,以及预测望气等事有关,其中比较著名的史官如张衡、单飏、霍融等人,也都是以"术学"显名于世,其中霍融更是与汉和帝时代漏刻制度的修订直接相关。

汉和帝永元十四年,霍融上言:"官漏刻率九日增减一刻,不与天相应,或时差至二刻半,不如夏历密。"霍融此时的身份是"太史待诏",说明他在天文方面有一技之长,但还没有进入史官系统。值得注意的是,霍融指的"夏历"究竟是什么。从后文来看,夏历中有一套完善的"随日南北为长短"的漏刻制度,则自然不会是所谓的"古六历"。我们怀疑这里的"夏历"是来自民间的历法,是以霍融此时的身份能够用以质疑官方历法。

霍融的言论引起了汉和帝的重视,究其原因是官方使用的漏刻"不与天相应",这恐怕是令人印象深刻的,无论从实际使用还是神秘意义方面这种情况都是不能容忍的。所以皇帝让太常里的史官们讨论这个问题,于是当时的太史令舒、承、梵等人就上书回复皇帝说:"案官所施漏法《令甲》第六《常符漏品》,孝宣皇帝三年十二月乙酉下,建武十年二月壬午诏书施行。漏刻以日长短为数,率日南北二度四分而增减一刻。一气俱十五日,日去极各有多少。今官漏率九日移一刻,不随日进退。夏历漏刻随日南北为长短,密近于官漏,分明

---

① 《后汉书》卷一百一十五《百官二》,第3571页。
② 《后汉书》卷二《显宗明帝纪》,第105页。

可施行。"太史们提到，他们现在使用的漏刻制度是汉宣帝时代制定的《常符漏品》，到汉和帝时代已经使用将近两百年了，他们也承认现有的漏刻存在问题，而霍融提到的"夏历"中的制度切实可行。

所以汉和帝就在这一年的十一月甲寅颁布诏书改革漏刻制度："告司徒、司空：漏所以节时分，定昏明。昏明长短，起于日去极远近，日道周圆，不可以计率分，当据仪度，下参晷景。今官漏以计率分昏明，九日增减一刻，违失其实，至为疏数以耦法。太史待诏霍融上言，不与天相应。太常史官运仪下水，官漏失天者至三刻。以晷景为刻，少所违失，密近有验。今下晷景漏刻四十八箭，立成斧官府当用者，计吏到，班予四十八箭。"这一条内容在《百官志》中被称为"永元论历"，有关这次漏刻改革的细节研究，陈梦家以及科技史的学者提供了较为详细的解读，可以参看①。我们关心的是这次有关漏刻问题的讨论是由太史待诏提出，皇帝亲自参与，并且以诏书的形式告知司徒、司空进行改革，显见得漏刻的使用绝非小事，它不仅和生活节奏有关，更关系到整个国家的治理和运行。

同时也要注意到所谓"立成斧官府当用者"，这证明除了我们前文提到的宫廷之外，中央各办公机构也使用漏刻，而且在制度上和宫廷是保持一致的。不仅如此，所谓"计吏到，班予四十八箭"，是说这次改制也要向地方推行，这也可以说明在东汉时代从中央到地方施行的都是同一套漏刻制度。也可以进一步推测，地方上也有一套和宫廷内大致相同的漏刻器具。因为永元十四年的这次改制只是改变了漏刻用箭的方式，所以只是给地方更换"四十八箭"，那么漏刻其他器具如漏壶等，是否也是由中央制作再交由地方使用的呢？这当然也是可以思考的问题。

由此可以得出结论，至少在东汉时期从中央到地方官府都有一套

---

① 参见陈梦家《汉简缀述》，华同旭《中国漏刻》。

精度类似的漏刻工具。宫廷中使用漏刻的大致情形是一般有昼漏和夜漏两种。昼漏完代表一天结束，鸣钟提示进入晚间休息时间；然后开始夜漏，夜漏完代表一天开始，鸣鼓提示进入新的一天。昼漏和夜漏都要和当日太阳运行保持一致，随节气更换漏箭。

二 "刻"与时间观念的变化

漏刻在汉代的广泛使用深刻影响了人们的时间观念。

首先，"刻"的出现使人们获得了新的计量时间的单位。在汉代以前的大部分时间里，一日之内最常使用的时间单位是"时"，指的是一天中某一个具体的时间点，例如"平旦""日出""日中""夜半"等，使用简单的测量仪器如土圭、表等，更多依赖天文现象确定时间①。而"刻"是人们通过对流水的观察和模拟而发现的新的计量时间单位，它依赖铜壶滴漏技术，摆脱了特殊天文现象例如昏夜和阴雨天气对计量时间的束缚。而"时"和"刻"这两种时称多数情况下都是单独存在的，它们之间原本并没有换算关系。显然铜壶滴漏要求更为先进的技术手段，所以"刻"的使用并不普遍，相对于"时"可能已经深入人们的社会生活，而"刻"更多地在宫廷、官府或者官方的天文机构、地方文书档案传递机构中使用。

"时"虽然是一日之内的时间单位，但在其产生之初，似乎也没有和"天"换算的概念，即一"天"有多少"时"也是不能固定的。《左传》中最小的时间单位是"时"，昭公五年记载卜楚丘之言曰，"日之数十，故有十时，亦当十位，自王已下，其二为公，其三为卿。日上其中，食日为二，旦日为三"，似乎是说一日有"十时"。杜预注释认为相应于卜楚丘所谓十个等级的人的"十时"分别是日中、食时、平旦、鸡鸣、夜半、人定、黄昏、日入、晡时、日昳，常见的十

---

① 马怡：《汉代的计时器及相关问题》，《中国史研究》2006 年第 3 期。

二时制中的隅中和日出并不在其列。这显然是杜预以他生活时代的计时方式考察《左传》，对于这种说法，陈梦家早已指出未必尽合《左传》原意，① 实际上《左传》中表现一天以内的时间的词汇主要有"鸡鸣""旦""日未中""日中""昏""日入""夜半""见星"等，其中"旦"和"日中"出现的次数最多，其他都只是偶一见之。而且这些时间并没有连贯性，所以没有足够的证据能够表明《左传》中已经出现把一天平均分成若干部分的做法。

陈梦家考察汉代的"时称"，指出汉代文献以及出土的汉简中有十八种时称，分别是夜半、夜大半、鸡鸣、晨时、平旦、日出、蚤食、食时、东中、日中、昳中、餔时、下餔、日入、昏时、夜食、人定、夜少半，其主要的使用时间是西汉武帝末至东汉建武时期。而到了王莽和东汉初民间就将十八时制简化成了十二时制，并与十二地支对应。② 对于中国古代的时称，李零认为将一天平均分为四份是最基本的做法，即分别是夜半、平旦、日中和日入，在《淮南子·天文》中也作"朝、昼、昏、夜"，其他无论十二时制也好，十六时制也好，都是在这一基础之上诞生的。③ 可是由于很多具体的时间点无法确定，所以虽然能够将一天分成若干份，但是否能够做到等分，是很值得怀疑的。虽然白天的时间点可以通过太阳所处的位置使用土圭、表等工具测定，但夜晚的时间点，除了夜半可以依据中星精确测定之外，其他诸如人定、夜少半、夜大半、鸡鸣等都是极为模糊的时间点，而且缺乏必要的测量工具。如果具体的时间点无法确定，那么对一昼夜的等分其实无从谈起。

而"刻"这种时称的使用也推进了平均划分时间观念的发展。首先，铜壶滴漏是古人找到的最为稳定的计时方式之一，这种计时方式

---

① 陈梦家：《汉简缀述》，中华书局1980年版，第244页。
② 陈梦家：《汉简缀述》，第250页。
③ 李零：《中国方术考》（修订本），第143页。

可以不必依赖天文现象，这为等分时间在技术上提供了可能；其次，铜壶滴漏在使用过程中也要求平均划分刻度，这样就势必会出现将某一段时间等分的观念。而在此基础上，如果人们愿意，可以将一段固定的时间无限等分下去，更小的时间单位的出现也就成为可能。例如在秦汉时代，出现了比"刻"更小的时间单位——"分"①。

另外需要注意的是，"时"表示的都是具体的时间点。如"日中"即"太阳在中天的那个时间"，而"夜半"也是根据中星确定的一个时间点，其他如"鸡鸣""食时"等指的也都是时间点。那么如果要表示时间的长度，则需要采用从某时到某时这样的方式，例如《汉书·五行志下之下》说："成帝永始二年二月癸未，夜过中，星陨如雨，长一二丈，绎绎未至地灭，至鸡鸣止。"从"夜过中"到"鸡鸣"，这是用两个时间点表示一个时间段，《汉书》以及汉代史籍中类似的例子很多，此不赘举。当然前面说过"夜过中"和"鸡鸣"都是模糊而无法精确测量的时间点，那么这段时间的长度显然就更模糊了。

而与"时"不同的是，"刻"这种特殊的时间单位除了可以表示时间点之外，还可以表示一段时间长度。按照里耶秦简中昼夜二十二刻的制度，每刻合现在一小时有余；而按照汉代通行的昼夜百刻的说法，每刻合现在 14.4 分钟；再，如果按照哀帝和王莽曾经实行过的昼夜百二十刻的说法，每刻合现在 12 分钟。虽然并不固定，但每"刻"都可以表示一定的时间长度。也就是在《汉书》之中，开始出现用"若干刻"表示时间长度的记载，如《宣帝纪》说："郊上帝，祠后土，神光并见，或兴于谷，烛耀齐宫，十有余刻。"又说长乐宫东阙树上有鸾凤"郊上帝，祠后土，神光并见，或兴于谷，烛耀齐

---

① "分"是极复杂的计量单位，在时间计量方面是对"时"或"刻"再分的意思，但它的产生应当并不是为了计量时间。

宫，十有余刻"。再如《五行志》描述流星出现的时间长度，也用"刻"表示："绥和元年正月辛未，有流星从东南入北斗，长数十丈，二刻所息。""哀帝建平元年正月丁未日出时，有著天白气，广如一匹布，长十馀丈，西南行，欢如雷，西南行一刻而止，名曰天狗"。在这些记载中，"十有余刻""二刻"等表示的都是时间的长度，这在汉代以前的文献中未曾出现过。

显然，"若干刻"显然要比"从某时到某时"在使用过程中便捷得多，也更为精确。所以这样的计时方式在后世史书中也极为常见，此不赘举。

其次，铜壶滴漏是极为精确的计量时间的器具，这也对人们追求精确的时间观念产生了影响。中国古代的人们由于计量的需要发明了各式各样度量衡器具，而作为计量时间的工具，高度的精确性正是铜壶滴漏的主要特征，而且这种精确性也深为当时的人们所信赖。

史料中见到最早明确使用漏刻的例子出自《史记·司马穰苴列传》，其中提到司马穰苴至军中"立表下漏"以待庄贾，《史记索隐》说："立表谓立木为表以视日景，下漏谓下漏水以知刻数也。"根据《史记》前文的记载，两人之前约定"日中"见面，后来至日中庄贾没有到达，所以司马穰苴"仆表决漏"。《史记索隐》说："仆者，卧其表也。决漏谓决去壶中漏水。以贾失期，过日中故。"[1] 在这则材料中，表和漏一样都是为了测量"日中"这个时间点，两者共同使用是以"表"校准"漏刻"，显然是为了提高计量时间的精确性。司马穰苴这么做的用意在于严肃军队的纪律，时间观念正是军队纪律的主要内容。例如《六韬·分兵》曾提到如果军队分散在各处，要"期会合战"时该怎么做，"太公"回答说："凡用兵之法，三军之众，必有

---

[1] 《史记》卷六十四《司马穰苴列传》，第2157页。

分合之变。其大将先定战地战日，然后移檄书与诸将吏期，攻城围邑，各会其所。明告战日，漏刻有时。大将设营而陈，立表辕门，清道而待。诸将吏至者，校其先后；先期至者赏，后期至者斩。如此，则远近奔集，三军俱至，并力合战。"马怡认为这里的"表"也是为了校准"漏刻"，此说可从。①《六韬》的成书年代仍有争议，但西汉时代已经广泛流传是为大家接受的，那么这条材料或许反映的就是西汉的历史情形。

正是由于漏刻可以做到极为精确，所以也常被应用于天文测量。例如汉武帝元封七年诏公孙卿等制定《汉历》时说："乃定东西，立晷仪，下漏刻，以追二十八宿相距于四方，举终以定朔晦分至，躔离弦望。"②《隋书·天文》追述这一历史事件时说："及孝武考定星历，下漏以追天度，亦未能尽其理。"又说："揆日晷，下漏刻，此二者，测天地，正仪象之本也。"③ 是知晷仪和漏刻都是天文测量的基础仪器。至后世漏刻更为精确，在天文测量领域发挥了更大的作用。④

《西京杂记》卷四有"长鸣鸡"条说："成帝时，交趾、越巂献长鸣鸡，伺鸡晨，即下漏验之，晷刻无差。鸡长鸣则一食顷不绝，长距善斗。"⑤ 这则记载提示我们，真正鸡鸣的时间，和作为"时称"的鸡鸣，在人们的观念中已经分离开来；而作为"时称"的鸡鸣已经和漏刻严密地结合起来，用来表示一个具体而精确的时间点。

再次，"刻"的出现代表了一种可以精确计算的较短的时间单位，这也深刻影响了人们对短促时间的描述。在汉代以前，人们描述较短时间常用的词汇有须臾、呼吸、立成、顷步、俯仰等，这些词汇或多

---

① 马怡：《汉代的计时器及相关问题》，《中国史研究》2006 年第 3 期。
② 《汉书》卷二十一上《律历志上》，第 976 页。
③ 《隋书》卷十九《天文上》，第 526、529 页。
④ 参见华同旭《中国漏刻》的相关讨论。
⑤ 周天游：《西京杂记校注》，第 203 页。

或少都与人们身体对时间的感知有关，例如人们能切身感受到的短暂时间是一呼一吸之间，是以"呼吸"一词就常用于表示较短的时间；再如人们认为移动脚步的时间较为短暂，所以通常也会使用"移步""旋踵"等词汇。其中"须臾"一词在汉代文献中最为常见，例如《史记》就经常使用它表示很短的时间，后来又有了"立成"的含义，成为一种特殊巫术的名称，例如"禹须臾"。只是这个词的初始含义极难明了，我们相信这里的"须"和人的呼吸行为应当有密切的关联，仍然是用人的感受来描述较短的时间。

漏刻被广泛接受以后，这一词语也多被用来指代较短的时间，其中最突出的是所谓"命在漏刻""命在顷刻"等，都是用"刻"来指代极其短促急迫的时间，类似的例子在汉代以后的文献记载中极为常见。也就是说，人们不再单纯依靠身体的感觉来计量和描述时间，而是更多依赖工具，这当然是一种进步。

三　漏刻以百二十为度

昼夜百刻的制度被认为出现于商代晚期，[①] 然而正如前文所谈到的那样，我们在秦以前的史料中很少看到有使用"刻"这种时间单位的记载，而里耶秦简中有关"刻"的记录提示我们在某些地区曾经存在着使用昼夜二十二刻的情形。这至少说明，昼夜百刻制度在汉代以前未被广泛地应用。

汉武帝时代较为广泛使用昼夜百刻制度，例如前引汉武帝时代开始出现浮箭漏，这使得昼夜百刻制度在技术上有了实现的可能，而且文献中也经常出现"上某刻""上水某刻""未尽某刻"，夜漏"上某刻""上水某刻""下某刻""未尽某刻""不尽某刻"等记载，这些

---

① 阎林山、全和钧：《我国固有的百刻计时制》，载《科技史文集》第6辑，上海科学技术出版社1980年版。

都表明汉武帝时代昼夜百刻制度已经较为深入地影响当时的社会政治生活。

从前述记载来看，大约在汉宣帝的时代，昼夜百刻就被定为法令，成为全国通行的制度，即《续汉书·律历志》所谓"案官所施漏法《令甲》第六《常符漏品》，孝宣皇帝三年十二月乙酉下，建武十年二月壬午诏书施行。漏刻以日长短为数，率日南北二度四分而增减一刻。一气俱十五日，日去极各有多少。今官漏率九日移一刻，不随日进退"①。此后"昼夜百刻"的制度就更为深入人心，再做改变必然困难重重。

正如《续汉书·律历志》提到的那样，由于每天昼夜长短都不相同，所以会涉及昼漏和夜漏刻数分配问题。以下是《隋书·天文志》的记载。

> 总以百刻，分于昼夜。冬至昼漏四十刻，夜漏六十刻；夏至昼漏六十刻，夜漏四十刻；春秋二分，昼夜各五十刻。日未出前二刻半而明，既没后二刻半乃昏。减夜五刻，以益昼漏，谓之昏旦。漏刻皆随气增损。冬夏二至之间，昼夜长短，凡差二十刻。每差一刻为一箭。冬至互起其首，凡有四十一箭。②

这段文字非常清晰地阐述了昼夜百刻在使用过程中随时日更换竹箭的制度，也就是所谓的"随气增损"。虽然有学者认为这种制度起源于先秦，③ 但我们认为它应当不会早于汉宣帝时代。显然昼夜百刻在数字运算上较为便利，所以可以认为昼夜百刻和"随气增损"的制

---

① 《后汉书》卷九十二《律历中》，第3032页。这里明言在汉宣帝三年的时候就已经开始有了"常符漏品"，但未说明年号，所以有学者质疑此事是否出自汉宣帝时代。实际上，汉宣帝前后使用了七个年号，除地节只有两年之外，其余都有三年。

② 《隋书》卷十九《天文志》，第526页。

③ 华同旭：《中国漏刻》，第27页。

度差不多是同一时期定型的。然这一制度使用后不久，就有人提出了"漏刻以百二十为度"，那么究竟出于什么原因要改革漏刻制度呢？

汉哀帝时提出要改革漏刻制度，他在诏书中说，自从他即位以来连续发生灾异事件，而且汉家有再受命之符，所以要改元，并与天下自新："其大赦天下，以建平二年为太初元将元年，号曰陈圣刘太平皇帝。漏刻以百二十为度。"有学者指出，根据诏书的说法，漏刻制度的改变与改元、皇帝称号的改变同样重要。①

史料记载，这次漏刻制度的改变与夏贺良等人的改制有关，以下是《汉书·李寻传》的记载。

> 哀帝初立，司隶校尉解光亦以明经通灾异得幸，白贺良等所挟忠可书。事下奉车都尉刘歆，歆以为不合《五经》，不可施行。而李寻亦好之。光曰："前歆父向奏忠可下狱，歆安肯通此道？"时郭昌为长安令，劝寻宜助贺良等。寻遂白贺良等皆待诏黄门，数召见，陈说："汉历中衰，当更受命。成帝不应天命，故绝嗣。今陛下久疾，变异屡数，天所以谴告人也。宜急改元易号，乃得延年益寿，皇子生，灾异息矣。得道不得行，咎殃且亡，不有洪水将出，灾火且起，涤荡民人。"

是知汉哀帝改元易号的想法确实来自夏贺良等人，而夏贺良曾受教于齐人甘忠可。甘忠可活跃于汉成帝时代，据说他诈造《天官历》《包元太平经》十二卷，以言"汉家逢天地之大终，当更受命于天，天帝使真人赤精子，下教我此道"②。

西汉中后期以后，由于一系列社会危机引起人们对"汉历中衰"

---

① 王子今：《秦汉史——帝国的成立》，（台北）三民书局 2009 年版，第 170 页。

② 《汉书》卷七十五《李寻传》，第 3192 页。也有学者认为《天官历》和《包元太平经》是一本书，当作《天官历包元太平经》。

的认识，是以所谓"更受命""再受命"，以及"更始""与天下自新"，乃至"禅让"等思想在当时知识阶层中具有广泛号召力。而汉哀帝的改制则是顺应了当时的这种潮流，他其实是企图借助名号、年号、漏刻的改制，开辟出一种全新的局面。① 漏刻制度的改变，显然与名号、年号一样被当成改制的重要内容，应该引起我们的注意。

这次改制虽然以失败告终，但《天官历》和《包元太平经》却在汉朝档案中保存下来，至王莽时代依然保存在兰台，即王莽给太后的奏书中所谓"前孝哀皇帝建平二年六月甲子下诏书，更为太初元将元年，案其本事，甘忠可、夏贺良谶书臧兰台"。王莽继续说：

> 臣莽以为元将元年者，大将居摄改元之文也，于今信矣。《尚书·康诰》"王若曰：'孟侯，朕其弟，小子封。'"此周公居摄称王之文也。《春秋》隐公不言即位，摄也。此二经周公、孔子所定，盖为后法。孔子曰："畏天命，畏大人，畏圣人之言。"臣莽敢不承用。臣请共事神祇宗庙，奏言太皇太后、孝平皇后，皆称假皇帝。其号令天下，天下奏言事，毋言"摄"。以居摄三年为初始元年，漏刻以百二十为度，用应天命。臣莽夙夜养育隆就孺子，令与周之成王比德，宣明太皇太后威德于万方，期于富而教之。孺子加元服，复子明辟，如周公故事。②

王莽在这封奏书中也提到汉有"十二世三七之厄"，所以他肯定了汉哀帝改制的努力，只是认为自己才应当是居摄改元的"大将"，从而否定了改革者不应该是汉哀帝等人。实际上王莽借用了西汉中后期以来所谓"更始"的思想，延续了汉哀帝改制的基本内容，不再称

---

① 王健：《西汉后期的文化危机与"再受命"事件新论》，《中国史研究》2015年第1期。

② 《汉书》卷九十九上《王莽传上》，第4094页。

"摄皇帝"，改元"初始"，改漏刻以百二十为度，并且逐渐"即真"。

既然汉哀帝的失败已经证明改革漏刻制度并不会取得理想的效果，那王莽又为何还要坚持改漏刻制度呢？我们认为，这可能出于两个方面的考虑。一是统合中央与地方制度，二是王莽喜爱"时日小数"性格使然。

前文也已经提到，漏刻制度——实际上历法制度也是如此——是由中央颁布给地方的。根据汉和帝永元论历时改革漏刻制度，中央重新制作漏刻使用的箭尺，由上计吏带回地方。当然这也说明在此之前漏壶等其他计量时间的工具至少应该是全国统一的。这样做的本质自然是为了统一帝国内部的时间体系，它一方面代表着中央对地方的管理与统治，另一方面也意味着地方对中央的效忠。我们认为，王莽在从"摄皇帝"到"即真"的关键阶段变更漏刻制度，目的是将中央的制度贯彻到地方行政体系中，在此过程中也测试从中央到地方的官僚体系对待改制的基本态度。

对"时日小数"的喜爱是王莽最为引人注目的特征之一，而"百二十"这个数字有着强烈的神秘特征，这显然也是王莽改革漏刻制度最为重要的原因。实际上在董仲舒看来，百二十就是"天数"，所以以"百二十"这个数字安排官僚体系，《春秋繁露·官制象天》说："王者制官，三公、九卿、二十七大夫、八十一元士，凡百二十人，而列臣备矣。"然后继续详细地解释百二十臣合于天数的原因。

> 天有十端，十端而止已。天为一端，地为一端，阴为一端，阳为一端，火为一端，金为一端，木为一端，水为一端，土为一端，人为一端，凡十端而毕，天之数也。天数毕于十，王者受十端于天，而一条之率。每条一端以十二时，如天之每终一岁以十二月也。十者天之数也，十二者岁之度也。用岁之度，条天之数，十二而天数毕。是故终十岁而用百二十月，条十端亦用百二

十臣，以率被之，皆合于天。

董仲舒认为，根据天的意志安排官僚制度，即所谓"仪天之大经"，而之所以采用"百二十"这个数字，是因为"天有十端"，即天、地、阴、阳、火、金、木、水、土、人。君王从"天"那里承接这十端，而每端有十二个臣子条贯为一个系列，十端正好是一百二十名臣子，而这个数目也正好"合于天"。

百二十官的说法来自《礼记·王制》："天子：三公，九卿，二十七大夫，八十一元士。"郑玄认为这显然不符合周的制度，或者是夏的制度，他说："此夏制也。明堂位曰：夏侯氏之官百。举成数也。"

《尚书大传》也说："古者天子三公，每一公三卿佐之，每一卿三大夫佐之，每一大夫三元士佐之，故有三公、九卿、二十七大夫、八十一元士。所与为天下者，若此而已。舜摄时，三公、九卿、百执事，此尧之官也。故使百官事舜。"是说舜时就已经有百二十官了。

班固也认为国家官僚系统中有百二十官，《白虎通·封公侯》说：

> 一公置三卿，故九卿也。天道莫不成于三：天有三光，日、月、星；地有三形，高、下、平；人有三尊，君、父、师。故一公三卿佐之，一卿三大夫佐之，一大夫三元士佐之。天有三光然后而能遍照，各自有三法，物成于三：有始、有中、有终，明天道而终之也。三公、九卿、二十七大夫、八十一元士，凡百二十官，下应十二子。

这其实就来自《春秋繁露》"百二十官"思想的延续。陈立疏证认为此说可能来自谶纬，并引《春秋元命苞》说：

立三台以为三公。北斗九星为九卿。二十七大夫，内宿部卫之列。八十一纪为元士。凡百二十官焉，下应十二子。宋氏云十二次上为星，下为山川也，此言天子立百二十官者，非直上纪星数，亦下应十二辰。[1]

《春秋合诚图》也说：

天不独立，阴阳俱动，扶佐立绪，合于二六，以三为举，故三能六星，两两而比，以为三公。三三而九，阳精起，故北斗九星以为九卿。三九二十七，故有摄提、少微、司空、执法、五诸侯，其星二十七以为大夫。九九八十一，故内列倍卫阁道即位扶匡天子之类八十一星，以为元士。凡有百二十官，下应十二月，数之经纬，皆五精流气，以立宫廷。

《援神契》说：

天子即政，置三公、九卿、二十七大夫、八十一元士，慎文命，下各十二子。

而"百二十官"的认识可能来自战国秦汉时代人们对星辰排列的认知，例如《续汉书·天文》之前有一段序言。

《易》曰："天垂象，圣人则之。庖牺氏之王天下，仰则观象于天，俯则观法于地。"观象于天，谓日月星辰。观法于地，谓水土州分。形成于下，象见于上。故曰天者北辰星，合元垂耀建帝形，运机授度张百精。三阶九列，二十七大夫，八十一元士，斗、衡、太微、摄提之属百二十官，二十八宿各布列，下应十二

---

① 孙毂：《古微书·纬书集成》，上海古籍出版社 1994 年版。

子。天地设位，星辰之象备矣。①

后来《五行大义》认为百二十官的制度起源于夏殷时期，其《诸官》篇云："唐虞之时，官名已百。夏殷定名为百二十，以应天地阴阳之大数也。故有三公、九卿、二十七大夫、八十一元士。三三相参，合有百二十也。"

对此，章太炎有一段细致的讨论，他指出：

> 以为天子之官，三公、九卿、二十七大夫、八十一元士。此非孟子所说，而与《昏义》《尚书大传》《春秋繁露》《白虎通义》相扶……是则百二十官各位正长，九卿之寺徒有正卿一人，更无僚属为之赞助，其丛脞不亦甚乎……余以为《王制》《昏义》《书大传》《春秋繁露》皆不达政体者为之；名曰博士而愚莫甚焉！②

尽管如此，《王制》中的思想却深为王莽所喜。不仅官僚制度，王莽还以"百二十"这个数字安排自己的后宫制度。地皇二年正月，莽妻死，郎阳成修献符命，让王莽继立民母，并且说，"黄帝以百二十女成仙"，此说应是阳成修杜撰，然王莽也确实听信，于是"遣中散大夫、谒者各四十五人分行天下，博采乡里所高有淑女者上名"。地皇四年三月，王莽的天下已岌岌可危，然出于政局稳定的考虑，仍备齐了后宫制度。

> 欲外视自安，乃染其须发，进所征天下淑女杜陵史氏女为皇后，聘黄金三万斤，车马奴婢杂帛珍宝以巨万计。莽亲迎于前殿

---

① 《后汉书》卷一百《天文上》，第 3213 页。
② 章太炎：《驳皮锡瑞三书》，载《太炎文录初编》，上海人民出版社 2014 年版，第 6 页。

两阶间，成同牢之礼于上西堂。备和嫔、美御、和人三，位视公。嫔人九，视卿。美人二十七，视大夫。御人八十一，视元士：凡百二十人，皆佩印韨，执弓韣。①

王莽的和嫔、美御、和人三夫人，以及九嫔、二十七美人、八十一御人，在数字上构成"百二十"，刚好对应于外朝的三公、九卿、二十七大夫、八十一元士。

王莽的后宫制度恰与《礼记·昏义》同，即"天子有一后，三夫人，九嫔，二十七世妇，八十一御妻"同，《通典》认为是"周制天子后立六宫，三夫人，九嫔，二十七世妇，八十一御女"②。

对于这个问题，康有为已怀疑刘歆造伪。

> 百二十女与膳羞百二十品，皆歆伪说以媚莽者也。古者"天子一娶十二女，诸侯一娶九女"，见于经传，凡今文博士无二说，莽纳女时犹用之。③

吕思勉也怀疑古制天子一娶九女，或一娶十二女，其本质并无不同，而天子一后百二十妃嫔的制度确实也不见于他处记载，应当是后人窜入的无疑。

刘歆或者真有可能造伪，但"百二十"这个数字确实是深受王莽喜爱的。而且显而易见，漏刻由昼夜百刻改为百二十为度，更多是出于数术方面的考虑，也就是"百二十"这个数字所具有的神秘主义特征。其实这个数字也就是地支十二的放大，在王莽所认知的宇宙体系中，"十二"这个数字可以表示古往今来的时间，也是天下四方的空

---

① 《汉书》卷九十九下《王莽传下》，第 4180 页。
② 杜佑撰，王文锦等点校：《通典》，中华书局 1988 年版，第 946 页。
③ 康有为：《新学伪经考》，北京联合出版公司 2014 年版，第 133 页。然对此钱穆认为此时王莽和刘歆都即将死去，哪里还有时间造伪，参见《刘向歆父子年谱》，载《古史辨》第五册，第 179 页。

间，所以王莽会有十一公，加上自己正好构成十二。

然而昼夜以百二十为度也给当时的人们带来了生活上的麻烦，所以很快被取消。至东汉建立以后，仍然沿用宣帝以来的昼夜百刻制度，即前述永元论历所谓"案官所施漏法《令甲》第六《常符漏品》，孝宣皇帝三年十二月乙酉下，建武十年二月壬午诏书施行"。

四　结论

虽然后世不停有人对漏刻进行完善和改进，但漏刻制度在秦汉时代就基本定型，这种制度使得人们能够获得更小的时间单位，进行更精确的时间测量，而且漏刻使得人们摆脱了计量时间过程中对天文的依赖，在后来更是以天文现象和漏刻配合，互相校准，以得到更精确的时间。新的时间计量方式的出现，无疑会对人们的时间观念造成影响，人们不必再仰观天文，一切以天文现象和自身的感知来测量时间；而是可以依靠自己制作和改革完善之后的漏壶等模拟时间的流逝，甚至是获得比天文现象更为精确的时间。另外通过流水对时间的模拟，也使得人们能够更直观地感受到时间的流逝。而新的时间计量单位的出现，也使得人们可以对更短暂的时间进行描述，而不是仅仅依靠自身的感知。

（原载《史学月刊》2021 年第 2 期）

新出简牍所见秦与汉初的田租制度及相关问题

慕容浩*

摘　要： 秦与汉初的田租制度呈现一个以劳役租为基础，兼有定额租因素的杂糅形态。纳租户每年将全部耕地的十分之一划出作为税田，税田内作物全部作为田租上缴。每年在作物成熟之前，乡吏参考土地的地力、作物种类、年景等因素"取程"，并计算出税田内作物的产量，并以此作为每户田租缴纳的下限。收获季节，在政府的监督下，每户将税田内的作物收获并上缴，如果出现低于缴纳下限的情况，则需要补齐。秦与汉初的田租制度具有较强的过渡性特征，其制度本身并不完善，加之西汉文景以来厉行低田租政策，这一制度随之瓦解。

关键词： 秦至汉初；田租；税田制；取程

基金项目： 国家社科基金重大招标项目"秦汉时期的国家建构、民族认同、社会整合研究"（项目编号：17ZDA180）

秦汉田租制度历来是史家关注的重点问题，但是传世文献中只是简单提及汉代的田租征收存在十税一、十五税一与三十税一的情况，

---

*　重庆大学人文社会科学高等研究院副教授。

细节方面却语焉不详，秦代的制度更是不见史载，即使东方六国的情况也只有寥寥数语。《汉书·食货志》记载了魏国的情况："今一夫挟五口，治田百亩，岁收亩一石半，为粟百五十石，除十一之税十五石，馀百三十五石。"[①] 但只是阐述了亩产的平均状况与田租率，具体每一户粮食产出如何计量，田租征收如何执行，均尚付阙如。研究者们针对秦汉时期的田租制度进行了很多积极的探索，并提出不少观点，代表性的有四种：一是劳幹的浮动税制说[②]，即秦汉田租的数量与每年的收成相关，采取的是一种比例租的形式；二是吉田虎雄[③]与韩连琪[④]的定额税制说，即秦汉田租的田租额是一个参照数年情况制定的固定数额；三是高敏的田亩与产量相结合征收制度说[⑤]，即将田亩与产量都纳入田租征收的考量范围；四是谷霁光的以户为基础征收说[⑥]，即秦汉田租的征收与土地无关，而是以户为单位征收的。

近些年很多新出简牍涉及秦代、汉初田租制度，如：龙岗秦简、里耶秦简、岳麓秦简《田律》。另外还有一些数术类典籍，如北大秦简《田书》、岳麓秦简《数》与张家山汉简的《算数书》，尽管这些数术类典籍不是当时制度的实际记录，但是剔除数字方面虚构的因素，也具有很高的参考价值。基于这些新出材料，学界对于秦汉时期的田租制度进行了多方面的讨论，[⑦] 研究者着力于积极厘清"税田"

① 《汉书》卷二十四上《食货志上》，中华书局1962年版，第1125页。
② 劳幹：《秦汉史》，台北中华文化出版委员会1955年版，第135页。
③ ［日］吉田虎雄：《兩漢租税の研究》，大阪屋号书店1942年版，第28页。
④ 韩连琪：《汉代的田租口赋和徭役》，齐鲁书社1986年版，第472页。
⑤ 高敏：《秦汉史论集》，中州书画社1982年版，第117页。
⑥ 谷霁光：《论汉唐间赋税制度的变化》，《江西大学学报》1964年第2期，第50页。
⑦ 参见杨振红《从新出简牍看秦汉时期的田租征收》，载《简帛》（第三辑），上海古籍出版社2008年版，第331—342页；肖灿《从〈数〉的"舆（興）田"、"税田"算题看秦汉田地租税制度》，《湖南大学学报》（社会科学版）2010年第4期，第11—14页；彭浩《谈秦汉数书中的"舆田"及相关问题》，载《简帛》（第六辑），上海古籍出版社2011年版，第21—28页；于振波《秦简所见田租的征收》，《湖南大学学报》（社会科学版）2012年第5期，第8—10页；臧知非《说"税田"：秦汉田税征收方式的历史考察》，《历史研究》2015年第3期，第22—28页。

"程""取程"等内容，力图深化对秦汉时期田租制度的认识，理顺秦汉田租制度发展的线索，且取得了一定进展。但是目前的研究尚且存在不少疑问需要进一步探讨。第一，如何认识"税田制"与"取程之制"；第二，具有分成租特征的"税田制"与定额租特征明显的"取程之制"如何同时在秦代与汉初的田租制度中并存；第三，秦汉田租制度演变的轨迹与内在逻辑。本文拟在学界既有研究的基础上，对秦汉田租制度及相关问题进行考察，以求教于方家。

一 秦与汉初的"税田"与"税田制"

"税田"是算数书中经常出现的概念，如岳麓秦简《数》：

> 租误券。田多若少，耤令田十亩，税田二百卌步，三步一斗，租八石。·今误券多五斗，欲益田。其述（术）曰：以八石五斗为八百。（0939）①

> 禾兑（税）田卌步，五步一斗，租八斗，今误券九斗，问几可（何）步一斗？得曰：四步九分步四而一斗。述（术）曰：兑（税）田为（实），九斗（0982）②

> 税田三步半步，七步少半一斗，租四升廿四〈二〉分升十七。（0847）③

张家山汉简《算数书》"税田"条：

> 税田 税田廿四步，八步一斗，租三斗。今误券三斗一升，问几何

> 步一斗。得曰：七步卅七〈一〉分步廿三而一斗。术（術）

---

① 朱汉民、陈松长主编：《岳麓书院藏秦简（贰）》，上海辞书出版社2011年版，第4页。
② 朱汉民、陈松长主编：《岳麓书院藏秦简（贰）》，第4页。
③ 朱汉民、陈松长主编：《岳麓书院藏秦简（贰）》，第8页。

曰：三斗一升

者为法，十税田为实。令如法一。①

这些关于"税田"的算题，经核算，田租率均为百分之百。据此有学者对税田的性质进行了推断："'税田'是由国家政府机构直接经营管理的农耕地，就是'公田'。……使用刑徒耕种国有田地，收获尽入国库，田租率当然是百分之百。"② 但是里耶秦简的一份涉及垦田与田租征收文书中的内容与上述观点相左。里耶秦简8—1519 简。

迁陵卅五年狼田舆五十二顷九十五亩，税田四顷【卅二亩】

户百五十二，租六百七十七石。衛（率）之亩一石五【斗少半斗】

户婴四石四斗五升，奇不衛（率）六斗（正）

启田九顷十亩租九十七石六斗　　　六百七十七石

都田十七顷五十一亩租二百卅一石

贰田廿六顷卅四亩租三百卅九石三

凡田七十顷卅二亩·租凡九百一十（背）(8—1519)③

简文中记载了迁陵县与下辖诸乡垦田数、税田数、田租数与户数等数据，这份文书是现有文献中唯一一份直接反映秦代田租征收的原始材料，为厘清秦代田租制度提供了重要证据。从文书内容来看，秦始皇三十三年迁陵县下辖都乡、启陵乡与贰春乡共开垦土地五十二顷九十五亩，收田租六百七十七石，平均每亩一石五斗少半斗。稍加计算可以发现，全县垦田面积乘以每亩的田租数量，远远高于该年的田

---

① 彭浩：《张家山汉简〈算数书〉注释》，科学出版社2001年版，第71页。

② 肖灿：《从〈数〉的"舆（與）田"、"税田"算题看秦田地租税制度》，《湖南大学学报》（社会科学版）2010年第4期，第14页。

③ 陈伟主编：《里耶秦简牍校释》（第一卷），武汉大学出版社2012年版，第7页。

租总量，而税田面积乘以每亩的田租数量，恰与该年的田租总量相合，显然该年度迁陵县所有田租皆出自税田。而从简文各乡的内容来看，先列垦田数，再列田租数，并没有列税田数，可见，税田应该不是垦田之外的另一种土地。据此，有学者敏锐地指出："当时征收田租，似乎是分别从每户田地中划出一定数量的'税田'，而田租就来自'税田'。"① 从以上的简文内容，结合上文所引岳麓书院《数》的材料，这一推测可以成立。综上，可以得出两点结论。其一，税田并不是政府直接经营管理的土地，而是百姓耕种土地的一部分。其二，每户将授田的一部分单独划出成为"税田"，税田之上全部收获作为田租上交政府，这就是秦与汉初相关文献所反映出的田租征收制度。为了方便行文，此一租税制度本文暂称之为"税田制"。

诸种出土文献印证了"税田制"的存在，从"税田制"操作的状况来看，其属于一种分成租。将应缴纳田租的土地按照一定比例分成两部分，一部分是税田，收获全部上缴，另一部土地的收获则归纳租者。那么税田占全部应纳租土地面积的多少比例，即田租率是多少，无疑是一个值得探讨的问题。目前涉及"税田制"田租率的出土文献有数种，但是存在龃龉之处，现主要有"十税一"与"十二税一"两种情况。岳麓秦简《数》中所有的田租率均为"十税一"，如上文所列简0939："租误券。田多若少，耤令田十亩，税田二百卅步，三步一斗，租八石。·今误券多五斗，欲益田。其述（术）曰：以八石五斗为八百。"这道算题中税田面积二百四十步，合当时的一亩，相当于全部土地面积的十分之一。又如简1654："禾舆（与）田十一亩，□二百六十四步，五步半一斗，租四石八斗，其述（术）曰：倍二百六十四步……"经计算，二百六十四步合当时的1.1亩是税田的

---

① 于振波：《秦简所见田租的征收》，《湖南大学学报》（社会科学版）2012年第5期，第9页。

总面积，占全部十一亩土地的十分之一。北京大学藏秦简《田书》①税率则均为"十二税一"，简 8—007："广廿四步，从（纵）廿步，成田二。税田卅步，租一石。"简 8—003："广百廿步、从（纵）百步，成田五十亩。税田千步，廿步一斗，租五石。"简 8—023："广廿四步，从（纵）卅步，成田三亩。税田六十步，五步一斗，租一石二斗。"经计算，这些简文中税田面积都是全部土地面积的十二分之一。

由于以上文献性质属于供人学习田亩、租税计算的算数类教材，并不是现实意义上的行政文书，所以数字与现实情况可能存在偏差，需要与其他文献进行互证，才能去伪存真。战国时期关东诸国的田租率并不一致，且田租普遍较重。《汉书·食货志》载魏国制度为什一之税："今一夫挟五口，治田百亩，岁收亩一石半，为粟百五十石，除十一之税十五石，余百三十五石。"②银雀山汉墓出土的《守法守令等十三篇·田法》中规定："卒岁田入少五十斗者，□。卒岁少入百斗者罚为公人一岁。卒岁少入二百斗者，罚为公人二岁。出之之岁【□□□□】□者，以为公人终身。卒岁少入三百斗者，黥刑以为公人。"③一般认为银雀山汉简反映的是战国时期齐国的制度，从简文来看，处罚最重的是"卒岁少入三百斗者"，据此可以推断，齐国的田租在一户每年三百斗以上，即至少每亩三石，是魏国田租率的一倍以上，远高于什一之税。战国时人推崇什一之税为"天下中正"，孟子就认为什一之税是尧舜之道，"欲轻之于尧舜之道者，大貉小貉也；欲重之于尧舜之道者，大桀小桀也"。秦自商鞅变法以来，积极备战

---

① 北京大学藏秦简《田书》的相关简文参见杨博《秦简〈田书〉所见秦人的田亩、田税》一文，秦汉史青年学者研讨会——早期中华帝国的行政运作与政治文化研讨会论文，重庆，2015 年 12 月。
② 《汉书》卷二十四上《食货志上》，第 1125 页。
③ 银雀山汉墓竹简整理小组：《银雀山汉墓竹简（壹）》，文物出版社 1985 年版，第 146 页。

扩张，为了维持战争机器的运转，田租率绝不会比所谓的"尧舜之道"更低，文献中甚至出现秦政府收"泰半之赋"的说法。较之十二税一，什一之税更可能接近于秦代最初的制度设计。

二 秦与汉初的"程"与"取程之制"

秦与汉初的出土简牍中，与田租相关的内容多提及"取程"的概念。如岳麓书院藏秦简《数》。

> 取程，八步一斗，今干之九升。述（术）曰：十田八步者，以为（实），以九升为法，如法一步，不盈步，以法命之。（0537）
>
> 取程，禾田五步一斗，今干之为九升，问几可（何）步一斗？曰：五步九分步五而一斗。（0955）

张家山汉简《算数书》也有"取程"的内容："取程　取程十步一斗，今乾之八升，问几何。"《荀子·致士》："程者，物之准也。"[1] 所谓的"程"就是一斗田租的田亩步数，"以此'程'作为标准，将240平方步的亩换算成若干程，程数与一斗之积即为每亩之'租''税'"[2]。在㕌"程"可以视为计租的一个单位，因此"程"能够以数量计算，龙岗秦简中就可以见到"一程""二程"等内容，如：

> 盗田二町，当遗三程者，☐☐☐☐☐☐☐ （126）[3]

---

① 王先谦撰，沈啸寰、王星贤点校：《荀子集解》卷九《致士》，中华书局1988年版，第262页。

② 杨振红：《从新出简牍看秦汉时期的田租征收》，载武汉大学简帛研究中心主编《简帛》（第三辑），第336页。

③ 中国文物研究所、湖北省文物考古研究所编：《龙岗秦简》，中华书局2001年版，第115页。

一町，当遗二程者，而□□□□□□□☑ (127)①

（诈）一程若二程□□之□□☑ (128)②

既然"程"是一个计租的单位，"取程"就是确定这一单位的程序，"程"概念的引入，使秦国的乡吏可以通过测算田亩步数这种简单易行的方式直接计算出一个田租的数量。从北京大学藏秦简牍《田书》来看，"取程"的对象就是税田。简8—023："广百廿步，从（纵）百步，成田五十亩。税田千步，廿步一斗，租五斗。"其中"廿步一斗"就是程。

由于计算田租过程中"取程"这一程序的存在，"程"本身不是一个常数，在每次"取程"过程中都要重新认定，这一点从岳麓秦简《数》中，不同税田上大枲"程"的差异就可以看出来。

枲（臬）田六步，大枲高六尺，七步一束，租一两十七朱（铢）七分朱（铢）一。(0835)

枲臬田五十步，大枲高八尺，六步一束，租一斤六两五朱（铢）三分朱（铢）一。(0890)

大枲田三步少半步，高六尺，六步一束，租一两二朱（铢）大半朱（铢）。(0849)

大枲田三步大半步，高五尺，尺五两，三步半步一束，租一两十七朱（铢）廿一分朱（铢）十九。(0888)

枲臬田，周廿七步，大枲高五尺，四步一束，成田六十步四分步三，租一斤九两七朱（铢）半朱（铢）。(0411)③

上述简文中，大枲同样高六尺，"程"既有"七步一束"，也有

---

① 中国文物研究所、湖北省文物考古研究所编：《龙岗秦简》，第115页。
② 中国文物研究所、湖北省文物考古研究所编：《龙岗秦简》，第116页。
③ 朱汉民、陈松长主编：《岳麓书院藏秦简（贰)》，第5页。

"六步一束"。同样高五尺,"程"有"三步半一束",也有"四步一束"。同时我们也可以看到,大枲涨势越好,"程"定得越高,计算出的租额也就越多。其原因可以从以下诸方面来考虑。

其一,地力不一。各地土地的由于降水量、土壤种类、灌溉条件等原因,地力存在较大差异,秦汉政府在授田与制定赋税政策时注意到了这一点。《汉书·食货志》载田亩有上、中、下之分:"民受田:上田夫百亩,中田夫二百亩,下田夫三百亩。"[①] 睡虎地秦简《田律》中则在征收刍稾税时,将土地贫瘠的上郡单列:"入顷刍稾,顷入刍三石;上郡地恶,顷入刍二石;稾皆二石。"[②] 均是基于地力差异的考量。

其二,年景不同。中国属于温带、亚热带季风气候,降水量与气温年际差异较大,多水旱之灾,特别是秦国偏居华夏西陲,处于季风区的边缘地带,气候、降水条件更不稳定,农作物的年景波动更甚,因此需要通过"取程"的形式依据年景对赋税标准进行调整。

其三,作物产量不同。各种农作物的产量存在一定差异,一般而言,禾粟多产,小麦次之,黍稷又次之。张家山汉简《算数书》简43:"禾三步一斗,麦四步一斗,荅五步一斗,今并之租一石,问租几何。得曰:禾租四斗卅七分十二,麦租三斗分九。"[③] 算题中征收的作物种类有粟、麦与豆,诸作物因产量差异,"程"均不同。

三 "税田制"与"取程之制"之间的关系

"税田制"与"取程之制"在制度取向上存在扞格之处,"税田制"本质上是一种分成租制,而"取程之制"恰恰相反,通过"取程",政府每年都要在收获之前计算出一个田租的征收量,确定一个

---

① 《汉书》卷二十四上《食货志上》,第1119页。
② 睡虎地秦墓竹简整理小组:《睡虎地秦墓竹简》,文物出版社1990年版,第21页。
③ 彭浩:《张家山汉简〈算数书〉注释》,第71页。

定额，显然"取程之制"更倾向于定额租制。这两种近乎相悖的制度如何在秦代与汉初的田租征收中同时存在，并有条不紊地运作，这无疑不是一个值得深入探讨的问题。

对于二者之间的关系，一些学者试图做出解释，有学者认为："'税田制'是征收田税过程中征缴谷物和其他农作物的计算方式，其程序是在每年五月根据庄稼长势'取程'，依'程'确定产量；官府额定的应该缴纳的税额，按照'税田'标准产量，在民户垦田中划定'税田'面积，用作田税，秋时按户征收。"① 这一观点强调，田租征收的过程中先进行"取程"，计算出税额后，再根据"程"计算出"税田"面积，最后在应税土地中划定"税田"。这一主张显然与出土文献存在较大出入，所有的出土材料中均是在"税田"中"取程"，进而计算出税额，先"取程"再划定"税田"的说法显然与当时的行政程序不符。另外，如果官府存在一个"额定的应该缴纳的税额"，就可以直接在秋后征税，完全没有必要做出"取程"、计算"税田"及划定"税田"等一系列画蛇添足之举，既严重增加行政成本，也于国家税收增收无益。因而这种观点十分值得商榷。

还有学者认为，秦人的税田所占应税土地面积的比例是固定的，但是"其税率确实存在变化"，"田税征收方式则依据田亩质量优劣与作物不同而相应增减"。② 这种观点自身存在相互矛盾之处，所谓税田所占应税土地面积的比例其实就是税率，既然这个比例是固定的，又何来变化之说，更遑论根据田亩质量优劣与作物不同而相应增减了。

所幸岳麓书院藏秦简《田律》中，为解决这一问题提供了重要的

---

① 臧知非：《说"税田"：秦汉田税征收方式的历史考察》，《历史研究》2015年第3期，第28页。

② 参见杨博《秦简〈田书〉所见秦人的田亩、田税》，秦汉史青年学者研讨会——早期中华帝国的行政运作与政治文化研讨会论文，重庆，2015年12月。

线索。简 173："田律曰：毋令租者自收入租，入租、貣者不给，令它官吏助之。不如令，官啬夫、吏赀各二甲，丞、令、令史弗得及入租、貣不给，不令它官吏助之，赀各一甲。"① 这条简文有以下两点需要注意。

第一，纳租者不能自己将田租径自交至官府，即政府不允许纳租者在缺乏政府监管的情况下将田租交至官府，政府会参与田租的征缴。这说明简牍材料中所提及的"税田制"是切实得到执行的，"税田制"之下，政府的田租收入全部来自税田，政府唯有监督纳租者在税田上的收割及缴纳田租的过程，才能确保田租征收过程中不出现纳租者隐匿田租的行为，避免国家蒙受损失。

第二，如果纳租者缴纳的田租不足，必须由其他官员助其补足田租。这一点说明在纳租者交租之前已经存在一个田租额度，这个额度成为百姓纳租数额的下限。那么这个额度是如何计算出来的，一种可能是百姓数年来缴纳田租的平均值，但所有的出土文献与传世文献均没有证据表明这一时期存在这样一个数据。另一种可能就是来源于"取程之制"，简牍文献中大量涉及"取程"的内容，不但数术类文献出现，律令类文献也有不少，说明在当时"取程之制"是行政过程中被广泛施行的，而"取程之制"又是与田租征收直接相关的制度，因此简文中的这一田租最低额度极可能是"取程"之后，在税田中计算出的田租值。

尽管岳麓书院藏秦简《田律》这条简文大致可以勾勒出秦与汉初田租制度的大致轮廓，但是仍有一些问题尚存疑问：既然纳租者的田租来自税田，政府又介入、监督了纳租者收获作物、缴纳田租的全过程，上缴的粮食就是全部田租，不应该存在纳租不足的问题，政府为何又要设置一个租额的下限？笔者认为，解决这一问题的关键在于如

---

① 陈松长主编：《岳麓书院藏秦简（肆）》，上海辞书出版社 2015 年版，第 125 页。

何认识"取程之制"下计算出的这个田租的数字。首先，这一数字并不是定额租的租额，纳租者不是按照这一数字缴纳田租的，否则，政府完全没有必要参与田租的收获与缴纳过程，直接收租即可，从更大层面上讲，如果田租可以预先计算出来，程序复杂的"税田制"完全没有存在的必要。其次，这个数字确实有实际意义，它是一个田租征收的预估值，在田租征收之前制定，田租征收过程中，纳租者缴纳的田租不得低于这一额度。

据此，大致可以勾勒出秦与汉初田租征收的流程：每年在作物成熟之前，乡吏按照十分之一的比例，在每户需纳租的土地中划出一部分作为税田，至于具体时间，应该视不同作物品种的成熟时间而定，可能并没有一个全国范围内制度性的时间。接着地方官吏参考土地的地力、作物种类、年景等因素"取程"，并计算出税田内作物的产量，并以此作为每户田租缴纳的下限。收获季节，在政府的监督下，每户将税田内的作物收获并上缴，并记于券书。本文开篇所列数术类简牍中多提及"误券""租误券"，这里的"券"就是田租缴纳后记录的租券。如果出现田租低于缴纳下限的情况，则需要补齐，如果纳租者没有能力补齐，则由其他官吏助其补齐。

之所以出现上述复杂的流程，是由当时的租税制度造成的。"税田制"应该是秦与汉初的基础田租制度，由于是分成租，百姓的田租数量取决于收获的多少，可以充分照顾到地力、年景、作物产量等因素，这是这一制度的优势，但是缺点也十分明显，即国家难以保障税田上的田租能顺利、足额地上缴至政府。尽管政府可以派遣官吏进行监管，但是受限于基层官吏的数量，实践上真正实现全面监管十分困难，百姓很容易隐匿田租，若是官民勾结贪墨田租，状况则更糟糕。因此必须制定一个制度，预估税田的田租额，并以此作为每户缴纳田租的最低额度以防弊，这就是"取程之制"的设计出发点。

四　结论

秦与汉初的田租制度中，"税田制"与"取程之制"并存，"税田制"为基础性制度，"取程之制"为辅助性制度，共同建构了这一时期的田租制度形态，就制度本身而言，其具有鲜明的过渡性特征。

"税田制"从运作过程来看是一种属于力役形态的税制，可以视作商周以来"助""彻"制度的延伸形态，较为原始。秦之所以将"税田制"作为田租征收的基础制度，可能与秦国偏居西陲，经济欠发达，制度发展滞后有关。从出土文献来看，东方一些诸侯国已经实行定额租，银雀山汉简出土的《守法守令等十三篇》提供了齐国田租制度的情况："……岁收：中田小亩亩廿斗，中岁也。上田亩廿七斗，下田亩十三斗，大（太）上与大（太）下相与复（覆）以为衡（率）。"① 从简文内容来看，齐国将土地分为"上田""中田""下田"，且将每岁的年景也分上、中、下，进而制定出田租的数额，这是典型的定额租。三晋的田租制度可能与齐国类似，董说《七国考》引桓谭《新论》曰："魏三月上祀，农官读法，法曰……上上之田收下下，女则有罚，下下之田收上上，女则有赏。"② 魏国的税收制度也存在地次之差，与秦国制度有别，与齐国制度更为相近，与韩、赵同出三晋，田租制度应该相类。在大的时代背景之下，秦国的田租制度也逐渐受到东方诸国的影响。首先，刍稿的征收已经摆脱了"税田制"的方式，实行定额租。睡虎地秦简《秦律十八种·田律》中对每顷土地需缴纳的刍稿数量作出了明确规定："入顷刍稿，以其受田之数，无垦不垦，顷入刍三石、稿二石。"③ "取程之制"可能也是受到东方制度的影响而后出的制度，《商君书》卷一《垦令》载，商鞅变

① 银雀山汉墓整理小组：《银雀山汉墓竹简》（一），文物出版社1985年版，第146页。
② 董说：《七国考》，中华书局1956年版，第100页。
③ 睡虎地秦墓竹简整理小组：《睡虎地秦墓竹简》，第21页。

法中对田租制度进行了改革，"訾粟而税，则上壹而民平"。高亨注："訾，量也。"① 这里提及的应该就是"取程之制"。相对而言，"取程之制"是一种更先进的制度，如果政府可以根据"取程"后计算出来的田租数直接收租，就可以减少很多行政程序，同时税田制的弊端也可以避免。进一步讲，如果每年"取程"可以逐渐发展为采用数年的平均值，几年调整一次，这样"取程之制"就与定额租十分接近。但是商鞅变法之后，"取程之制"并没有取代"税田制"成为田租制度的主体，反而只作为一种辅助性制度存在，因此就出现了秦与汉初的田租制度中，"税田制"与"取程之制"并行的杂糅状况。

从行政实践来看，秦与汉初的田租制度显然不是一个理想的制度，原因有二。其一，这一制度的行政成本过于高昂。"税田制"只适用于小国寡民的状况，因为每年从税田的划分到田租收获、上缴的监督，政府均需要投入较多人力，国小民狭尚可，随着诸侯国疆域扩张、人口滋衍，基层乡里下辖的民户越来越多，新占领区域尽管人口少，但是面积却很大，田租征缴很容易出现人手不足、顾此失彼的情况，进而导致田租征收监管不力，国家蒙受损失。在此背景下，政府不得不创造出一套辅助性的制度，来弥补"税田制"的漏洞，但是"取程之制"的实行，进一步加大了基层官吏的工作量，基层官吏人数必须随之调整，秦代基层出现田部、乡部并行的复杂行政系统，与这一时期独特的田租制度有直接关系。其二，这一制度下，政府监管难度大，易滋生腐败。尽管政府设计了"取程之制"以防"税田制"之弊，但是"取程之制"本身漏洞也不小，"取程"过程中主观性太大，就会出现龙岗秦简中出现的遗程、败程、稀程等现象，加之政府在税田作物的收获与征缴中监管不力，就进一步出现了虚租、租不能实、匿租、失租等状况。这些徇私舞弊行为的大量出现暴露出田租制

① 蒋礼鸿撰：《商君书锥指》，中华书局1986年版，第6页。

度本身的弊端，容易让基层官员从中钻制度的空子，不似定额租那般容易操作。

秦与汉初田租制度的瓦解具有必然性。一方面，制度的痼疾难以消除，必须进行大刀阔斧的改革，否则必然会对国家的税收乃至粮食安全构成威胁；另一方面，西汉文景以来实行的低田租政策，成为旧田租瓦解的催化剂。西汉建立以来，田租率从十五税一将至三十税一，在低田租的情况下，国家从每户征收的田租大幅减少，旧田租制度下行政成本却没有降低，特别是随着西汉因人口增加，每户授田明显减少的情况下，以土地面积为依据的定额租无疑对于国家更为有利。"税田制"与"取程之制"相结合的田租旧制已经完全不适应新的形势，也就逐渐被时代淘汰，彻底湮灭于历史，劳役地租这种相对原始的土地赋税形式也彻底退出了国家主流赋税形态的行列。

（原载《社会科学研究》2017 年第 2 期）

汉代三公的罢免问题

蒋 波[*]

摘 要： 三公是两汉官僚行政的中枢，政府十分注重对他们的管理。若三公不称职、老病，或国家出现重大灾异现象，常被罢免。三公因故被免，一般至少需经过他人或自己主动"劾奏"、皇帝"策免"两大环节。作为皇帝的股肱，罢免后三公比其他官吏享受更多礼遇。三公被免后，丞相（大司徒）在西汉往往由御史大夫补位，东汉扩大到九卿，反映了丞相在内朝出现前后的地位变化。太尉（大司马）、御史大夫（大司空）的补位者多为九卿，东汉时期亦有地方郡守补位的情况，说明地方势力坐大，渐成中央朝廷的威胁。罢免虽然是一种较为温和的方式，但为我们进一步认识三公制度中的其他问题提供了启示。

关键词： 汉代；三公；罢免；程序；补位

基金项目： 国家社科基金重大招标项目"秦汉时期的国家建构、民族认同、社会整合研究"（项目编号：17ZDA180）

汉代的三公即丞相、太尉、御史大夫，后因名称变动，分别又称

---

* 湘潭大学碧泉书院历史系副教授。

（大）司徒、（大）司马、（大）司空，故三公亦称三司。三公或三司曾被汉代皇帝誉为"朕之股肱"①，在两汉四百年的国家治理、官僚行政中发挥了关键作用。关于两汉三公的选任、职权等，学界已有较多讨论，对于三公的罢免也有所涉及，② 但后者总体而言还有进一步讨论的必要。文章试就两汉三公的罢免，以及罢免的程序、其后的补位等问题做初步分析。

一 两汉三公罢免的各种情况

两汉三公因故被罢免或主动要求罢免的例子较多，有的因擅自弄权而免，如丞相匡衡"专地盗土"，被人举报"不道""坐免"。③ 有的因阿附他人被免，太尉胡广、司徒韩缜、司空孙朗受梁冀牵连，最后同时被"免为庶人"。④ 有的因忤逆皇帝或宗室人员被罢免，如"好直言，无隐讳"的大司徒韩歆屡次言辞激烈，光武帝不能容忍，"坐免归田里"。⑤ 可见原因多样，情况不一。不过这些并非常态，据我们的统计，两汉三公罢免缘由较为常见的包括不称职、老病、灾异等。

一是因不称职而被罢免。我国古代官僚制度在战国初步定型，秦汉之际得到完善与展开，但它仍处于初期阶段，各级官吏的员额数量

---

① 《汉书》卷八十一《匡张孔马传》，中华书局 1962 年版，第 3357 页。
② 如祝总斌的《两汉魏晋南北朝宰相制度研究》（北京大学出版社 2017 年版），对两汉宰相即三公的职权变化、三公与尚书令的关系有精微剖析；卜宪群的《秦汉三公制度渊源论》（《安徽史学》1994 年第 4 期），追溯了三公制度的渊源，进而认为三公制出现于西汉成哀之际，是当时社会复古思潮的产物，东汉该制度进一步完备，体现出鲜明的中央集权色彩；黄致远、黄今言《东汉太尉系年录》[《江西师范大学学报》（哲学社会科学版）2010 年第 6 期]，以表格的形式展现了东汉一朝太尉的任期、离任及去向等问题；黄留珠《汉代退免制度探讨》（载《秦汉历史文化论稿》，三秦出版社 2002 年版），也提到了部分三公的退免；等等。
③ 《汉书》卷八十一《匡张孔马传》，第 3345 页。
④ 《后汉书》卷四十四《邓张徐张胡列传》，中华书局 1965 年版，第 1509 页。
⑤ 《后汉书》卷二十六《伏侯宋蔡冯赵牟韦列传》，第 902 页。

较少①，因此国家对官吏行政效率的要求也较为严格，所以两汉文献中泛见"修职""任职"或"不胜任"的用语，② 以此区分、断定某官是否称职。三公作为国家总枢机关之首长，是否称职更直接影响国家机构的运转和效率，所以三公若被认定为不称职，会被直接罢免。汉代三公的不称职，包括本身不胜任或办事不得力、对所监督官吏管辖不到位，也包含权力行使不当或过错行为。试看几例，御史大夫贾延"堕弱不任职"③ 免，"堕弱"即"软弱"，它是两汉官吏不称职的习惯表达之一。丞相许昌、御史大夫庄青翟在窦太后崩后不主持丧事，"坐丧事不办，免"④。丞相薛宣等虽主持邛成太后丧事，但过于"仓卒"⑤，属于办事不力，也被策免。这些事情并非三公的主要职责，但关涉皇室，所以性质非同一般。司徒郭丹"坐考陇西太守邓融事无所据，策免"⑥；大司空宋弘"坐考上党太守无所据，免归第"⑦；大司徒伏湛包庇官吏，"时，蒸祭高庙，而河南尹、司隶校尉于庙中争论，湛不举奏，坐策免"⑧；大司空朱浮私自弄权，"坐卖弄国恩免"⑨；李郃任司空四年，后"坐请托事免"⑩。这些罢免属于三公的过错所致。其他某些情况虽然不是个人的直接过错，但与三公有因果关联，也会被问责。如丞相张苍，"任人为中候，大为奸利，上以让苍，苍遂病免"⑪；汉景帝建元年中，丞相卫绾，"诸官囚多坐不辜

---

① 汉代官吏数量较少的观点，可参见大庭脩《秦汉法制史研究》一书的相关结论，上海人民出版社1991年版。

② 如《后汉书》卷一下《光武帝纪下》曰："有司修职，务遵法度。"《潜夫论·班禄》说："官得其人，人任其职。"

③ 《汉书》卷四十五《蒯伍江息夫传》，第2181页。

④ 甘肃省文物考古研究所等编：《居延新简》，文物出版社1990年版，第2843页。

⑤ 《汉书》卷八十三《薛宣朱博传》，第3393页。

⑥ 《后汉书》卷二十七《宣张二王杜郭吴承郑赵列传》，第941页。

⑦ 《后汉书》卷二十六《伏侯宋蔡冯赵牟韦列传》，第905页。

⑧ 《后汉书》卷二十六《伏侯宋蔡冯赵牟韦列传》，第896页。

⑨ 《后汉书》卷三十三《朱冯虞郑周列传》，第1145页。

⑩ 《后汉书》卷八十二上《方术列传》，第2718页。

⑪ 《史记》卷九十六《张丞相列传》，中华书局1959年版，第2682页。

者，而君不任职，免之"①。三公位高权重，责任也大，用人不当或属下有过，常常因牵连而免职。

由上可见，三公是否被定性为不称职，主要看他们行为的结果。同时，上述行为虽然造成了不良影响，但由于一方面这些结果还不算十分恶劣，罪不至于上刑；另一方面有的属于间接牵连，因此朝廷对三公采取了罢免而非用刑的处理方式。

另一种常见的三公罢免现象是"老病免"。"老病免"归根结底可归入"不称职"，因为年老或疾病所导致的罢免，本身说明三公健康状况胜任不了所担任的职务。但由于它更多地属于客观缘由，而且"老病免"也存在一些特殊情况，所以在此单独交代。两汉对于各级官吏身体状况不能胜任职务的情况有明确规定，即不适合担任某职的连续时间不能超过三个月。这一规定在汉简中也常可见，《居延新简》E·P·T52：158 就有三月为限的记录："第十三隧长王安病三月免，缺，移府。"② 三公亦是如此，如汉武帝年间丞相田蚡薨，武帝打算让御史大夫韩安国继任，由于韩安国摔坏了腿，所以最后作罢，"乃更以平棘侯薛泽为丞相"。不仅如此，韩安国连御史大夫都不能继续担任，"安国病免，数月愈，复为中尉"③。

诚然，汉代所谓官吏的"老病"，准确地讲包括"年老体衰"与"疾患伤病"两类情况。不过，汉代三公大多由德高望重的长者担任，因此三公的"老""病"往往连在一起，如丞相韦贤"以老病免"④；御史大夫杜延年"视事三岁，以老病乞骸骨"⑤；等等。同时，因为汉朝对官吏"老病"的时限有明确规定，加之三公老病理由的合情合

① 《史记》卷一百三《万石张叔列传》，第 2770 页。
② 甘肃省文物考古研究所等编：《居延新简》，第 239 页。
③ 《汉书》卷五十二《窦田灌韩传》，第 2405 页。
④ 《汉书》卷七十四《魏相丙吉传》，第 3135 页。
⑤ 《汉书》卷六十《杜周传》，第 2666 页。

理，所以某些时候它也成为三公辞职的借口。汉初丞相王陵因得罪吕太后被贬为太傅，王陵敢怒不敢言，唯有"谢病免"。① 西汉后期王莽专权，大司空王崇等人以老病为由，"乞骸骨，皆避王莽"。② 在无其他合适理由主动要求罢免的情况下，"老病"无疑成了最好的挡箭牌。

最后，三公因灾异而免的现象也值得关注。两汉的灾异现象与人事联系在一起，其理论渊源与现实操作，学界已有充分讨论。③ 简而言之，灾异与人事的联系先秦早有线索可稽，到董仲舒张扬"天人感应""谴告说"深入人心。在这种"天人感应"的图式下，一旦国家出现灾异，朝廷均采取措施已做回应，借此消灾除祸。按照当时流行的理论，出现灾异不能完全归结于皇帝，与官吏们的作为也有关，"皇天见异，以戒朕躬，是朕之不逮，吏之不称也"④。"朕之股肱，所与共承宗庙，统理海内，辅朕之不逮以治天下也。朕既不明，灾异重仍，日月无光，山崩河决，五星失行，是章朕之不德而股肱之不良也。"⑤ 皇帝"不逮""不德"，需要揽责、自责，其方式包括颁布罪己诏、大赦天下等，当然更要问责大臣，其中首当其冲的"不称"之官、"不良股肱"当属三公。所以，三公事实上是重大灾异的直接责任人或替罪羊。与三公罢免有关的灾异包括日食、地震、火灾、雾慝、水患、阴阳不和等。据我们初步统计，因日食、地震被免者较多。因日食被免的三公计有桓焉、刘炬、段颖、马日磾、胡广、刘宠等，因地震被免的计有陈褒、王龚、黄琼等。

---

① 《汉书》卷四十《张陈王周传》，第2047页。

② 《汉书》卷七十二《王贡两龚鲍传》，第3068页。

③ 如杨世文的《汉代灾异学说与儒家君道论》(《中国社会科学》1991年第3期)、王保顶的《汉代灾异观略论》(《学术月刊》1997年第5期)、黄留珠的《董仲舒与灾异说》(三秦出版社2009年版)、陈侃理的《儒学、数术与政治：灾异的政治文化史》(北京大学出版社2016年版)，等等。

④ 《汉书》卷八《宣帝纪》，第268页。

⑤ 《汉书》卷八十一《匡张孔马传》，第3357页。

上述因灾异免三公的现象,《后汉书》说始于安帝朝的徐防,"安帝即位,以定策封龙乡侯。食邑千一百户。其年以灾异寇贼策免,就国。凡三公以灾异策免,始自防也"①。此说并不准确,因为自汉武帝后"天谴说"已为人接受,而且之前已有三公因灾异被免的例子。《汉书》卷七十一《隽疏于薛平彭传》记国家屡次出现灾异,丞相于定国"遂称笃,固辞"②;丞相孔光被朝廷罢免,主要理由也是"阴阳错谬,岁比不登"③。不过从另一个角度来看,《后汉书》的说法也有一定道理,因为"以灾异寇贼策免"是将"灾异""寇贼"明确联系在一起,说明安帝之后不仅有天灾,还有频繁的"人祸",所以三公被罢免更为频繁。

二 罢免程序及之后的礼遇

三公被罢免虽然在两汉四百年间屡见不鲜,但三公终究是国家最重要、最隆贵的官员,所以对于他们的罢免有规范的程式。某公若因故被免,至少需经过"劾奏"与"策免"两个环节。

"劾奏"根据申诉主体不同分为"自劾"和"他劾"两种。所谓"自劾",就是三公主动离职,前面提到于定国因灾异不断而领责免职,以及不少三公因老病上书辞官,都属于"自劾"。"他劾"指朝中大臣或某些权贵指使他人状告三公,其中多见司隶校尉举奏的例子。如丞相匡衡擅自占夺土地,司隶校尉王骏"奏免丞相匡衡"④;永建元年,司隶校尉虞诩也曾在数月间奏免过包括太尉在内的多位大臣,"奏太傅冯石、太尉刘熹、中常侍程璜、陈秉、孟生、李闰等",

---

① 《后汉书》卷四十四《邓张徐张胡列传》,第 1503 页。
② 《汉书》卷七十一《隽疏于薛平彭传》,第 3045 页。
③ 《汉书》卷八十一《匡张孔马传》,第 3358 页。
④ 《汉书》卷七十二《王贡两龚鲍传》,第 3066 页。

"乃为免司空陶敦"。① 之所以如此，或许是因为司隶校尉作为国家监察官，具有督察百官的权力。《汉官仪》说："（司隶校尉）纠皇太子、三公以下，及旁州郡国无不统，陛下见诸卿，皆独席。"② 此处的"三公以下"，应是就处置权而言，指司隶校尉没有处罚三公的权力，但前述例子说明，他们有监察、举劾三公之权③，所以《后汉书·百官志》注引蔡质《汉仪》曰："（司隶校尉）职在典京师，外部诸郡，无所不纠。"④ 由"典京师""部诸郡"可见司隶校尉监察、举奏权之广。无所不统、无所不纠，那么自然可根据自己掌握或他人告劾的有关三公的情况，向皇帝举奏。

无论是三公"自劾"还是他人举奏，都事关重大，最终均要向皇帝禀报。如果情况属实，皇帝"可其奏"，进而根据具体情况定夺是否罢免。过错较轻者一般改任他官，影响严重者或老病无法继续任职的，要"免为庶人"，至少暂时不能担任任何官职。当然即使贬官左迁，也等于失去了三公职位，亦可看作"免"，因此不管是贬是免，最后皇帝都要进行正式公开的"策免"。这也意味着朝中大臣对三公被免一事知情，甚至了解"策免"的详情，所以史书曾有"窃见免大司空丹策书"⑤"丞相不胜任，使者奉策书"⑥ 之语。即使在东汉末年朝政腐败、三公被罢免频繁的情况下，罢免三公仍要经过皇帝允许，以策书的形式对外宣告，说明不论是乱是治，罢免三公至少在程式上

---

① 《后汉书》卷五十五《章帝八王传》，第1870页。
② 周天游点校：《汉官六种》，中华书局1990年版，第148页。
③ 正因如此，朱绍侯先生认为司隶校尉其实是"以低治高，以贱治贵"，他们充当了皇帝"控制公卿百官，控制皇亲贵族的工具"。参见朱氏《西汉司隶校尉职务及地位的变化》（《史学月刊》1994年第4期）。另据苗天娥《两汉司隶校尉的职能与作用新探》[《内蒙古师范大学学报》（哲学社会科学版）2007年第6期] 一文的统计，除我们文中提到的事例之外，两汉被司隶校尉举劾过的三公还有丞相孔光，太尉张晡、庞参、段颎、张彪，司徒黄琬等人。
④ 《后汉书》志二十七《百官四》，第3614页。
⑤ 《汉书》卷八十六《何武王嘉师丹传》，第3509页。
⑥ 周天游点校：《汉官六种》，第18页。

保持了规范性、严肃性。

当然，"策免"有普通"策免"和"赐策"的细微区别。后者主要针对那些声望高、年老乞骸骨的三公，或者皇帝赏识、原本不忍但碍于大臣举奏不得已而罢免的三公。如太尉邓彪，"迁大司农。数月，代鲍昱为太尉。彪在位清白，为百僚式。视事四年，以疾乞骸骨。元和元年，赐策罢"①。司徒李郃，"坐吏民疾病，仍有灾异，赐策免"②。司空第五伦，"连以老病上疏乞身。元和三年，赐策罢。"③ 与普通策免相比，"赐策"保留了一些温情色彩，也反映出被罢免者原来所受到的荣宠。

三公确定被免后，首先要将印绶上交朝廷。由于两汉三公多兼具列侯身份，因此还涉及是否缴收侯印的问题。一般而言，朝廷对三公给予优待，允许继续享受列侯的种种待遇，所以不需上交侯印。严重者则会削爵夺侯，如丞相孔光被小人毁谮不称职，天下异象频繁，皇帝下诏催促其上缴相印、侯印："于虖！君其上丞相博山侯印绶，罢归。"④ "罢归"之后，对于那些不再担任其他任何职务的三公，可以选择在京城居住（"罢就第""罢归第"），也有回归"田里"乡居的自由。那些因老病而免的三公，则享有更多恩遇，包括定期朝请，赐安车驷马、黄金、宅第，甚至继续享受朝廷俸禄等。如于定国免相，"上乃赐安车驷马、黄金六十斤，罢就第"⑤；丞相韦贤老病免，"赐黄金百斤，罢归，加赐弟（第）一区"⑥；太尉邓彪免，"赠钱三十万，在所以二千石奉终其身。又诏太常四时致宗庙之胙，河南尹遣丞

---

① 《后汉书》卷四十一《第五钟离宋寒列传》，第 1495 页。
② 《后汉书》卷六十六《陈王列传》，第 2178 页。
③ 《后汉书》卷四十一《第五钟离宋寒列传》，第 1402 页。
④ 《汉书》卷八十一《匡张孔马传》，第 3358 页。
⑤ 《汉书》卷七十一《隽疏于薛平彭传》，第 3045 页。
⑥ 《汉书》卷七十三《韦贤传》，第 3107 页。

存问，常以八月旦奉羊、酒"①；司空第五伦老病免，"以二千石奉终其身，加赐钱五十万，公宅一区"②；等等。可见免后所享受到的待遇规格仍很高，这是普通官吏所享受不到的。普通官吏被罢免后，除了将来再仕有一定优势外，其他方面基本与庶人无异，不再享有俸禄或赏赐。

至于一些原因复杂、争议较大的罢免，上面提到的一些礼遇，如被免后是否继续保留侯爵，是否允许居住京城，需要通过朝议的方式决定。绥和二年汉成帝崩，哀帝立，哀帝祖母定陶傅太后拟上尊号"太皇太后"，大司马王莽、大司空师丹认为傅太后为"藩妾"，于礼不合，反对上尊号。傅太后大怒，结果王莽"罢就第"，师丹"上大司空高乐侯印绶，罢归"。对此，大臣朱博等认为王莽"不宜有爵土，请免为庶人"③；尚书令唐林等认为师丹连带削夺侯印，处罚过重，"宜复丹邑爵，使奉朝请"。最后经过权衡，王莽"遣就国"，即不再留居京城，但继续享受列侯礼遇；师丹"废归乡里"④，从列侯降为关内侯。延光三年，太尉杨震被宦官樊丰诋毁"怨怼"朝廷，被免，"夜遣使者策收震太尉印绶，于是柴门绝宾客"。樊丰认为处罚过轻，与大将军耿宝继续奏议，结果杨震被"诏遣归本郡"⑤，不得留居京城。王莽、师丹、杨震的例子，虽然涉及朝中复杂的权力斗争，但说明三公被免后的礼遇若有争议，需要讨论甚至多次讨论才能被决断。

三　三公的补位问题

据前面所述，由于三公罢免以原职位的削夺为代价，原则上不附

① 《后汉书》卷四十一《第五钟离宋寒列传》，第 1497 页。
② 《后汉书》卷四十一《第五钟离宋寒列传》，第 1402 页。
③ 《汉书》卷九十九上《王莽传上》，第 4042 页。
④ 《汉书》卷八十六《何武王嘉师丹传》，第 3509 页。
⑤ 《后汉书》卷五十四《杨震列传》，第 1766 页。

带进一步的处罚，所以被免者即使完全"免为庶人"，也不等于禁锢，有升迁或者再起家为官的可能。但不论如何，某公被免后该职位暂时空缺了，需要补位。下面就三公罢免后的补位问题做简单统计说明。

一是丞相一职的补位。在西汉，丞相被免后，多以太尉、御史大夫补位，其中御史大夫最常见。以太尉补者，丞相审食其免，太尉周勃为右丞相，陈平为左丞相；丞相陶青免，太尉周亚夫为丞相。以御史大夫补者，张苍免，御史大夫桃侯刘舍为丞相；刘舍免，御史大夫卫绾为丞相。其他还有薛泽免，公孙弘补；赵周免，石庆补；于定国免，韦玄成补，都是以御史大夫补丞相位。西汉御史大夫补任相位不是偶然现象，不仅罢免的丞相如此，其他自然死亡或被刑杀的丞相，后继者也是御史大夫居多。如丞相申屠嘉去世，以御史大夫陶青为丞相，元鼎五年丞相赵周坐酎金免，后下狱自杀，以御史大夫石庆为丞相。这说明西汉三公中丞相地位最高，所以被免后，首先由其他三公补位，又由于太尉在西汉不常设，所以补位者多为御史大夫。另一个原因，或许如钱穆先生所言，是因为丞相、太尉不属于同一系统，丞相是文官之长，太尉是武官首长，御史大夫属于辅佐丞相的角色，所以自然是丞相最主要的候补者。"丞相管行政，是文官首长；太尉管军事，是武官首长；御史大夫管监察，辅助丞相来监察一切政治设施。它是副丞相。依照汉代习惯，用现代语说，这里有一种不成文法的规定，须做了御史大夫，才得升任为丞相。"[①]

不过，西汉后期丞相改名司徒后，特别是东汉一朝，情况变化较大。我们根据《后汉书》诸帝本纪初步统计，司徒被免后可考的补位者共22例，其中由司空接任的有4例，太常3例，光禄勋3例，大司农3例，太仆2例，大鸿胪2例，长乐少府、宗正、光禄大夫、廷尉、卫尉各1例。可见，早已不再局限在三公内选任候补者，而扩大

---

① 钱穆：《中国历代政治得失》，生活·读书·新知三联书店2001年版，第5页。

到诸卿。

二是太尉（司马）一职的补位。太尉一职，学界认为秦朝基本上是个虚位，并没实质设置，西汉也是时设时废，变动频繁。《汉书·百官公卿表》曰："（太尉）武帝建元二年省。元狩四年初置大司马，以冠将军之号。宣帝地节三年置大司马，不冠将军，亦无印绶官属。成帝绥和元年初赐大司马金印紫绶，置官属，禄比丞相，去将军。哀帝建平二年复去大司马印绶、官属，冠将军如故。"① 可见的确如此，所以载于《史记》《汉书》中的太尉罢免的资料也较少。我们统计的太尉罢免后的补位问题，基本上都是东汉一朝的。大致情况是统计共得47例，由司徒继任者7例，大司农7例，光禄勋4例，司空2例，大鸿胪3例，太常11例，太仆4例，光禄大夫2例，司隶校尉2例，车骑将军、卫尉、永乐少府、太中大夫、地方太守各1例。

三是御史大夫（司空）一职的补位。西汉的御史大夫与东汉的司空职权相差较大，但由于二者具有名称的延续关系，而且典籍中分别将他们视为西汉、东汉三公或三司之一，所以我们仍将其放在一起统计分析。初步统计所得补位者42例，其中由太常补位者12例，大司农3例，太仆5例，卫尉4例，大鸿胪2例，光禄勋3例，宗正2例，长乐卫尉、廷尉、内史、列侯、地方诸侯相国、太中大夫、光禄大夫、特进、地方太守、少府、永乐少府各1例。

以上通过对丞相（司徒）、太尉（司马）、御史大夫（司空）罢免补位的统计，可以得出以下几点结论。

其一，西汉丞相补位者主要集中在三公之中，说明丞相的地位较高，但西汉后期真正的"三公制"定型后②，司徒地位明显下降，所

---

① 《汉书》卷十九上《百官公卿表》，第725页。
② 学界一般认为"三公制"的定型在汉成帝之际，如祝总斌先生在《两汉魏晋南北朝宰相制度研究》（北京大学出版社2017年版，第47页）一书中认为，西汉成帝绥和改制后，宰相制从以丞相为主转变为三公鼎立。

以补位者已不局限在三公之中，而扩大到诸卿。根据前面的统计可以发现，诸卿补位的例子中"太常"所占比例最大，说明三公的地位虽有所变化，但九卿之首的太常地位相对稳固。当然另一方面也要看到，即使西汉后期丞相不再独大，表面上三公"鼎足而立"，但三者也并非平起平坐，相对而言，东汉时期太尉地位略高一些。前面所统计太尉的补位者有 7 例为司徒，4 例为司空，而被罢免的司徒、司空的补任者鲜见太尉，亦可佐证这一点。

其二，东汉司徒、太尉、司空的补位者来源更为广泛，包括三公、诸卿，甚至地方太守。如太尉（司马）、御史大夫（司空）的补位者中有几例就是地方太守，说明三公地位有所下降，这是汉武帝后"内朝"出现和内朝官权限扩大形势下的必然结果。与此同时，就中央与地方权力分割问题而言，它也是一个颇为值得留意的现象。因为在西汉，被罢免的九卿由地方太守补位的不少，但三公由太守补位的几乎没有。东汉时期的变化可谓冰山一角，某种程度上反映出东汉地方长吏权限的扩大，成为汉朝从统一走向分裂的一大隐患。

其三，三公罢免补位还有一个时限问题。一般而言，三公离任后会很快确定补位者。但是某些时候可能没有合适人选，或者其他缘故，出现三公之位暂时空缺的情况。如元光元年三月，丞相田蚡薨，薛泽五月才继为丞相，中间空缺了两个月。对这类情况，朝廷往往让其他要臣暂时兼任某公一职，如田蚡、薛泽之间，就是韩安国"行丞相事"①。类似的做法还有建武十年，大司空李通罢，以扬武将军马成兼任，"成（马成）行大司空事"②。汉明帝永平八年，卫尉赵憙"行太尉事"③。当然，这种"行某公事"的例子不多，兼职的时间一般也不长，而且兼职者未必就是补位的不二人选，刚刚提到的韩

---

① 《汉书》卷五十二《窦田灌韩传》，第 2405 页。
② 《后汉书》卷二十三《窦融列传》，第 799 页。
③ 《后汉书》卷二《明帝纪》，第 110 页。

安国、马成，就没接任丞相、大司空职位，只是兼任了一段时间而已。

四 结语

综上所述，罢免三公在两汉较为常见，说明它是朝廷问责、处罚三公的重要方式。相比较而言，程序上朝廷对三公的罢免比普通官吏要谨慎、严格，免官后的礼遇规格则比普通官吏高。通过对三公罢免后补位者情况的统计，不仅可以清楚三公罢免本身的情况，也反映出三公制即两汉宰相制度的某些特征，如丞相、太尉职权的彼此起伏，内外朝权力的交替等，为我们进一步认识三公问题提供了启示。

（原载《重庆师范大学学报》2019 年第 3 期）

西汉西北地区长城地带探究

——以西汉政府控制区为例

黄永美*

摘　要：随着汉匈战争的胜利，西汉政府在长城内建设边郡，并随之完善长城防御系统；在长城外展开先置校尉，再建城防御，紧跟着屯田保障的发展模式。故而长城地带初见规模。在长城防御保障下，西汉政府通过徙民实边、允许戍卒家属居边、发配刑徒、安置属国等方法充实长城地带。其中内地而来的农耕者为长城地带农业的发展提供了劳动力、生产技术和生产工具；同时在西汉政府鼓励下，长城地带畜牧业也得以发展。这些都为长城地带经济的繁荣奠定了基础，为长城防御提供了支持；更稳定了西汉王朝边郡局势，宣扬了西汉国威；为丝绸之路贸易提供了保障，为长城内外的文化交流提供了环境。

关键词：西汉；西汉长城；长城地带

基金项目：2017 年国家社科基金后期资助项目"汉长城研究"（项目编号：17FZS025）阶段性成果；2017 年度国家社科基金重大项目"秦汉时期的国家构建、民族认同与社会整合研究"（项目编号：17ZDA180）阶段性成果

　＊　江苏师范大学历史文化与旅游学院讲师，历史学博士。

苏秉琦先生最早提出"长城地带"这一概念，并对长城地带做了一个比较明确且完整的区域划分，即从东向西主要包括以昭盟为中心的地区、河套地区，和以陇东为中心的甘青宁地区三个部分。① 20 世纪 90 年代初，李凤山先生又从民族角度提出了"长城带"概念，并指出"作为长城民族融合的纽带，应是以这条长城为中，南北各数百公里乃至上千公里，东西数千公里的广阔地带，它的地域范围大致包括今天国界线以内的辽宁、内蒙古、宁夏、甘肃、陕西、山西、河南、河北、北京、天津、山东以及吉林、青海、新疆的相当一部分地区。另外，居住在今天国界线以外的某些民族的先民，也参与了特定时期的长城带的民族融合"②。而且"长城民族融合纽带的民族融合从新石器时代就存在"③。由此可见苏秉琦先生、李凤山先生提出的长城地带，指在长城修筑之前长城所在地理范畴内的农牧交错带，即此概念是将长城作为地理坐标意义而言的。

而笔者所说长城地带是将长城作为历史存在而言的，重在考察长城的作用，即长城修筑后对长城内外宜耕宜农地区的影响。亦如张子宇所言，"中国北方长城地带，在本文中的区域范围是以明长城本体为主线，包括沿线的山险、河湖、烽燧、壕堑、驿传、堡寨等自然及人工附属设施在内的军事防御体系所在地段，亦包括周边的军屯、商屯和交通干线用地等一切服务于长城军事防御功能的相关地区，并且结合历史及当今自然人文在长城地带的交错分布特征相应地进行扩展，而扩展的根本依据就是'农牧交错带'的概念——即在长城本体周边，凡是历史上中原农耕民族与北方草原游牧民族进行战争或经济

① 夏明亮、童雪莲：《"长城地带"考古学术语属性探讨》，《东北史地》2012 年第 5期。苏秉琦、殷玮璋：《关于考古学文化的区系类型问题》，《文物》1981 年第 5 期。

② 李凤山：《长城——中国民族融合的历史纽带》，载政协秦皇岛市委员会《长城学刊》编辑部《山海关首届中国长城学术研讨会论文集》，中国标准出版社 1992 年版，第 44 页。

③ 李凤山：《长城带民族融合史略》《中央民族学院学报》1993 年第 1 期。

文化交流的所经地带，便应纳入长城地带的范畴"①。

故本文所言的长城地带是指西汉时期，长城修筑后在墙体、天田、堑壕、虎落、关城、水门、烽燧、坞、障城、山险、水险等整个长城防御体系影响下，南北、东西各数百公里乃至上千公里的农牧交错地带，即在长城防御体系周边。由此可见西汉西北地区长城地带既包含长城内西汉政府控制下的边郡、属国，也包括长城外西汉政府控制下的屯田区，还包括匈奴、羌、西域等控制下的宜耕宜农地区。本文主要以西汉政府控制区为例进行探讨。前人已有诸多关于河西地区的研究，主要集中在移民、郡县设置等方面。② 然而对这一切开展的前提即长城军事保障的关注度不够，且本文的西北地区长城地带指的是整个长城沿线，而不仅仅是河西地区，所以使用长城地带概念而不是河西地区。本文探讨的重点是西汉时期在长城防御系统完善下长城地带的发展。

一 西汉西北地区长城的完善和初见规模的长城地带

西汉初对长城防御是多修缮而少修建，如高祖二年"置陇西、北地、上郡、渭南、河上、中地郡，关外置河南郡……缮治河上塞"③。西汉长城防御大规模修建是在汉武帝时期，因为出击匈奴的战争取得胜利，于是在新获得的西北地区修建防御工事。如元朔二年"复缮故

---

① 张子宇：《历史地理学意义上的长城地带划分》，《西安石油大学学报》（社会科学版）2013 年第 2 期。

② 参见刘磐修《汉代河西地区的开发》，《历史教学》2002 年第 11 期；江海云《汉简中所见的河西开发及启示》，《敦煌学辑刊》2007 年第 4 期；沈飞德《西汉徙民实边与唐初羁縻政策辨析》，《历史教学问题》1990 年第 5 期；杨芳《汉简所见河西边塞军屯人口来源考》，《中国边疆史地研究》2009 年第 1 期；王宗维《汉代河西与西域之间的相互关系》，《新疆社会科学》1985 年第 3 期；张荣芳、王川《西汉长城的修缮及其意义》载中国长城学会编《长城国际学术研讨会论文集》，吉林人民出版社 1995 年版，第 105—115 页。

③ 《史记》卷八《高祖本纪》，中华书局 1959 年版，第 369 页。

秦时蒙恬所为塞，因河为固"①，"太初三年，汉使光禄徐自为筑城障列亭至卢朐，韩说、卫伉屯其旁，使路博德筑居延泽上"②。汉武帝之后的诸帝统治时期对长城防御也是多修缮而少修建。

关于汉武帝时期的长城修建，有学者认为在军事进攻的同时，大规模地修筑长城，大体分四次。也有学者持不同的看法，故目前对河西长城的修筑过程有四段论和五段论之分。③ 当然不否认军事进攻取得胜利即要展开保卫胜利果实的措施，但是一边进行对匈奴的战争，一边修筑长城，恐怕不太现实。如史载元朔二年（前127年）出击匈奴后，"其明年，匈奴入杀代郡太守友，入略雁门千余人。其明年，匈奴大入代、定襄、上郡，杀略汉数千人"④。因为战争正在进行，一方面互有进退，一方面恐难集中人力同时进行大规模的军事修筑。而且文献中有大量置郡、置田记录，不可能只设郡县而无防御，或置田而无保护。如《史记·匈奴列传》载"其明年，卫青复出云中以西至陇西……于是汉遂取河南地，筑朔方，复缮故秦时蒙恬所为塞，因河为固。汉亦弃上谷之什辟县造阳地以予胡。是岁，汉之元朔二年也"⑤。《史记·卫将军骠骑列传》载元朔二年（前127年）"使建筑朔方城"⑥，又有"以将军筑朔方"⑦。《史记·平津侯主父列传》也载元朔三年（前126年）"是时通西南夷，东置沧海，北筑朔方之郡"⑧，明确筑朔方城之时便有朔方之郡的建设，长城建设也随之配套。

所以，西汉长城应随着出击匈奴战争的胜利和边郡建设而不断完

---

① 《史记》卷一百一十《匈奴列传》，第2906页。
② 《史记》卷一百一十《匈奴列传》，第2916页。
③ 参见黄永美、徐卫民《汉长城研究综述》，《中国史研究动态》2012年第5期。
④ 《史记》卷一百一十一《卫将军骠骑列传》，第2924页。
⑤ 《史记》卷一百一十《匈奴列传》，第2906页。
⑥ 《史记》卷一百一十一《卫将军骠骑列传》，第2923页。
⑦ 《史记》一百一十一《卫将军骠骑列传》，第2943页。
⑧ 《史记》卷一百一十二《平津侯主父列传》，第2950页。

善，而且是一个漫长的持续的过程。元鼎六年（前 111 年）初置张掖、酒泉，修筑东起令居西至酒泉的防御工程。①元封元年（前 110 年）至元封三年（前 108 年）"酒泉列亭鄣至玉门"②。元封四年（前 107 年）和元封五年（前 106 年），置敦煌郡，开始建令居西至盐泽地区，筑酒泉塞。③《汉书·张骞李广利传》也载"汉始筑令居以西，初置酒泉郡，以通西北国"④。太初三年（前 102 年）"自敦煌西至盐泽，往往起亭"⑤。太初三年（前 102 年）在居延泽、休屠泽筑塞设防。天汉初筑敦煌以西建烽隧线。⑥昭帝元凤六年（前 75 年）"募郡国徒筑辽东玄菟城"⑦。宣帝神爵三年（前 59 年）置西域都护护北道，治乌垒城，楼兰至渠犁的烽燧亭障建成。⑧目前关于河西四郡的修筑年代，因居延汉简的研究又有了新进展。⑨然本文并非为论证其准确时间，主要为说明随着边郡建设汉长城也在不断完善，二者相辅相成。而且随着长城防御的完善，防御戍卒和设备得以完善，如《史记·平准书》载"边兵不足，乃发武库工官兵器以赡之"⑩。

同时长城外，西汉政府也有建设，而且是先置校尉，再建城防御，紧跟着进行屯田保障的发展模式。如《汉书·西域传》载"自武

---

① 参见张荣芳、王川《西汉长城的修缮及其意义》载中国长城学会编《长城国际学术研讨会论文集》，吉林人民出版社 1995 年版，第 105—108 页；陈梦家《河西四郡的设置年代》，载陈梦家《汉简缀述》，中华书局 1980 年版，第 179—190 页；王昱、崔永红《令居塞建立时间考辨》，《青海社会科学》1987 年第 4 期。

② 《汉书》卷六十一《张骞李广利传》，中华书局 1962 年版，第 2695 页。

③ 参见吴礽骧《河西的汉代长城》，《文博》1991 年第 1 期；吴礽骧《河西汉塞调查与研究》，文物出版社 2005 年版，第 17 页。

④ 《汉书》卷六十一《张骞李广利传》，第 2694 页。

⑤ 《汉书》卷九十六上《西域传》上，第 3873 页。

⑥ 参见吴礽骧《河西的汉代长城》，《文博》1991 年第 1 期；吴礽骧《河西汉塞调查与研究》，文物出版社 2005 年版，第 17 页。

⑦ 《汉书》卷七《昭帝纪》，第 232 页。

⑧ 《汉书》卷九十六上《西域传》上，第 3874 页。

⑨ 参见刘淑颖《秦汉迁徙刑与迁徙地》，博士学位论文，武汉大学，2014 年，第 156—158 页。

⑩ 《史记》卷三十《平准书》，第 1439 页。

帝初通西域，置校尉，屯田渠犁"①。又载桑弘羊与丞相御史曾向武帝
奏言："故轮台（以）东捷枝、渠犁皆故国……臣愚以为可遣屯田卒
诣故轮台以东，置校尉三人分护……张掖、酒泉遣骑假司马为斥候，
属校尉，事有便宜，因骑置以闻。田一岁，有积谷，募民壮健有累重
敢徙者诣田所，就畜积为本业，益垦溉田，稍筑列亭，连城而西，以
威西国，辅乌孙，为便。臣谨遣征事臣昌分部行边，严敕太守都尉明
烽火，选士马，谨斥候，蓄茭草。"②桑弘羊的建议中明确提出，在长
城外建设的模式，置校尉、建烽燧、屯田三者紧密相连，相互依存。

综上，无论是在长城内边郡建设与长城相辅相成的模式中，还是
在长城外先置校尉，再建城防御，紧跟着屯田的模式中，完善长城防
御系统都是不可忽视的。并且在长城防御系统的完善下，有效的军事
防御为边郡和长城外屯田的建设提供了保障，长城防御体系内外得到
开垦，于是长城地带初见规模。而且在汉长城完善后，长城内外政局
缓和，西汉政府更有机会进一步着手充实和发展长城地带。

二 西汉西北地区长城地带的充实和发展

西汉长城防御系统的完善为长城地带的形成提供了可能，为长城
地带的发展提供了军事保障。《史记·平准书》载元鼎五年（前 112
年）武帝巡视时发现"新秦中或千里无亭徼，于是诛北地太守以下，
而令民得畜牧边县，官假马母，三岁而归，及息什一，以除告缗，用
充仞新秦中"③。可见汉武帝对长城防御的重视，无"亭徼"则"诛"
太守，而诛杀不是目的，要先解决亭徼问题，加强军事防御，然后徙
民实边。伴随着长城戍卒的充实，西汉"徙民实边"政策的实施，长
城地带得以充实。同时，长城内外屯田发展也为长城地带的发展提供

---

① 《汉书》卷九十六下《西域传》下，第 3911—3912 页。
② 《汉书》卷九十六下《西域传》下，第 3912 页。
③ 《史记》卷三十《平准书》，第 1438 页。

了坚实保障。

（一）西汉西北地区长城地带的充实

西汉文帝统治时期，晁错曾谏言徙民实边，而且"上从其言，募民徙塞下"①。到汉武帝时期，徙民实边规模更大。如《史记·平准书》载汉武帝时两次徙民实边，第一次是"山东被水菑，民多饥乏……乃徙贫民于关以西，及充朔方以南新秦中，七十余万口，衣食皆仰给县官"②，第二次是"初置张掖、酒泉郡，而上郡、朔方、西河、河西开田官，斥塞卒六十万人戍田之"③。《史记·匈奴列传》载"汉已得浑邪王，则陇西、北地、河西益少胡寇，徙关东贫民处所夺匈奴河南、新秦中以实之，而减北地以西戍卒半"④。《汉书·武帝纪》也载元鼎六年（前111年）"乃分武威、酒泉地置张掖、敦煌郡，徙民以实之"⑤。《汉书·西域传》也载"其后骠骑将军击破匈奴右地，降浑邪、休屠王，遂空其地，始筑令居以西，初置酒泉郡，后稍发徙民充实之"⑥。

而且汉武帝之后的诸帝时期仍徙民实边。《汉书·西域传》载宣帝神爵三年（前59年）"乃因使吉并护北道，故号曰都护……于是徙屯田，田于北胥鞬，披莎车之地，屯田校尉始属都护"⑦。连云港东海县尹湾汉墓出土简牍《东海郡吏员考绩簿》中有"平曲丞胡毋［钦］七月七日送徙民敦煌"的记录。⑧学者研究"徒"应为"徙"，因其后接"民"字，在汉代文献中"徙民"是习惯用法，且敦煌又是西

---

① 《汉书》卷四十九《爰盎晁错传》，第 2287 页。
② 《史记》卷三十《平准书》，第 1425 页。
③ 《史记》卷三十《平准书》，第 1439 页。
④ 《史记》卷一百一十《匈奴列传》，第 2909 页。
⑤ 《汉书》卷六《武帝纪》，第 189 页。
⑥ 《汉书》卷九十六上《西域传》上，第 3873 页。
⑦ 《汉书》卷九十六上《西域传》上，第 3874 页。
⑧ 滕昭宗：《尹湾汉墓简牍释文选》，《文物》1996 年第 8 期。

汉徙民之所，又因《考绩簿》成于汉成帝永始四年（前13年），由此可见成帝时也曾徙民敦煌。①

西汉政府除了直接徙民实边外，还允许长城防御戍卒的家属居边。如《汉书·西域传》载"良等随入，遂杀校尉刀护及子男四人、诸昆弟子男，独遗妇女小儿"②，可见戊己校尉带领家族前往。居延汉简229.39简"家属三月食"③、231.25简"制虏隧卒张放妻大女自予年廿三用谷二石一斗六升大子未使男野年二用谷一石六斗六升大"④、254.11简"俱起隧卒丁仁母大女存年六十七用穀二石一斗六升大弟大女惠文年十八用穀二石一斗六升大弟使女肩年十三用穀一石六斗六升大凡用穀六石"⑤ 等，表明家属随戍卒居边情况。而且无论是吏还是一般戍卒，都可以带家属，因为"两汉政府为充实边塞人口、稳定军心，还鼓励吏卒携带家属在边塞常居，这在汉简中有所反映，而且军中准许带家属的人员可以是吏，也可以是一般戍卒"⑥。为此，还有专门的家属署名籍，如185.13简"卒家属在署名籍"⑦、276.4A简"寿二年十一月卒家属廪名籍"⑧。

而且除徙民实边外，还徙罪犯。如《汉书·武帝纪》载元狩五年（前118年）"徙天下奸猾吏民于边"⑨。《汉书·公孙刘田王杨蔡陈郑传》载汉武帝时戾太子事败，"其随太子发兵，以反法族。吏士劫略

① 刘磐修：《汉代河西地区的开发》，《历史教学》2002年第11期。
② 《汉书》卷九十六下《西域传》下，第3926页。
③ 简牍整理小组：《居延汉简（叁）》，"中央研究院"历史语言研究所2016年版，第63页。
④ 简牍整理小组：《居延汉简（叁）》，第68页。
⑤ 简牍整理小组：《居延汉简（叁）》，第123页。
⑥ 杨芳：《汉简所见河西边塞军屯人口来源考》，《中国边疆史地研究》2009年第1期。
⑦ 简牍整理小组：《居延汉简（贰）》，"中央研究院"历史语言研究所2015年版，第213页。
⑧ 简牍整理小组：《居延汉简（叁）》，第199页。
⑨ 《汉书》卷六《武帝纪》，中华书局1962年标点本，第179页。

者，皆徙敦煌郡"①。《汉书·公孙刘田王杨蔡陈郑传》载宣帝时丞相
杨敞之子杨恽犯罪，"妻子徙酒泉郡"②。《汉书·翟方进传》载汉成
帝时，"商素憎陈汤，白其罪过，下有司案验，遂免汤，徙敦煌"③。
《汉书·眭两夏侯京翼李传》载汉哀帝时"贺良等皆伏诛。寻及解光
减死一等，徙敦煌郡"④。同时，还将战俘或内附部族安置在边郡。如
《汉书·卫青霍去病传》载"乃分处降者于边五郡故塞外，而皆在河
南，因其故俗为属国"⑤。

另外，居延汉简中 168.12 简有"［倍］迫秋月有徙民事未阕"⑥，
188.19 简有"月有徙民事"⑦ 等内容，虽不明确日期，但仍能看到西
汉政府徙民的事实。总之，在汉武帝时期大规模修建长城后，在强有
力的军事保障下，西汉政府或徙民实边，或安置俘虏，或安置内属部
族充实长城地带，且这些举措一直延续到西汉末。

(二) 西汉西北地区长城地带的发展

有学者统计武帝时期先后向西北徙民总数约 160 万。⑧ 其中戍卒
数量有《汉书·李广利传》载"益发戍甲卒十八万酒泉、张掖北，置
居延、休屠以卫酒泉"⑨，伴随着戍卒而来的是大量家属。这些长城地
带的充实者中有些本就为屯田而来，如居延汉简的田卒记录，11.2 简
"田卒淮阳新平盛昌里上造柳道年廿三"、11.18 简"田卒大河郡东平
陆北利里公士张福年"、19.40 简"田卒淮阳郡长平业阳里公士儿尊
年廿七"、19.41 简"田卒淮阳郡长平南固里相□□十二月己巳出"、

---

① 《汉书》卷六十六《公孙刘田王杨蔡陈郑传》，第 2882 页。
② 《汉书》卷六十六《公孙刘田王杨蔡陈郑传》，第 2898 页。
③ 《汉书》卷八十四《翟方进传》，第 3418 页。
④ 《汉书》卷七十五《眭两夏侯京翼李传》，第 3193—3194 页。
⑤ 《汉书》卷五十五《卫青霍去病传》，第 2483 页。
⑥ 简牍整理小组：《居延汉简（贰）》，第 168 页。
⑦ 简牍整理小组：《居延汉简（贰）》，第 219 页。
⑧ 沈飞德：《西汉徙民实边与唐初羁縻政策辨析》，《历史教学问题》1990 年第 5 期。
⑨ 《汉书》卷六十一《张骞李广利传》，第 2700 页。

37.38 简 "东郡田卒清零星里大夫聂德年廿四长七尺二寸黑色" 等。① 所以这些充实者为长城地带农业发展提供了劳动力，还带来了农业生产技术。因为农耕者拥有丰富的农业生产经验，如 "汉简中有见田卒名籍，简（14）—（19）均出土于居延大湾，说明大湾是重要的屯田区。田卒多来自淮阳郡、大河郡、济阴郡、昌邑国等农业经济发达的关东各郡国"②。

而且西汉政府给予徙民而来的农耕者大力支持。如 "中国缮道馈粮，远者三千，近者千余里，皆仰给大农"③；还提供犁牛等借贷业务。在赵过改进犁耕技术后，西汉政府还将这一技术推广于长城地带，"教边郡及居延城。是后，边城、河东、弘农、三辅、太常民皆便代田，用力少而得谷多"④。西汉昭帝时期，还曾减缓振贷业务，《汉书·昭帝纪》载元凤三年（前 78 年），昭帝下诏 "乃者民被水灾，颇匮于食，朕虚仓廪，使使者振困乏。其止四年毋漕。三年以前所振贷，非丞相御史所请，边郡受牛者勿收责"。应劭注曰："武帝始开三边，徙民屯田，皆与犁牛。后丞相御史复间有所请。今勅自上所赐与勿收责，丞相所请乃令其顾税耳。"⑤ 这些都无形中促进了长城地带农业的发展。

因为长城地带本是宜耕宜牧区，"自武威以西，本匈奴昆邪王、休屠王地，武帝时攘之，初置四郡……习俗颇殊，地广民稀，水草宜畜牧，故凉州之畜为天下饶"⑥。所以西汉政府在长城地带发展农业的同时，也鼓励发展畜牧业。如《史记·平准书》有载武帝巡视新秦中

---

① 简牍整理小组：《居延汉简（壹）》，"中央研究院" 历史语言研究所 2014 年版，第 39、40、67、121 页。
② 杨芳：《汉简所见河西边塞军屯人口来源考》，《中国边疆史地研究》2009 年第 1 期。
③ 《史记》卷三十《平准书》，第 1439 页。
④ 《汉书》卷二十四上《食货志》上，第 1139 页。
⑤ 《汉书》卷七《昭帝纪》，第 229 页。
⑥ 《汉书》卷二十八下《地理志》下，第 1645 页。

时"令民得畜牧边县，官假马母，三岁而归，及息什一"①，同时用借贷方式帮助当地百姓发展畜牧业。此外，再加上充实者中有原本是该地区生活的游牧者，如安置的属国和战争所俘获的人多为游牧者，对长城地带畜牧业的发展也是有力的推动。

三　西汉西北地区长城地带发展的影响

在西汉政府政策扶植下，长城地带得以充实和发展。这首先为长城地带的百姓提供了充足的粮食，同时也促进了该地区工商业的发展，带动了西汉边郡乃至整个西汉王朝的经济发展。富足的经济基础为百姓安居乐业提供了可能，也为长城地带的政局稳定奠定了基础；为边疆防御提供了保障，也为长城内外的交流提供了保障和基础。

（一）长城地带的发展对长城地带的影响

西汉西北地区长城地带的发展推动了整个西北地区的经济发展。首先是劳动力得到了充实，同时在政府资助下，这些来自内地的拥有技术的农耕者发挥其特长，发展农业。史载屯田规模，"汉度河自朔方以西至令居，往往通渠置田，官吏卒五六万人，稍蚕食，地接匈奴以北"②。而且居延汉简中有籴粟记载，不只是在汉代居延，在敦煌也有此类记录。这说明边塞防御系统从当地农民手中购粮的做法在西北边塞广泛存在，且不限定于某一地区；这也说明当地农民粮食生产富足，不仅可以自用，还可有剩余出卖。③

再加上西汉政府的支持和内属游牧民族的开发，长城地带畜牧业得以发展。而在农业产量富足、畜牧业发展基础上，长城地带工商业

---

① 《史记》卷三十《平准书》，第1438页。
② 《史记》卷一百一十《匈奴列传》，第2911页。
③ 于振波：《简牍与秦汉社会》，湖南大学出版社2012年版，第65页。

得以发展，因此"农业经济的开发带动和促进了这一地区的工商经济的发展"①。百姓生活富足，政局才能稳定，居延汉简212.7B简有"官民颇知律令文"②的内容，所以会有"保边塞，二千石治之，咸以为兵马为务；酒礼之会，上下通焉，吏民相亲。是以其俗风雨时节，谷籴常贱，少盗贼，有和气之应，贤于内郡"③的记载。

而且在西北地区长城地带构筑长城防御工事的同时，西北地区道路建设也得到改善。因为"在构筑长城边防工事的同时，秦汉政府相当重视西北新经济区的建设，西北长城道路成为西北新经济区的主要动脉。从西北长城防区汉墓出土车辆规模及汉墓壁画中关于运输活动的画面可以知道，当地经济的繁荣是以交通的发展为条件的，而这一地区经济的发展又进一步促进了交通的发展"④。

（二）长城地带的发展对西汉王朝的影响

西汉政府徙民实边时，有"山东被水菑，民多饥乏……乃徙贫民于关以西，及充朔方以南新秦中，七十余万口，衣食皆仰给县官"⑤"元封四年，关东流民二百万口，无名数者四十万，公卿议欲请徙流民于边以适之"⑥的记载，可见徙民实边缓解了当时西汉帝国内部的贫民、流民问题。所以对整个西汉帝国而言，长城地带的发展，不仅保护和开发利用了新获得的疆域，还缓解了西汉帝国内部存在的贫民、流民压力。

另外，《史记·大宛列传》载汉武帝出击匈奴战争时曾调用"牛

---

① 张南：《论西汉长城边区的经济开发》，《内蒙古社会科学》（汉文版）1989年第3期。

② 简牍整理小组：《居延汉简（叁）》，第1页。

③ 《汉书》卷28下《地理志》下，1645页。

④ 王子今：《汉简河西社会史料研究》，商务印书馆2017年版，第16、17页。

⑤ 《史记》卷三十《平准书》，第1425页。

⑥ 《汉书》卷二十八下《地理志》下，第1645页。

十万，马三万余匹，驴骡橐驼以万数"①。汉简中也有"橐佗持食以救吏士命以一郡力足以澹养数十人（一二四）"②的记录，由此可见战争时，需要从内地运输粮食到战场，数量之大，消耗之大。而长城完善后，存在大量戍卒，若无长城地带的补给，则仍需从内地运输粮食来供给长城戍卒，而路途消耗一样会很大。"又据汉简所记，一个戍卒一年的口粮为 21 石，若从内地运输，需人一、车一、牛一。"③所以长城地带的粮食富足，也减轻了政府从内地长途运输的消耗，因此从该层面上看，长城地带的发展无疑增进了西汉王朝整体经济的发展。

　　而且长城地带的经济发展不仅自给自足，"甚至还可以调拨以救内地之灾，居延汉简有'守大司农光禄大夫臣调，昧死言武□以东至河西十一郡十一农都尉官调物钱谷漕转粲为民困乏启调有余给'的内容，简中的大司农名调，缺字疑为武威的威字，上书皇帝请求调河西的谷物钱粮救济内地困乏饥馑的农民。可见，居延屯田对当时的国家财政有很大帮助"④。

　　而且，长城地带的发展与西汉帝国长城防御相辅相成。居延汉简中的粲粟记载反映了长城地带整体经济发展情况，而长城地带的经济发展为长城防御提供了物质保障，丰富了长城防御戍卒的粮食来源。又因晁错徙民实边的设想本就为解决戍边士卒，"使远方无屯戍之事，塞下之民父子相保，亡系虏之患，利施后世"⑤，所以长城地带乃至边郡的安居乐业更有利于长城戍卒的就近选择，减少了从内地增调戍卒的不便，增强了长城防御力度，也有利于完善长城防御工事。长城地

---

① 《史记》卷四十六《万石卫直张传》，第 2197 页。
② 甘肃省文物考古研究所编：《敦煌汉简》下，第 225 页。
③ 赵俪生：《古代西北屯田开发史》，甘肃文化出版社 1997 年版，第 72 页。
④ 江海云：《汉简中所见的河西开发及启示》，《敦煌学辑刊》2007 年第 4 期。
⑤ 《汉书》卷四十九《爰盎晁错传》，第 2286 页。

带的稳定、边郡的建设无形中增强了西汉帝国的向心力，有利于西汉帝国的政局稳定。

在长城地带的发展下，在长城防御保障和西汉帝国稳定政局影响下，中西方贸易也随之而来。如《史记·大宛列传》载"汉发使十余辈至宛西诸外国……而敦煌置酒泉都尉；西至盐水，往往有亭。而仑头有田卒数百人，因置使者护田积粟，以给使外国者"①。《汉书·西域传》也载"自敦煌西至盐泽，往往起亭，而轮台、渠犁皆有田卒数百人，置使者校尉领护，以给使外国者"②。甚至在两汉动乱之际，贸易仍在继续，"时天下扰乱，唯河西独安，而姑臧称为富邑，通货羌、胡，市日四合，每居县者，不盈数月辄致丰积"③。居延汉简中有"贾人""贾车"记录，"说明专营贸易的商人在河西地区的活动"④。

同时，因长城地带与西域地区的地缘之利，所以长城地带的发展对西域而言，不仅仅具有"农耕社会样板"的效果，也影响了西域地区的经济发展，这无形中提升了西汉王朝在西域的影响和威望。《梁书·康绚传》载康绚"其先出自康居。初，汉置都护，尽臣西域，康居亦遣侍子待诏于河西，因留为黔首，其后即以康为姓"⑤。这说明当时西域各国侍子要在河西待诏，被允许才可以进入都城，而且是分批进入京城的，还有使臣、商旅恐怕亦是如此。"当时从西域各国来的使臣、商旅，不能直至京城，需要在河西待诏，等汉朝诏令下达后，一批一批放行，则河西经常住有一批西域人留居……允许进京有人数限制，不少随行人员只能停留在河西，其中无力返回或其他原因不能

① 《史记》卷一百二十三《大宛列传》，第 3179 页。
② 《汉书》卷九十六上《西域传》上，第 3873 页。
③ 《后汉书》卷三十一《孔奋传》，中华书局 1965 年版，第 1098 页。
④ 王子今：《秦汉边境与民族问题》，中国人民大学出版社 2011 年版，第 27 页。
⑤ 《梁书》卷十八《康绚传》，中华书局 1973 年版，第 290 页。

返回本国的，人数也不会太少。这些人住在河西，有的参与汉朝军政，有的自谋生计。"① 所以面对来往的侍子、随从、使者、商人，河西地区、长城地带不仅是西汉王朝边境前沿，更是展示大汉实力的"样板"，长城地带的稳定和发展也是西汉王朝在西域影响力度的"反映器"，是显示西汉王朝国威和防御力度的重要阵地。

（三）长城地带的发展对西域的影响

西域地区本已有农业发展，史载西域"大率土著，有城郭田畜"②，其中且末种五谷，"且末以往皆种五谷"③；难兜国"种五谷、蒲陶诸果"④；罽宾国"种五谷、蒲陶诸果，粪治园田。地下湿，生稻，冬食生菜"⑤；乌弋山离国"地暑热莽平，其草木、畜产、五谷、果菜、食饮、宫室、市列、钱货、兵器、金珠之属皆与罽宾同"⑥。有的农业种植面积还有一定规模，如渠犁"故轮台（以）东捷枝、皆故国，地广，饶水草，有溉田五千顷以上"⑦。所以在长城地带农业发展"样板效果"下，汉代的农耕技术势必潜移默化地对其产生影响。

同时长城地带的发展对西域的政治也产生了影响。如鄯善国，"王自请天子曰：'身在汉久，今归，单弱，而前王有子在，恐为所杀。国中有伊循城，其地肥美，愿汉遣一将屯田积谷，令臣得依其威重。'于是汉遣司马一人、吏士四十人，田伊循以填抚之。其后更置都尉"⑧。而且长城地带的发展宣扬了西汉王朝国威。《汉书·西域传》载"自建武以来，西域思汉威德，咸乐内属。唯其小邑鄯

---

① 王宗维：《汉代河西与西域之间的相互关系》，《新疆社会科学》1985 年第 3 期。
② 《汉书》卷九十六上《西域传》上，第 3872 页。
③ 《汉书》卷九十六上《西域传》上，第 3879 页。
④ 《汉书》卷九十六上《西域传》上，第 3884 页。
⑤ 《汉书》卷九十六上《西域传》上，第 3885 页。
⑥ 《汉书》卷九十六上《西域传》上，第 3889 页。
⑦ 《汉书》卷九十六上《西域传》上，第 3812 页。
⑧ 《汉书》卷九十六上《西域传》上，第 3878 页。

善、车师，界迫匈奴，尚为所拘。而其大国莎车、于阗之属，数遣使置质于汉，愿请属都护"①。又载"自宣、元后，单于称藩臣，西域服从"②。

此外，长城地带的发展还促进了西域经济的发展。西域地区有的因所处要道商业发达，如疏勒国"有市列，西当大月氏、大宛、康居道也"③。长城地带的发展为长城地带与西域的贸易顺利进行提供了安全的市场和畅通的道路。因为在长城地带建设的同时道路建设也在完善，而且"由于西北长城防区经济的进步和塞外游牧族贸易的发展，当地商业繁盛一时，西北长城道路又成为全国交通网中繁忙的商路"④。而且长城地带的发展为长城地带与西域的贸易提供了货源，因为当时的贸易除了官方贸易、关市外，还有大量的私市、民间贸易存在。"走私行为，在当时贸易总额中也许占有相当大的比重"⑤，"市庸平贾的形成，可以说明当地民间贸易活动的活跃，已经使得经济生活相对成熟，以致自然规范了大略的定规"⑥。而私市和民间贸易的货源以就近选择为主，即长城地带货物，因为从内地运输费用昂贵。而以西域为媒介和中转站的中西方贸易也不断壮大。而且在长城地带的稳定和发展影响下，长城内外的西汉王朝和西域通过互派使节和侍子、联姻、丝绸之路贸易、混居等方式加强了联系，交流内容也逐渐增多，贸易规模有所扩大，长城内外的文化也随着交流方式的增多而得以交流。⑦

总之，西汉时期，特别是在汉匈战争胜利后，汉政府通过屯田、

---

① 《汉书》卷九十六下《西域传》下，第3930页。
② 《汉书》卷九十六上《西域传》上，第3874页。
③ 《汉书》卷九十六上《西域传》上，第3898页。
④ 王子今：《汉简河西社会史料研究》，第17、18页。
⑤ 王子今：《秦汉边境与民族问题》，第43页。
⑥ 王子今：《秦汉边境与民族问题》，第31页。
⑦ 黄永美：《西汉长城的修建对长城内外的影响探究》，《河北地质大学学报》2019年第3期。

建设边郡、加强长城防御等多种方式不断充实和发展长城内外宜耕宜农的地区，在长城地带的稳定和发展影响下，不仅稳定了汉王朝边疆，宣扬了大汉国威，还影响了西域的政治经济，加强了长城内外的交流，更带来了丝绸之路的通畅，而丝绸之路的通畅又保障了边疆的安定。

（原载《重庆师范大学学报》2020 年第 3 期）

越剑剑格纹饰与越国政教文明

樊　森[*]

摘　要： 越剑上存在一种特殊的文字画装饰现象，即将饕餮兽面与越王名同铸于剑格之上。这种特殊的纹饰风格不仅是一种图腾崇拜，更体现出越地文化与古老良渚文明的继承关系，是越国贵族统治者寻求文明心理认同时的有意为之，反映出越国礼制构建中的政教关系，是先秦铜剑礼用功能的典型表现。

关键词： 铜剑纹饰；越国；礼制文明；饕餮纹；政教关系

基金项目： 重庆市教委规划项目"先秦铜剑礼用功能研究"（199KGH030）；国家社科基金后期资助项目"考古学视野下的先秦铜剑与礼制研究"（21F25B036）

在越剑剑格上存在着一种特殊的鸟虫书与兽面纹结合的装饰方式，其常见类型有两种。第一种，一面剑格为文字加兽面纹，另一面剑格为纯文字，如图1所示；第二种，一面剑格为兽面纹，另一面剑格为纯文字，如图2、图3所示。这两类装饰方式中的兽面主纹下有时还会填充细密的编织纹底纹，如图4所示。经统计，这种剑格装饰风格主要出现在越王州句时期，目前所见数量有二十余把。本文认为

---

[*] 重庆师范大学历史与社会学院副教授。

这种装饰风格的出现绝非偶然，其不仅是一种图腾崇拜，更体现出越地文化与古老良渚文明的继承关系，是越国统治者在中原与越地文明相碰撞时主动寻求文化心理认同的有意行为，折射出越国礼制文明构建过程中的政教关系，属于先秦铜剑礼用功能的典型表现。

下试从越国文化来源、纹饰反映出的政教关系两个方面简做论述，不当之处，恳请方家批评指正。

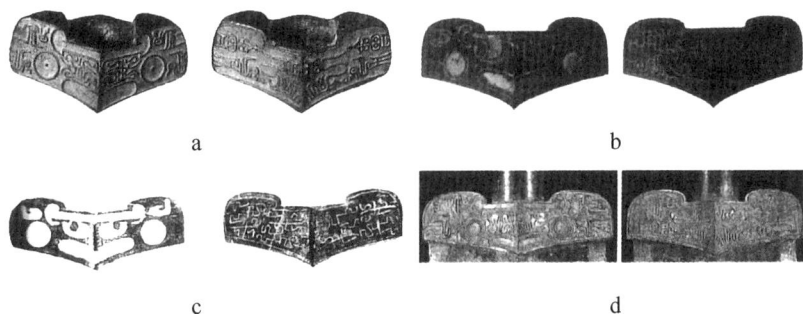

a   b

c   d

图1　越剑剑格纹饰类型

资料来源：a.《商周青铜兵器暨夫差剑特展论文集》，中国台北"历史博物馆"1996年版，封插彩图19；b.《吴越题铭研究》，科学出版社2014年版，图123；c.《吴越题铭研究》，科学出版社2014年版，图170；d.《商周青铜兵器暨夫差剑特展论文集》，中国台北"国立"历史博物馆1996年版，封插彩图9。

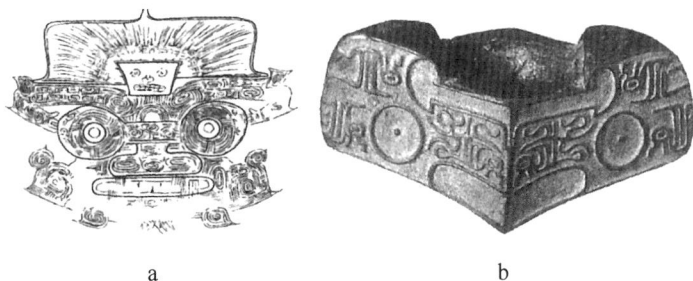

a   b

图2　良渚羽神兽面纹饰与越剑剑格纹饰对比

注：a. M12：87羽神兽面琮纹饰细部；b. 饕餮纹剑格（越州句铁剑剑格）。

资料来源：a.《反山》，文物出版社2005年版，第37页，图二十；b.《商周青铜兵器暨夫差剑特展论文集》，中国台北"历史博物馆"1996年版，封插彩图19。

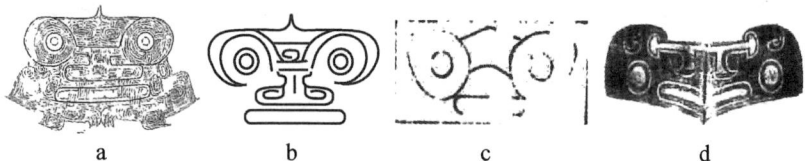

图3 良渚玉器纹饰与越剑剑格纹饰对比

注：a. M12：87 玉琮兽面纹；b. M12：85 玉半圆形饰；c. M17：2 玉纹饰；d. 越王石剑剑格

资料来源：1.《反山》，文物出版社 2005 年版，第 38 页，图二一；2.《反山》，文物出版社 2005 年版，第 32 页，图一三 – 4；3.《良渚文化玉器与饕餮纹的演变》，《东南文化》1991 年第 5 期，图四 – 1；4.《吴越题铭研究》，科学出版社 2014 年版，图 171。

一 越剑剑格纹饰与文化认同

（一）越国文化来源的复杂性

越国文化的来源一直是学界关注的重点，目前主流观点主要有三种。

首先，越为夏裔说，这种观点起源起于汉代。如《史记·越王勾践世家》记载："越王勾践，其先禹之苗裔，而夏后帝少康之庶子也。"《正义》引《吴越春秋》云："至少康，恐禹迹宗庙祭祀之绝，乃封其庶子于越，号曰无余。"又引贺循《会稽记》语："少康，其少子号曰於越，越国之称始此。"[①]《国语·吴语》注曰："勾践，祝融之后。"[②] 现代学者曹锦炎先生也说："祝融为颛顼之后，……所以作为祝融后人的越王先祖，被认为是禹之苗裔，是很自然的。"[③]

其次，越为土著说，这种观点大约开始于清梁玉绳时期，近现代

---

① 《史记》卷四十一《越王勾践世家》，中华书局 1959 年版，第 1739 页。
② 上海师范大学古籍整理组：《国语》，上海古籍出版社 1978 年版，第 591 页。
③ 曹锦炎：《吴越历史与考古论丛》，文物出版社 2007 年版，第 217 页。

受到学者们的广泛追捧。如卫聚贤先生从"断发纹身""命名不同中原""不穿鞋不戴帽""食物的上品不同""音乐不同""盟誓的仪式不同""语言不同""谥法及人名不同中原"八个方面证明越应为南方民族，而非中原民族。① 叶岗先生《论于越的族源》从越地考古学文化的来源指出越族是由环太湖和钱塘江流域的先住民发展而来的，"有较为坚实的延绵不断的越地考古遗存作为支撑，如小黄山文化遗址、跨湖桥文化遗址、河姆渡文化遗址、良渚文化遗址、马桥文化遗址，构筑起越地从距今一万年前到三千多年前的原始文化场景。考古学文化与族属有着非常密切的关系，它是指一定的民族在特定的空间和时期内所创造的具有共同特征的文化。充分说明了越族的来源是距今约一万年前的当地原始先民"②。

最后，二元统一说，即认为越国文化来源不能简单地理解为中原后裔或者越地土著，而应该综合看待。如唐颜师古曾言："越之为号，其来尚矣。少康封庶子以主禹祠，君于越地耳，故此志云其君禹后，岂谓百越之人皆禹苗裔?"③ 后蒙文通先生评价颜师古语，称其"至明且善"，并进一步举例说："一国之统治者与被统治者民族不同，中外历史不乏其例。当蒙古、满族建立元、清王朝之际，岂谓全国尽蒙、满之族乎!"④ 李学勤先生亦同意颜师古语，指出其把越君和越人区别看待，是很有见地的，"古诸侯国的国君、人民每每来源不同，在文化上也有一定差异，如吴国，君为周同姓，民则为荆蛮，越国也有这样的情形。1954 年江苏丹徒烟墩山出土的宜侯夨簋，铭文便体现出周人与土著的共居"⑤。徐建春先生说："于越民族的主体是根植于

---

① 卫聚贤:《吴越民族》，载吴越史地研究会编《吴越文化论丛》，上海文艺出版社 1990 年版，第 310—356 页。
② 叶岗:《论于越的族源》，《浙江社会科学》2008 年第 10 期。
③ 《汉书》卷二十八下《地理志》，第 1669—1670 页。
④ 蒙文通:《越史丛考》，人民出版社 1983 年版，第 11 页。
⑤ 李学勤:《〈吴越文化新探〉读后》，《历史研究》1989 年第 3 期。

本地而又深受周边文化影响的土著。至于其统治阶层，按传统的观点，是'夏禹之末封也'。"① 叶岗先生在 2013 年纠正了自己早年的观点，与陈民镇先生结合分子人类学和越地考古最近成果指出："在先秦时期，王室与子民族属不同的现象并不鲜见。"认为过去学者在讨论越族来源的相关问题时，"论者多是'一刀切'的做法：以夏文化与越文化判然有别而断然否定夏、越的联系，或是认可'越为夏裔'说进而将於越一概视作夏人后裔。事实上，细审载籍，古人并没有说於越全是夏人后裔，不过是说越王是大禹的后裔。这固然与古代史书忽略下层民众的历史有关，但若联系到'二分论'族源观，即区分统治阶层与被统治阶层的族属，那么以於越为主体的越国存在上层与下层族属差异的可能性也是不能排除的"②。

本文同意第三种观点，我们在深刻认识越地文化产生复杂性的同时，也不能全然否定越族起源"单一论"中的合理性因素，既要看到越地文化前身马桥文化，及相关的钱山漾文化、广富林文化与中原龙山文化的密切关系，也要看到越地文化中隶属于百越族群且与其他东南越人文化一脉相承的部分。正如叶岗和陈民镇二位先生指出的那样：越国文化的来源应该分王族和普通越人两类进行考察。其王族来源于中原，与中原礼制文明一脉相连；而越国普通民众以越地土著为主，主要承袭越地本土文化。

（二）兽面纹类型学比较

越地土著文化的先驱是马桥文化，而马桥文化的重要来源之一是良渚文化，故越地土著文化与良渚文化关系密切。（关于越文化与良渚文化的关系，董楚平、徐建春、叶岗、陈民镇、余晓栋等多位学者

---

① 徐建春：《越国的自然环境变迁与人文事物演替》，《学术月刊》2001 年第 10 期。
② 陈民镇、叶岗：《於越族源问题考论》，载苍铭主编《民族史研究》（第十二辑），中央民族大学出版社 2015 年版，第 282—304 页。

均做过专题论述，此不赘述。①）良渚文化是以浙江余杭良渚镇命名的稻作原始文化，该文化东至东海之滨，西北至镇江、常州一带，目前考古所见良渚文化的典型特征之一是对玉礼器的崇拜，李新伟先生评价良渚文明"以玉为权力"。② 良渚文化的制玉工艺达到了极高的水平，而良渚文化玉器上出现最多也最耀眼的纹饰是羽冠神和兽面结合的"神徽"③ 刻像，如图 2a 所示，为良渚文化的代表。

良渚"神徽"中的神人头顶巨型羽冠，方面折肘，为巫师祭祀做法的形象。④ 兽面则巨目圆睁、大嘴横咧。李学勤先生曾经在《良渚文化玉器与饕餮纹的演变》一文中列出良渚兽面的演变类型，除了如图 2a 中 M12：87 大型玉琮上的完整形象外，在良渚反山 M12、M17 里还发现有如图 3b、图 3c 类变形简省兽面，⑤ 我们将良渚的这种兽面纹饰及其简省类型与越剑剑格兽面放在一起对比，则可以清楚地看到二者的文化承继关系，如图 3 所示。二者均重视凸显兽面的巨目和大嘴，特别是巨目，刘敦愿先生就曾经指出反山"神徽"标志的巨目，"表示明神在上，监临下方的意思；对于本族的人，它是保护者，

---

① 董楚平、金永平等：《吴越文化志》，上海人民出版社 1998 年版，第 50 页。徐建春：《越国的自然环境变迁与人文事物演替》，《学术月刊》2001 年第 10 期。叶岗：《论于越的族源》，《浙江社会科学》2008 年第 10 期。陈民镇、叶岗：《於越族源问题考论》，载苍铭主编《民族史研究》（第十二辑），中央民族大学出版社 2015 年版，第 282—304 页。余晓栋：《于越族源问题及"越为禹后"说新论》，《绍兴文理学院学报》（哲学社会科学版）2017 年第 2 期。

② 李新伟：《温故知新：〈良渚玉器〉读后》，社科院考古所中国考古网，http：//kaogu.cssn.cn/zwb/kgyd/kgsb/201811/t20181121_4779469.shtml，2018 年 11 月 21 日。

③ 严文明：《一部研究良渚玉器和良渚文化的好书——〈良渚玉器〉序言》，社科院考古所中国考古网，http：//kaogu.cssn.cn/zwb/kgyd/kgsb/201810/t20181031_4767490.shtml，2018 年 10 月 31 日。

④ 张光直：《中国青铜时代》（二集），生活·读书·新知三联书店 1990 年版，第 98—99 页。张明华：《良渚玉符试探》，《文物》1990 年第 12 期。徐峰：《良渚文化玉琮及相关纹饰的文化隐喻》，《考古》2012 年第 2 期。

⑤ 李学勤：《良渚文化玉器与饕餮纹的演变》，《东南文化》1991 年第 5 期。

是善灵，对于'非我族类'者，对于敌人，它是一种威慑力量"①。区别则仅是越剑的神兽大嘴因为剑格特殊造型的需要而由平直咧开变为左右嘴角上翘。

（三）文明沟通的桥梁

众所周知，良渚"神徽"中的兽面纹与中原铜器中常见的饕餮关系密切，对此很多学者都做过专题讨论。如李学勤先生不仅从定义、双目、巨口等八个方面论述了良渚兽面纹与中原饕餮纹的相同之处，②还指出其意义、信仰上的一脉相通。"饕餮纹是二里头文化至商周时代器物上最流行的纹饰，其意义和来源曾有各式各样的解释，但都缺少充分证据。最近，在浙江余杭反山出土的良渚文化玉器，为破解这一疑案投射了新的光明。玉器饕餮纹的特征是能中分为左右两半，有的有特定轮廓的冠、爪，这些与商周饕餮纹的共同点不会是偶然的。这种神秘纹饰本身具有信仰的性质，所以纹饰的相通说明良渚文化的人们和商周人在作为文化重要内容的神话、信仰上是一脉相承的。"③再如董楚平先生不仅判定"良渚文化玉器的母题纹饰"就是中原神秘的"饕餮纹"，还指出该纹饰应是良渚贵族专用的，"玉琮几乎都刻有这种花纹，有些玉钺、玉璜、圭形玉器、D形穿缀玉器、玉带钩、山形玉器、倒梯形玉器、锥形玉器等十余种玉器也刻有这种纹饰。良渚小墓迄今几未发现饕餮纹。饕餮纹可能是良渚文化上层社会的专用徽号，是特权的标志"④。

至此，我们可知越剑剑格的这种特殊纹饰不仅与良渚文化一脉相承，而且与中原礼制文明关系密切。那么越王为什么要将这种特殊的

---

① 刘敦愿：《论青铜动物纹饰的对称法则问题》，载刘敦愿《刘敦愿文集》，科学出版社 2012 年版，第 256 页。

② 李学勤：《良渚文化玉器与饕餮纹的演变》，《东南文化》1991 年第 5 期。

③ 李学勤：《〈吴越文化新探〉读后》，《历史研究》1989 年第 3 期。

④ 董楚平：《吴越文化新探》，浙江人民出版社 1988 年版，第 81 页。

纹饰铸于剑格之上？本文认为这正反映出统治者面对文化融合时的一种有意行为。前文所述，越国王族来源于中原文化，越地普通民众则大多为良渚文化的继承者，故当来自中原的统治者与越地民众发生交集时，就势必要面对中原与越地两种文化的差异。一方面是对中原文化有着强烈归属感和认同感的越国上层贵族，另一方面是其辖下地处中原之外，仍然保持着"披发文身、错臂左衽"古老民风习俗的越地土著，二者之间形成了强烈的文化碰撞。来自中原的统治者如果想要稳固自己的政治秩序，就必须建立起一种既根植适应于越地土著文化习惯，又符合中原礼制传统的新型政治文明，这就是当时越国统治者所面对的情况。而此刻，继承自良渚"神徽"信仰传统，而又与中原饕餮神兽崇拜相通的剑格纹饰就成为沟通二者的最佳桥梁。这种特有的饕餮兽面和越王名同铸现象是对中原饕餮母题装饰习俗和良渚"神徽"崇拜的综合继承，通过它，无论是来自中原的统治者，还是越地土著民众，均找寻到了文化"认同"间的心理平衡。

二　越剑剑格纹饰与政教文明的构建

越剑剑格中饕餮兽面加越王名讳的纹饰方式不仅是一种文化心理认同的沟通桥梁，也反映出了越国统治者在教政关系上的思考。

（一）神兽纹与"通天地"

良渚"神徽"刻像与越剑剑格中饕餮兽面加越王名的纹饰方式本质上都属于器物纹饰中的人兽同铸装饰法。在中原文化中，考古所见兽与人共铸于器表的现象不在少数，如著名的妇好钺、司母戊鼎柄、安徽阜南龙虎尊等。兽人同铸的纹饰被徐良高等学者称为一种纹饰"母题"，虽然徐良高[1]、朱凤瀚[2]等学者认为这种图案表现的是兽食

---

[1]　徐良高：《商周青铜器"人兽母题"纹饰考释》，《考古》1991 年第 5 期。
[2]　朱凤瀚：《古代中国青铜器》，南开大学出版社 1995 年版，第 406—407 页。

人的场景，但张光直、林巳奈夫等更多的学者却认为这表现的是神兽在帮助巫觋进行祭祀沟通活动。林巳奈夫先生解读安徽阜南出土的龙虎尊时认为纹饰中人的形象应该是"配享于帝的祖先神"，正与神"口中伸出的舌头来互通灵气"①，并指出看作虎噬人的学者应是忽略了人的"泰然自若"，"毫无与虎敌对的表情、动作以及恐怖的表情"②。张光直先生在《商周神话与美术所见人与动物关系之演变》中明确指出青铜器上的动物纹饰沟通天地的作用。"商周之早期，神话中的动物的功能，是发挥在人的世界与祖先及神的世界之沟通上……礼乐铜器在当时显然用于祖先崇拜的仪式，而且与死后去参加祖先的行列的人一起埋葬。因此，这些铜器上之铸刻着作为人的世界与祖先及神的世界之沟通的媒介的神话性的动物花纹，毋宁说是很不难理解的现象。"③ "器物所象的人很可能便是那作法通天中的巫师，他与他所熟用的动物在一起，动物张开大口，嘘气成风，帮助巫师上宾于天。"④ 后张光直先生又在《商周青铜器上的动物纹样》中引《国语·楚语》昭王问观射父事进一步说明自己的观点，"民神之间的沟通，要仰仗民里面有异禀的巫觋；其中有高明者为祝为宗。在帮助他们通神的各种配备中，包括'牲器'即'牺牲之物'和'彝器之量'在内。换言之，商周的青铜礼器是为通民神，亦即通天地之用的，而使用它们的是巫觋。……商周青铜器上动物纹样乃是助理巫觋通天地工作的各种动物在青铜彝器上的形象"⑤。越剑剑格纹饰和良渚"神徽"正是张光直先生观点的最好证明，在二者的构图思路中，饕餮即是神兽，也是沟通上天的助手，而越王和羽冠神则是拥有奇能异

① ［日］林巳奈夫：《神与兽的纹样学》，生活·读书·新知三联书店 2009 年版，第19 页。

② ［日］林巳奈夫：《神与兽的纹样学》，第 22 页。

③ 张光直：《中国青铜时代》，生活·读书·新知三联书店 1983 年版，第 310—311 页。

④ 张光直：《中国青铜时代》，第 333 页。

⑤ 张光直：《中国青铜时代》，第 322 页。

禀的大巫觋，能与神兽一起沟通天地。

(二) 神化自身：从神巫到越王

对比图 2a 和 2b，可以发现从良渚"神徽"到越剑剑格纹饰的发展过程，二者俱是人（神巫）驾驭饕餮的构图思路，其最显著变化只是越剑剑格中将相当于神巫的位置替换成了以鸟虫书书写的越王名。怎么解释这种变化？

首先，这应是社会和文字发展的一种进步表现。反山墓地的时代在距今 5000—4800[①] 年的新石器时期，而越国州句剑格纹饰却发生在春秋时期，这个时候文字已有了长足的发展，故而以抽象的文字替代图画成为构图的重要元素，是一种社会文化的进步。

其次，越国鸟书文字所反映出来的鸟崇拜与反山"神徽"中的羽冠有着千丝万缕的联系。众所周知，反山"神徽"中的羽冠是良渚文化鸟崇拜的独特表达，而越国风格独特的鸟虫书也与神秘的鸟崇拜有着密切的关系。王世伦先生早在 20 世纪 90 年代就明确指出："鸟书不仅仅是春秋战国时的美术体，而与鸟崇拜有关，甚至可以说是从鸟崇拜中产生出来的。"不仅如此，王先生还在其文章中区分了同样流行鸟书的蔡、吴、宋、楚、越五国文字，指出只有越国的"王"字书写时采用的是"双首连体鸟书"。究其原因，则可能与自河姆渡文化即存在的鸟图腾崇拜有关。宁绍地区从河姆渡到良渚，再到越国文化，可能存在着"距今 7000 年前到 4000 年前鸟崇拜连续性的一种迹象"[②]。后曹锦炎先生也在《鸟虫书通考》中谈道："鸟虫书主要流行的长江中下游地区尤其是江淮一带，曾经是以鸟为图腾的东夷、淮夷的活动区域，说春秋战国时期在这个地区出现的鸟虫书，依然还带有

---

① 浙江省文物考古研究所：《反山》，文物出版社 2005 年版，第 365 页。
② 王士伦：《越国鸟图腾和鸟崇拜的若干问题》，《浙江学刊》1990 年第 6 期。

鸟图腾崇拜的烙印，并不是没有可能。"① 崔卉萱先生也在其文章中引用西方学者弗里森（V. Friesen）符号学"徽识"论指出："鸟崇拜在越国地域范围内有极其深远的历史地域背景……不论是河姆渡文化还是良渚文化，鸟图像已成为当时该地域的图像徽识。"② 所以当精美的鸟虫书与古老的神兽崇拜相碰撞时，就出现了这种文字替代图画的特有装饰风格。

最后，也是最重要的，是越王在这个变化中成功实现了自身的神化。在原本为越地民众所习惯的羽冠神驭兽的固有图腾思维中，创新却不突兀地将羽冠神置换成了越王名讳，既保持了原有神巫驭兽的构图框架，又融入了更多更深层的政治内涵。在这种创造性表现中，由于越王名讳的加入，使得原本只是神、兽二者结合的图腾族徽进化成了人、神、兽三者结合的有机体，借此越王实现了其神、巫、人合一的转变，实现了神权掌控和王权敬畏的统一，达到了政教合一的目的。正如谢崇安先生总结的那样，"源自原始的图腾神，因而它也是祖先的偶像，当图腾神向人格神转化，它既保持了祖神偶像的本质，同时也成了王的象征，成了人们固定膜拜的对象"。③ 于是神兽还是那个神兽，是沟通上天的助手，而越王则摇身变化为通天彻地、拥有奇能异禀的大神巫，成为文化心理认同的焦点中心，其身上亦被赋予神巫"精爽不携贰、齐肃衷正、智能上下比义、圣能光远宣朗、明能光照、聪能听彻"的美好品德，加诸了"制神之处位次主，而为之牲器时服，而后使先圣之后之有光烈，而能知山川之号、高祖之主、宗庙之事、昭穆之世、齐敬之勤、礼节之宜、威仪之则、容貌之崇、忠信之质、禋絜之服而敬恭明神"的职能，且能知"四时之生、牺牲之物、玉帛之类、采服之仪、彝器之量、次主

---

① 曹锦炎：《鸟虫书通考》（增订版），上海辞书出版社 2014 年版，第 5 页。
② 崔卉萱：《越国鸟虫书与鸟虫崇拜探析》，《浙江科技学院学报》2017 年第 2 期。
③ 谢崇安：《商周艺术》，巴蜀书社 1997 年版，第 175 页。

之度、屏摄之位、坛场之所、上下之神、氏姓之出"，能安民神以
"忠信、明德"。①

如此，神巫、越王、饕餮、神鸟（越国文字中表现出的特有凤鸟
崇拜）在剑格纹饰中有机融合，既承继了越地悠长的历史记忆，又形
成了新的图腾崇拜，而其上的文字"戉王戉王，戉王戉王"就仿佛一
种祭祀"沟通"时的祝祷、呐喊，越国最高统治者的形象就在这种特
殊的纹饰表现中升华到了极致，一个以越王为"大祭司"的新造神运
动就与铜剑这种越国人最重视的青铜礼器巧妙结合了。这一切正如李
禹阶先生指出的那样，"先民所循守的氏族习惯规则就逐渐转化为礼
的制度性（法）规则。尤其是以祖先神为主神的最高神明崇拜，导致
主神崇拜与王权敬畏的合一"②。

三 小结

综上所述，越剑剑格上这种特殊的纹饰不仅是越与良渚文化传
承的证明，亦是越国贵族统治者寻求自身与民众心理认同的桥梁。
剑为越国的主要权力兵器，亦是越王的代表性兵器，故在剑格上铸
造代表祖先及神权崇拜的饕餮纹和越王名就反映出越国统治者将越
地本土祖先神崇拜与中原王权礼制相结合的政治思路。如此一来，
政权最高统治者的越王不仅成为血缘祖先神的代表，而且成为沟通
天地、执掌神权的大巫觋，从而实现了越国礼制文明构建中的政教
统一。

中国早期文明起源研究是近年来学界关注的重点，如王震中、王
子今、李禹阶、杨建华、彭邦本等学者均指出在文明发展的进程中存

---

① 上海师范大学古籍整理组：《国语》，上海古籍出版社 1978 年标点本，第 559—
560 页。

② 李禹阶：《史前战争、礼与中原文明中心的崛起》，中国文明起源的中心与边缘学
术研讨会论文，重庆，2018 年 10 月。

在着中心与边缘地区的"互化与融合"现象,① 越国剑格纹饰的有意创新正是这种文明互化融合的典型反映。原始的宗教崇拜、当世的军事政权均在剑格的纹饰中被给予礼仪化的表达,中原外来者的统治在越地本土宗教信仰中脱胎出了宗法精神和等级秩序,越国王族也在血缘和地缘政治中树立起本源于中原礼制却又不同于中原礼制的政教内涵,而这种扎根于原始宗教的新式政教文明也推动着边缘区域的越国从"断发文身"的偏僻边野,逐渐融入中原文明的序列。②

(原载《重庆师范大学学报》2019 年第 2 期)

① 王震中:《夷夏互化融合说:早期文明演进中的中原与东夷》、王子今:《"中国"与"五方"——上古方位意识与"天下一统"理念》、杨建华:《欧亚大陆史前农业与牧业关系的管窥》、彭邦本:《中国早期文明的中心与边缘——以古蜀历史为例的探讨》,中国文明起源的中心与边缘学术研讨会论文,重庆,2018 年 10 月。

② 这种礼制文明的构建绝非开始即有的,越国虽然在史书上一直与吴国并称,但其实际综合国力直到勾践之父允常在位期间才开始逐渐振兴。本文认为越国根源中原中心的政教文明始初应在越王勾践时期,而真正确立则应是朱句在位期间。因篇幅所限,该问题另文讨论。

秦汉时期的户人与家长

钟良灿[*]

　　摘　要：秦汉乃至三国时期，"一户之长"被称为"户人"，"户人"并非"一户之人"，而是有特定身份要求的。秦及汉初"名田宅制"下的田宅授予，以"户人"为主要对象。秦汉时期，不管是法定意义上的家长还是民众实际生活中的家长，都是包括女性尊长在内的；户人不一定是家长，反之亦然。唐令规定"诸户主皆以家长为之"，户主与家长得到统一。从"户人"到"户主"的过程，反映的正是户主与家长逐步统一的过程，体现了法律儒家化的一个主要方面。

关键词：秦汉；户人；户主；家长；法律儒家化

基金项目：国家社科基金重大招标项目"秦汉时期的国家建构、民族认同、社会整合研究"（项目编号：17ZDA180）

　　战国以来，随着户籍制度的建立和完善，一般编户民之家即具有双重属性：它既是主要以血缘关系为纽带形成的私法意义上的家，同

---

　　* 重庆师范大学历史与社会学院副教授。

时也是国家控制下公法意义下的家（户）①。国家通过户，把家作为公法上的课税对象，在与私法意义上的家起冲突时，法律一般只按公法意义上的家来处理。此即意味着二者的关系，有时是可以截然分开的。②

因为家与户的这种关系，导致二者的代表——家长与户人的关系亦呈现出既相重合又互相不一致的一面。家长是一个家庭自然产生的维持家庭运作的代表，他与国家权力支配下的户的法定代表——户人，有着本质的区别。如果户主与家长分属不同的家庭成员，那么家的运作以及对国家赋役的完成，究竟应该在谁的领导下进行，应该说是不明晰的。为解决这一问题，唐令规定"诸户主皆以家长为之"③，户主与家长直接挂钩。

户主与家长的合一，经历了一个漫长的过程。在张家山汉简《二年律令》中可以看到，汉初的承户顺序是男女交错、尊卑间杂。也因如此，户人与家长的关系就更为复杂。系统梳理秦汉时期的户人身份以及户人与家长的关系，有助于我们理解秦汉时期一般编户民家庭的运作以及国家权力对民众生活的渗透程度。

一　秦汉时期的户人身份

户主一词出现甚晚，传世文献最早见于《宋书·孝义列传·蒋恭》④。在已出土籍账资料中，最早著录"户主"者为《西魏大统十

---

① 参见［日］滋贺秀三《中国家族法原理》，张建国、李力译，商务印书馆2013年版，第57—58页。
② 参见［日］滋贺秀三《中国家族法原理》，张建国、李力译，商务印书馆2013年版，第58页。
③ ［日］仁井田陞：《唐令拾遗》，栗劲、霍存福、王占通、郭延德编译，长春出版社1989年版，第131页。
④ 《宋书》卷九十一《孝义列传·蒋恭》，中华书局1974年版，第2251页。

三年（552年）瓜州孝谷郡计帐文书》①。至于唐代，户主一词已是屡见不鲜。与户主义近，唐代又有所谓"户头"之称。②"户头"一词，还出现在唐代法令文献如《天圣令·田令》与《唐大诏令集》中。③如果说户主是一户之主，户头是一户之头，那么"一户之长"似又可称"户长"。④ 民国时期，确实有将户长作为户主使用，写在户口册之上的例子，⑤ 但在此之前，尚未见这样的实例。

秦汉乃至三国时期的孙吴，"一户之长"的户主被称为"户人"，这点在出土文献中表现得十分明显。在里耶秦简、江陵高台汉墓所出木牍、江陵凤凰山汉简、悬泉汉简、东牌楼汉简以及走马楼吴简中都有"户人"的记载，且从其内容看，户人所指，就是后世之户主。在传世文献中，"户人"表示户主之义的例子不多。《汉书·食货志》有以下记载。

> 民受田，上田夫百亩，中田夫二百亩，下田夫三百亩。岁耕种者为不易上田；休一岁者为一易中田；休二岁者为再易下田，三岁更耕之，自爰其处。农民户人己受田，其家众男为余夫，亦以口受田如比。⑥

班固所说，为先秦时期的受田制度，从其内容看，可能是掺杂了

---

① ［日］池田温：《中国古代籍帐研究》，龚泽铣译，中华书局2007年版，第13—22页。

② 李贤注：《后汉书》，参见《后汉书》卷三《肃宗孝章帝纪》，中华书局1965年版，第152页。

③ 韩树峰：《汉魏法律与社会——以简牍、文书为中心的考察》，社会科学文献出版社2011年版，第99页。

④ 李贤注《后汉书》引《前书音义》说到"男子者，谓户内之长也"。"户内之长"即"一户之长"，说的就是户主。《前书音义》作者为两晋时人，可见当时确有户主为"一户之长"的观念。参见《后汉书》卷二《显宗孝明帝纪》，第96页。

⑤ ［日］滋贺秀三：《中国家族法原理》，张建国、李力译，商务印书馆2013年版，第301页。

⑥ 《汉书》卷二十四上《食货志上》，中华书局1962年版，第1119页。

后世儒生理想或想象的周制。① "农民户人"，清人王念孙认为其脱"一"字，实为"农民户一人"②。其实，从"农民户人"与"其家众男为余夫"的对言中可以看出，户人所指非"户一人"，而是"户主"③。此"户人"或为班固沿用先秦古籍说法，或为班固用今语释古制。若为前者，似可说明"户人"称谓在先秦时期业已出现。

从户人到户主，确实形成一条清晰可见的线索。有的学者由此推断，法律上的"户主"代替"户人"，"意味着国家对民众的控制方式发生了转变"，它反映的是"汉、晋户主的经济义务与法律责任的不同"④。应该看到，这一观点是建立在作者对户人与户主的内涵的界定之上的。作者认为"户人""无非是'户内之人'"，可以是户内的任何成员；而"户主"所表达的则是"一户之主""一户之头"的意思，它是排除户内一般成员的专指性的称谓。⑤此涉及秦汉时期的"户人"的身份与地位问题，秦汉时期的户人是否与户内其他成员无别？

张家山汉简《二年律令·置后律》载：

> 死无子男代户，令父若母，毋父母令寡，毋寡令女，毋女令孙，毋孙令耳孙，毋耳孙令大父母，毋大父母令同产子代户。同产子代户，必同居数。弃妻子不得与后妻子争后。⑥

所谓"代户"，即代为户主，它是户人身份的继承。从上引简文

---

① 班固所载与《周礼·遂人》记载相似，不同的是《周礼》所载为"夫"与"余夫"对言，"夫"也就是"户人"。参见贾公彦《周礼注疏》卷二十六，中华书局1980年影印阮元校刻《十三经注疏》本，第1596页上栏。

② 王先谦：《汉书补注》，中华书局1983年影印本，第506页上栏。

③ 韩树峰：《汉魏法律与社会——以简牍、文书为中心的考察》，第98页。

④ 韩树峰：《汉魏法律与社会——以简牍、文书为中心的考察》，第96—113页。

⑤ 韩树峰：《汉魏法律与社会——以简牍、文书为中心的考察》，第101页。

⑥ 张家山二四七号汉墓竹简整理小组编：《张家山汉墓竹简［二四七号墓］》（释文修订本），文物出版社2006年版，第60页。

可知，汉初的代户顺序是子男—父母—寡妻—子女—孙—曾孙—祖父母—同居数之同产子。这种看似男女交错、尊卑间杂的代户顺序，实际上还是涉及不少基本要素，以下为邢义田的总结。

一、性别，两性皆可为后，但男优于女。

二、年龄，年长优于年少。

三、同产（嫡庶），同产优于不同产，嫡优于庶。

四、同居，同居优于不同居。

五、辈分，辈分高优于辈分低。①

这几个因素并不绝对，而是互有优先性。② 国家之所以对承户之人的身份如此大费周章地限定，是因为户人身份在当时特别重要。

张家山汉简《二年律令·置后律》又记载爵位继承顺序。

□□□□为县官有为也，以其故死若伤二旬中死，皆为死事者，令子男袭其爵。毋爵者，其后为公士。毋子男以女，毋女以父，毋父以母，毋母以男同产，毋男同产以女同产，毋女同产以妻。诸死事当置后，毋父母、妻子、同产者，以大父，毋大父以大母与同居数者。③

这里说的是县官死事者的爵位继承，其顺序是子男—子女—父—母—男同产—女同产—妻，可归纳为子（子男、子女）—父母—同产—妻。两相比较，可知在《二年律令》中，户与爵的继承，其顺序是

① 邢义田：《张家山汉简〈二年律令〉读记》，载《地不爱宝：汉代的简牍》，中华书局 2011 年版，第 191 页。
② 邢义田：《张家山汉简〈二年律令〉读记》，载《地不爱宝：汉代的简牍》，第 191 页。
③ 张家山二四七号汉墓竹简整理小组编：《张家山汉墓竹简〔二四七号墓〕》（释文修订本），第 59 页。

有所不同的，这就意味着理论上爵位继承者与户的继承者可以是不同之人。然而，在民众实际生活中，因为子男代户与承爵的同一性，户后与爵后多数时候是一致的。此外，如有的学者所说，"现实中可能会根据留下的遗嘱（先令）或通过互相分割田宅，避免发生爵位继承者和田宅继承者不同的情况"①。

《二年律令·置后律》说道，"寡为户后，予田宅，比子为后者爵"②。"比子为后者爵"，说明后子不但继承户人身份，还要继承爵位，寡妻代户，可比照后子之爵，享受同等待遇。《二年律令·置后律》还记载了后子爵位继承的细则。

> 疾死置后者，彻侯后子为彻侯，其毋适（嫡）子，以孺子□□□子。关内侯后子为关内侯，卿侯〈后〉子为公乘，【五大夫】后子为公大夫，公乘后子为官大夫，公大夫后子为大夫，官大夫后子为不更，大夫后子为簪袅，不更后子为上造，簪袅后子为公士，其毋适（嫡）子，以下妻子、偏妻子。③

后子承爵，显系承自秦律，据睡虎地秦简《法律答问》载：

> 擅杀、刑、髡其后子，讞之。可（何）谓后子？官其男为爵后，及臣邦君长所置为后大（太）子，皆为后子。④

所谓"官其男为爵后"，整理小组译为"经过官方认可其子为爵

---

① ［日］宫宅洁：《中国古代刑制史研究》，杨振红等译，广西师范大学出版社 2016 年版，第 281 页。

② 张家山二四七号汉墓竹简整理小组编：《张家山汉墓竹简［二四七号墓］》（释文修订本），第 61 页。

③ 张家山二四七号汉墓竹简整理小组编：《张家山汉墓竹简［二四七号墓］》（释文修订本），第 59 页。

④ 睡虎地秦墓竹简整理小组：《睡虎地秦墓竹简》，文物出版社 1990 年版，第 110 页。

位的继承人"，可知后子的继承既有户人身份的继承，又有爵位的继承。①

研究表明，战国至西汉初的国家授田制，是以定居为首要原则，并且原则上是授予户人的。② 睡虎地秦简《为吏之道》后所附《魏户律》，内有"自今以来，段（假）门逆吕（旅），赘婿后父，勿令为户，勿鼠（予）田宇"的记载。③ 所谓"为户"，就是定居，法律规定假门逆旅、赘婿后父自今以后不能再定居成为户人，国家不再授予他们作为户人应得之田宇。可见"为户"不但是定居，且是为户人之义。《魏户律》的内容应该为秦所袭，这种国家授田制又被称为"名田宅制"。所谓"名田宅"，意即按"名"（户籍）授予田宅。国家对"名"的授予，首先是通过户人实现的。

这种"名田宅制"，在汉初社会仍得以施行。据张家山汉简《二年律令·户律》载：

> 关内侯九十五顷，大庶长九十顷，驷车庶长八十八顷，大上造八十六顷，少上造八十四顷，右更八十二顷，中更八十顷，左更七十八顷，右庶长七十六顷，左庶长七十四顷，五大夫廿五顷，公乘廿顷，公大夫九顷，官大夫七顷，大夫五顷，不更四顷，簪袅三顷，上造二顷，公士一顷半顷，公卒、士五（伍）、庶人各一顷，司寇、隐官各五十亩。不幸死者，令其后先择田，乃行其余。它子男欲为户，以为其□田予之。其已前为户而毋田宅，田宅不盈，得以盈。宅不比，不得。

> 宅之大方卅步。彻侯受百五宅，关内侯九十五宅，大庶长九

---

① 尹在硕：《睡虎地秦简和张家山汉简反映的秦汉时期后子制和家系继承》，《中国历史文物》2003 年第 1 期，第 31—33 页。

② 张金光：《秦制研究》，上海古籍出版社 2004 年版，第 13 页；《战国秦社会经济形态新探》，商务印书馆 2013 年版，第 93 页。

③ 睡虎地秦墓竹简整理小组：《睡虎地秦墓竹简》，第 174 页。

十宅，驷车庶长八十八宅，大上造八十六宅，少上造八十四宅，右更八十二宅，中更八十宅，左更七十八宅，右庶长七十六宅，左庶长七十四宅，五大夫廿五宅，公乘廿宅，公大夫九宅，官大夫七宅，大夫五宅，不更四宅，簪袅三宅，上造二宅，公士一宅半宅，公卒、士五（伍）、庶人一宅，司寇、隐官半宅。欲为户者，许之。①

以上记载，将汉初的"名田宅制"记录得十分详细。"名田宅制"是国家通过户籍对户人进行授田宅，而户人所受田宅的多寡则与其所处之爵制身份有关②。这样一来，军功授田制与庶民授田被纳入国家统一的"名田宅制"，其性质可能如张金光所说，是"土地国有制下的国家份地授田制"③。从关内侯到司寇、隐官，只要符合"为户"条件，都可获得相应的田宅。"它子男欲为户，以为其□田予之"，张金光认为"□田"为"户田"，指的就是"为户"所得之田。④ 若此说不误，则户田似是登录在户人名下之田，"它子男"是与后子相对而言的，"它子男"获得"户田"的前提条件也是"为户"，即以户人身份分得其户田。

从"不幸死者，令其后先择田，乃行其余"的记载来看，西汉的授田制似乎与前引西周时期国家授田制极其相似：户人先受田，余夫（它子男）再受其余。这与前文所述战国秦汉"名田宅制"以"为户"为前提的受田制度似乎相矛盾。"名田宅制"下的户人与户内一般成员，是否都享有受田的权利？杨振红认为不是，理由是战国中期

---

① 张家山二四七号汉墓竹简整理小组编：《张家山汉墓竹简［二四七号墓］》（释文修订本），第52页。

② 杨振红：《秦汉"名田宅制"说——从张家山汉简看战国秦汉的土地制度》，《中国史研究》2003年第3期，第51页。

③ 张金光：《试论秦自商鞅变法后的土地制度》，《中国史研究》1983年第2期，第33页。

④ 张金光：《秦制研究》，第16页；《战国秦社会经济形态新探》，第96页。

以后，名有土地是以"户"为单位，而非以"口"为单位。① 韩树峰则认为《汉书·食货志》所载"户人"优先受田，余夫再以口受田这一制度与战国至汉初的受田原则一致②，言下之意似乎认同战国至西汉"名田宅制"下户人与户内一般成员都享有受田权利。今按：《汉书·食货志》在记载"民受田"制度之后，还有大段对乡里民众生活的记录，最后，班固总结：

> 此先王制土处民富而教之之大略也。故孔子曰："道千乘之国，敬事而信，节用而爱人，使民以时。"故民皆劝功乐业，先公而后私。③

班固最后点明，以上所载均为"先王之制"，又引孔子之言，可见其所载之国家授田制，或为西周之制，或为儒生理想化之周制。班固在《汉书·食货志》中所载内容，与《周礼·遂人》所载极为相似。

> 辨其野之土：上地、中地、下地，以颁田里。上地，夫一廛，田百亩，莱五十亩，余夫亦如之。中地，夫一廛，田百亩，莱百亩，余夫亦如之。下地，夫一廛，田百亩，莱二百亩，余夫亦如之。④

郑众注云："户计一夫一妇而赋之田，其一户有数口者，余夫亦受此田也。"⑤ 这一制度显然与战国至西汉初的"名田宅制"不符。

---

① 杨振红：《秦汉"名田宅制"说——从张家山汉简看战国秦汉的土地制度》，第53页。
② 韩树峰：《汉魏法律与社会——以简牍、文书为中心的考察》，第101页。
③ 《汉书》卷二十四上《食货志上》，第1123页。
④ 贾公彦：《周礼注疏》卷一十五《遂人》，第1596页上栏。
⑤ 贾公彦：《周礼注疏》卷一十五《遂人》，第1596页上栏。

从出土文献看，"名田宅制"下受田的对象也是"户人"，户内其他成员（即余夫），若不"为户"，似乎没有受田的机会。从战国至西汉初的家庭制度看，秦自商鞅变法以后，施行分异之令，"民有二男以上不分异者，倍其赋"①，以一夫一妇外加未成年子女组成的核心家庭成为社会的主流家庭形态。这种情况下"余夫"的受田，显然是通过"为户"也就是分异出去另立户籍实现的。因此，余夫的受田仍是以户人身份受田。如《二年律令·户律》载："诸（？）后欲分父母、子、同产、主母、叚（假）母，及主母、叚（假）母欲分孽子、叚（假）子田以为户者，皆许之。"② 国家对这种分户行为是持赞许态度的，因为它与国家所施行的"分异令"政策相符。

因"为户"可获得国家授予的田宅，因此国家对"为户"的限制也较多。《二年律令·户律》有以下记载。

> 诸不为户，有田宅，附令人名，及为人名田宅者，皆令以卒戍边二岁，没入田宅县官。③

如此看来，一般编户民的田宅必须通过"名"才能得到官府承认。对于有田宅而又"不为户"者，名义上让他人"名"己田宅，意图使田宅合法化者，这种"令人名"及"为人名田宅"的行为都为法律所不允许。换言之，不为户而有田宅是不允许出现的，这也证明"名田宅制"是国家对户人"名田宅"的一种认可。前文已述，国家对代户者身份有很多限制，对其代户顺序有严格的要求。《二年

---

① 《史记》卷六十八《商君列传》，中华书局 1959 年版，第 2230 页。
② 张家山二四七号汉墓竹简整理小组编：《张家山汉墓竹简［二四七号墓]》（释文修订本），第 55 页。
③ 张家山二四七号汉墓竹简整理小组编：《张家山汉墓竹简［二四七号墓]》（释文修订本），第 53 页。

律令·户律》规定"为人妻者不得为户"①，这是因为其夫也就是户人尚在。若夫亡，寡妻可以以户后的身份获得相应的田宅："寡为户后，予田宅。"② 按前引《二年律令·置后律》，寡妻为后排在子男与父母之后，其为户后的机会还是较多的。从《二年律令》中妻在"户后"与"爵后"顺序中所处的位置看，日本学者宫宅洁所谓"户后的顺序是由血缘原理以外的因素在起作用"的意见值得重视③。这个因素就是国家对民户户数控制的需求，其表现之一为在特殊情况下，奴婢甚至可以代户，成为户后。

综上可知，战国至西汉初实行国家授田制，这一制度被称为"名田宅制"。田宅的授予，是以"为户"为前提条件的。国家根据户人的爵位等级，授予相应的田宅。从《二年律令·置后律》所载的为后顺序看，国家对后子身份的界定及代户顺序的确立，既要考虑家庭伦理，又要尽量满足民众对田宅的需求。这与当时的社会发展状况相符：战国至汉初，国家有开发土地的需要，民众有获得田宅的需求，因此在国家主导下实行"名田宅制"。随着国家控制土地的减少，至迟在汉文帝时期，"名田宅制"实际已逐渐废止。④ 其中，民爵的轻滥无疑是其重要因素之一。

由此可知，至少在秦及汉初，户人并非"户内之人"、户内一般成员，而是有特殊身份要求的。国家对代户者身份进行明确规定，就是因户人与户内一般成员不同。

《二年律令·置后律》所载代户顺序是否一直沿用不替？由于传

---

① 张家山二四七号汉墓竹简整理小组编：《张家山汉墓竹简［二四七号墓]》（释文修订本），第56页。
② 张家山二四七号汉墓竹简整理小组编：《张家山汉墓竹简［二四七号墓]》（释文修订本），第61页。
③ 参见［日］宫宅洁《中国古代刑制史研究》，杨振红等译，第282页。
④ 杨振红：《秦汉"名田宅制"说——从张家山汉简看战国秦汉的土地制度》，第69页。

世文献缺于记载，出土文献又有较大的断层，使得我们对西汉以后的户人身份认识不清。所幸的是走马楼吴简中"户籍簿"的大量出土，为我们了解汉初以后的户人身份提供了参考。

走马楼吴简中有大量"户籍簿"的资料，通过复原，可以找出一些完整的家庭记录。通过对这些家庭记录的分析，可以看出在户主身份认定上，孙吴时期基本还是沿用了《二年律令·置后律》所载那种代户顺序与原则。沿袭性的一面主要体现在女性户主和卑幼户主问题上，表现为汉代那种男女交错、尊卑间杂的代户现象的继续。男女交错体现为与汉代情况一样，在户内有男性成员的情况下，女性也可以成为户人；① 尊卑间杂则体现为在户内有尊长与卑幼同时存在的情况下，既有尊长为户人的情况，也有卑幼为户人的情况。②

尽管如此，孙吴时期的户人身份认定仍出现了一些新的时代变化：孙吴时期的户主资格认定已出现向唐代那种男系主义与尊长主义方向发展的趋势。其表现是女性在户内有成年男性的情况下已不能担任户主，这说明女性承户机会的减少和地位的下降；未成年子男已不再同汉代那样可以代户，反映的是卑幼代户现象走向消亡，代之而起的是尊长主义的原则。吴简中大量女户的存在，反映的是因战乱和赋役繁重导致的长沙地区成年丁壮大量消失的现象。女性被迫承担起"纲纪门户"的责任，这在客观上提高了女性在家庭中的地位。然而，这种现象毕竟是暂时的，随着法律儒家化的发展，女性的地位逐渐下降，其代户机会也变得越来越小。③

大致来看，秦汉时期乃至孙吴时期，国家对户人身份的认定，考

① 参见赵宠亮《走马楼吴简所见"女户"》，《石家庄学院学报》2016 年第 5 期，第 27 页；钟良灿《走马楼吴简所见女性户人身份研究》，《齐鲁学刊》2016 年第 6 期，第 45 页。

② 钟良灿：《走马楼吴简所见户人身份研究》，硕士学位论文，北京师范大学，2013 年版，第 16—25 页。

③ 钟良灿：《走马楼吴简所见女性户人身份研究》，第 47 页。

虑更多的可能是户人承担赋役的能力，而不是儒家伦理的尊卑秩序。从这点看，认为从户人到户主的变化反映出"汉晋户主的经济义务与法律责任不同"的观点似乎难以成立①。从汉到唐，"户人"到"户主"的变化，可能主要体现在户人与家长的关系上。从"户人"到"户主"这一称谓的变化，或许在于户人不一定是家长，而户主则必须是家长，故而一个称"人"，一个称"主"。从户人到户主，恰恰是法律儒家化在户人身份变化上的体现。

二　秦汉时期的家长

那么，在一个家庭内，由谁担任家长？日本学者滋贺秀三通过对唐律及晚近采访资料的研究指出，所谓家长，指的是一家之中首要的长上，具体而言指家庭内辈分高且年长者。② 罗彤华认为家长是唐代社会共识的概念，"家长理应是家中之最尊长"③。

早在先秦时期，家长一词即已出现。《墨子·天志上》载："若处家得罪于家长，犹有邻家所避逃之。"④ "家长"含义与后世一致，指的是一家之长。《诗·周颂·载芟》"侯主侯伯"，毛传曰："主，家长也。"孔颖达疏引《坊记》云："家无二主，主是一家之尊，故知'主，家长'也。"⑤ 西汉毛亨已将"主"理解成家长，唐代的孔颖达则明确提出"家长乃一家之尊"。其中或许反映了汉、唐时期，儒家伦理对家庭的渗透程度有所不同，但要言之，家长在家庭中的地位无疑是突出的，是"一家之尊"。从"家无二主"的表述来看，家长不

---

① 韩树峰：《汉魏法律与社会——以简牍、文书为中心的考察》，第96—113页。

② ［日］滋贺秀三：《中国家族法原理》，张建国、李力译，商务印书馆2013年版，第301页。

③ 罗彤华：《家长与尊长——唐代家庭权威的构成》，载《同居共财——唐代家庭研究》，政大出版社2015年版，第61页。

④ 吴毓江：《墨子校注》卷七《天志上》，中华书局1993年版，第287页。

⑤ 孔颖达：《毛诗正义》卷一十九《周颂·载芟》，第1297页上栏。

但是"一家之尊",而且是"一家之至尊"。

这个"一家之至尊",在父祖等男性尊长在世时,自然指的是男性尊长。《说文解字·父》曰:"父,矩也,家长率教者。从又、举杖。"[1] 清人黄宗炎《周易寻门余论》曰:

> 父,家长率教者。一家之主以手指挥,卑幼悉听命也。小篆以为举杖,非也。[2]

不管是举杖还是以手指挥,都象征了父作为家长的权威。黄宗炎所谓"一家之主以手指挥,卑幼悉听命也",说的正是"家长率教"之义。《仪礼·丧服》曰:"父,至尊也。"唐人贾公彦疏曰:"云父至尊者,天无二日,家无二尊。父是一家之尊,尊中至极,故为之斩也。"[3] 正因父在一家之内的特殊地位,学界才有所谓"父家长"[4]之称。

对于男性尊长,其辈分、年龄最高者充任家长,这在中国古代社会似无疑问。问题在于女性尊长是否能成为家长?

据罗彤华研究,唐令规定"诸户主皆以家长为之",所谓家长是法定的家长,未必是实际的家长。[5] 法定家长是排除女性尊长的,而实际上女性尊长,尤其是母,很多时候就是家长。[6] 滋贺秀三在《中

---

① 段玉裁:《说文解字注》,上海古籍出版社1988年版,第56页。

② 黄宗炎:《周易寻门余论》,中华书局2010年版,第419页。

③ 贾公彦:《仪礼注疏》卷二十九《丧服》,第2381页上栏。

④ 很多学者都将中国这种家长制称为父家长制,代表性的有中国学者瞿同祖,瞿在谈及父权时称"中国的家族是父权家长制的",参见瞿同祖《中国法律与中国社会》,中华书局2003年版,第5页;日本学者滋贺秀三认为直系亲的同居家庭是父家长型的家,参见滋贺秀三《中国家族法原理》,张建国、李力译,商务印书馆2013年版,第156页。

⑤ 罗彤华:《"诸户主皆以家长为之"——唐代户主身份研究》,载《同居共财——唐代家庭研究》,第51页。

⑥ 罗彤华:《家长与尊长——唐代家庭权威的构成》,载《同居共财——唐代家庭研究》,第66页。

国家族法原理》一书中揭示对晚近民众的调查，一般都称寡母为家长。①

对于被称为家长的母亲，是否起到男性家长的实际功能？滋贺秀三认为应分为公法和私法两方面看：公法上只要有儿子，这一功能只能为儿子所有；私法上母亲具有家务管理的功能。② 换言之，从国家法律层面讲，国家只认男性家长；但从私家的管理层面讲，母亲是当家，家务一统于母亲。这里就涉及一个很有意思的现象：在父亲去世后，长子事实上是一家之主，也就是家长；但因母亲在家务管理方面的权威，长子实际上是将当家的母亲当作家长对待的。由此可以看出，在家长问题上，国家和民众的理解是有矛盾之处的。

唐律里家长明显是排斥女性尊长的，但在清律里，有所谓"同家长"之称。按《大清律辑注》卷20"女婢殴家长"条沈之奇注曰：

> 不言家长之父母、祖父母者，盖家统一尊，祖在则祖为家长，父在则父为家长。若祖父不在，而祖母与母应同家长。又如分居之子孙自置奴婢，犯其家长之祖父母、父母，亦应同家长。③

不难看出，在清代，孙、子与祖父母、父母同居，若祖、父不在，祖母、母还是可以担任家长的。对于清律所述"同家长"，有的学者认为可能是母亲在父死而母尚未传家事于冢妇之际，"暂以同于家长之身份董理家政"④。即便如此，所谓"同家长"的称谓也表明女性尊长为家长的情况与男性尊长为家长的情况有所不同。这说明女

① ［日］滋贺秀三：《中国家族法原理》，张建国、李力译，商务印书馆2013年版，第315页。
② ［日］滋贺秀三：《中国家族法原理》，张建国、李力译，商务印书馆2013年版，第315页。
③ 沈之奇著，李俊、怀效锋点校：《大清律辑注》，法律出版社2000年版，第752页。
④ 罗彤华：《家长与尊长——唐代家庭权威的构成》，载《同居共财——唐代家庭研究》，第64页。

性尊长可能一般很少直接为家长，而是在夫死后享有同夫一样的家长权力。

按儒家观念，女性尊长原则上是不能直接成为家长的，《礼记·内则》即载：

> 舅没则姑老，冢妇所祭祀宾客，每事必请于姑。①

"舅没则姑老"，郑玄注曰："谓传家事于长妇也。"② 所谓传家事，就是后世所谓"当家"③，而非家长权的继承。按舅在肯定是家长，姑则是协助家长管理家事；舅没，家长由长子承替，此时姑也老了，传家事于长妇。"冢妇所祭祀宾客，每事必请于姑"，郑玄认为是因为"妇虽受传，犹不敢专行也"④。可知所传者即为家事，而非家长之位。《礼记·曲礼》曰："七十曰老，而传。"郑玄注曰："传家事，任子孙，是谓宗子之父。"⑤ 郑玄为东汉大儒，他不但是这样注儒家经典，而且也是严格按儒家经典行事。郑玄在年七十时，传家事于子益恩，史载郑玄戒子书云：

> 今我告尔以老，归尔以事，将闲居以安性，覃思以终业。自非拜国君之命，问族亲之忧，展敬坟墓，观省野物，胡尝扶杖出门乎！家事大小，汝一承之。⑥

可知年七十传家，所传者为家事，所谓"家事大小，汝一承之"。然而，这种传家与舅没传家事于长妇不同：年七十传家，家长身份不

---

① 孔颖达：《礼记正义》卷二十七《内则》，第3170页上栏。
② 孔颖达：《礼记正义》卷二十七《内则》，第3170页上栏。
③ 关于"家长"和"当家"之关系，滋贺秀三有详细的论述，参见［日］滋贺秀三《中国家族法原理》，张建国、李力译，第301—317页。
④ 孔颖达：《礼记正义》卷二十七《内则》，第3170页上栏。
⑤ 孔颖达：《礼记正义》卷一《曲礼上》，第2666页上栏。
⑥ 《后汉书》卷三十五《郑玄列传》，第1210页。

变，只是让出当家权；而舅没传家事长妇，长子为家长，长妇当家。因此可以这样理解，在一个家庭里，丈夫为家长，而通常让妻子当家，这种当家权的让与掌握在家长手中。当然，也有家长自己当家的，如郑玄之例，又如东汉的逸民向长。史载向长事迹：

> 建武中，男女娶嫁既毕，勑断家事勿相关，当如我死也。于是遂肆意，与同好北海禽庆俱游五岳名山，竟不知所终。①

与郑玄严格遵守《礼记》年七十传家事不同，向长是看破死生富贵，在男女娶嫁完毕之后，选择传家事于子，从此离家不归。所以向长的传家，如其自己所言，是死后传家事于长子的做法。其子既是当家，又是家长。

如此看来，在儒家理想的家庭伦理中，妇女只有"当家"权，却没有直接为家长的权利。清律所谓"同家长"，或许可以理解为女性尊长在男性尊长去世后，可以享受男性尊长的家长权力，但其本身并不一定是家长。

然而，《礼记·内则》说的是一个理想状态，它没有考虑到这样一种情况：在父早亡，子尚幼的情况下，所谓长子继为家长，长妇当家事的情况可能就不复存在。在这种情况下，母亲作为一户之内最尊者，可能因其长年主管家事，事实上就等同于一般意义上的家长。

唐令规定"诸户主皆以家长为之"，私领域的家长与公领域的户人直接挂钩，法定的家长排除女性尊长。从已有记载来看，尚无证据表明秦汉时期的政府也对私领域的家长有过明确规定。这一时期的家长可能也还是一个私领域的概念，律法中所述之家长，可能就是民众生活中实际的家长。

---

① 《后汉书》卷八十三《逸民列传·向长》，第 2759 页。

汉昭帝始元六年（前81年）秋七月，"罢榷酤官，令民得以律占租"①。对于"以律占租"，颜师古注引如淳曰：

> 律，诸当占租者家长身各以其物占，占不以实，家长不身自书，皆罚金二斤，没入所不自占物及贾钱县官也。②

沈家本认为："凡占租者，皆入其名簿于官，故律文有家长身自书之语。"③ 如淳所引律当为汉律，这里的家长应该是一家之长，它并未明确排斥女性。值得注意的是，此处所谓"身自占"的"家长"在秦汉社会具有多大普遍性还有待进一步深究。④ 但这毕竟是国家以法律形式对社会上的"家长"做出的普遍要求，因此这里的"家长"显然是面向全社会而非特定群体的。这种对家长的惩处也见于出土文献，悬泉汉简即载：

> ·兵令十三：当占缗钱，匿不自占，【占】不以实，罚及家长戍边一岁。(II01143：54)⑤

《释粹》编撰者认为该《兵令》是汉代实际颁布的《兵令》，它是适用于军人的律令汇编。⑥ 至于该简文的年代，有学者依据该简出

---

① 《汉书》卷七《昭帝纪》，第224页。
② 《汉书》卷七《昭帝纪》，第224页。
③ 沈家本《历代刑法考·汉律摭遗》卷一十四《户律》，中华书局1985年版，第1636页。
④ 邢义田认为"在汉代地方郡国学校尚未普及以前，一般平民的识字率是不可能高的"。参见邢义田《汉代边塞吏卒的军中教育》，《治国安邦：法制、行政与军事》，中华书局2011年版，第586页。但是，也有学者指出，尽管我们不能准确统计识字者在汉代社会所占的比重，但"许多事实告诉我们，由于民间教育的普及，这一比率是相当可观的"。参见王子今《秦汉社会意识研究》，商务印书馆2012年版，第423页。笔者以为，随着汉代统治的持续深入，平民教育应呈上升趋势，一般平民的识字率也是逐步上升的，作为一家之长的"家长"，有能力"身自书"的可能性是极大的。
⑤ 胡平生、张德芳编撰《敦煌悬泉汉简释粹》，上海古籍出版社2001年版，第11页。
⑥ 胡平生、张德芳编撰：《敦煌悬泉汉简释粹》，第11页。

土层中有大量成帝时期的简牍从而推断其为西汉末期的简①，这一判断应该大致无误。悬泉汉简提到"罚及家长戍边一岁"，日本学者宫宅洁认为戍边刑的对象仅限男性，② 由此则似可推知这里的家长只能是男性。但正如宫宅洁所说，戍边刑也有针对户人者，而在女性为户人的情况下，是可以在同户中选一男子服刑的③。按此思路，则被罚戍边的家长也未必需要亲自服役。因此，这里的家长依旧难以断言是将女性排除在外的。如果这里的家长是女性户人，反映了户人与家长统一的一面。但这并不意味着西汉末户人与家长已完全统一，国家之所以在"令"中规定惩处的对象是"家长"而非"户人"，就是因为此时的户人不一定是家长，家长也未必担任户人。因此可以看出，秦汉国家对"家罪"的管制，是通过"家长"实现的；关于"家长"的身份，秦汉国家却并没有直接干预，律令中的"家长"是可以包括女性在内的实际家长。

程树德《九朝律考》载魏武《明罚令》曰：

> 闻太原上党西河雁门冬至后百五日，皆绝火寒食，云为介子推（《御览》八百六十八，引魏武《明罚令》下有"子胥沈江，吴人未有绝水之事，至于推独为寒食，岂不悖乎"四句。）且北方沍寒之地，老少羸弱，将有不堪之患。令到，人不得寒食，若犯者家长半岁刑，主吏百日刑，令长夺一月俸。④

魏武这篇《明罚令》为类书《初学记》《太平御览》《艺文类聚》等抄录，又收入《曹操集》，应是较可靠的记录。从《明罚令》内容看，魏武为惩太原等地的寒食之弊，以违令处置家长、主吏、令长为

① ［日］宫宅洁：《中国古代刑制史研究》，杨振红等译，第53页。
② ［日］宫宅洁：《中国古代刑制史研究》，杨振红等译，第51页。
③ ［日］宫宅洁：《中国古代刑制史研究》，杨振红等译，第51页。
④ 程树德：《九朝律考》卷二《魏律考·魏令》，中华书局2006年版，第218页。

手段。主吏、令长是国家公法领域的基层行政的代表，家长则是私法领域的家之代表。这里的家长也没有明确排斥女性。

《史记·齐悼惠王世家》有以下记载。

> 灌婴在荥阳，闻魏勃本教齐王反，既诛吕氏，罢齐兵，使使召责问魏勃。勃曰："失火之家，岂暇先言大人而后救火乎！"①

对于魏勃所言，唐人司马贞《史记索引》曰："此盖旧俗之言，谓救火之急，不暇先启家长也。亦犹国家有难，不暇待诏命也。"② 司马贞所谓的家长，就是魏勃所说的"大人"。"大人"在汉代，可兼称父母。③ 如汉高祖刘邦曾对太公说："始大人常以臣无赖。"④ 这里大人指的自是太公。再如《后汉书·党锢列传》载"党人"范滂被捕时与母诀别，称："滂从龙舒君归黄泉，存亡各得其所。惟大人割不可忍之恩，勿增感戚。"⑤ 其所谓"大人"，自是指其母。按司马贞的观点，汉人所说的大人就是其父母，也就是其家长。若其说不误，则知汉代的家长并不排斥女性。

当然，母亲作为家长，似乎是在父亡以后。父在，毫无疑问是一家之长。《史记·越王勾践世家》记载了陶朱公范蠡的故事：陶朱公中子杀人，被囚于楚；陶朱公欲遣少子以黄金千溢救其罪，长子却"固请欲行"，其理由是"家有长子曰家督，今弟有罪，大人不遣，乃遣少弟，

---

① 《史记》卷五十二《齐悼惠王世家》，第 2004 页。

② 《史记》卷五十二《齐悼惠王世家》，第 2004 页。

③ 清人赵翼在《陔余丛考》中对传世文献中"大人"之用法有过详细的考证，认为经书之"大人"，兼以德位言，又有以势分而言者，皆泛称有位之人；后乃施于父母叔伯。参见赵翼《陔余丛考》卷三七《大人》，中华书局 1963 年版，第 805 页。清人郑珍在《亲属记》中亦注意到先秦秦汉"父母同曰大人"这一现象。参见郑珍《亲属记》，中华书局 1996 年版，第 540 页。闫爱民在《汉晋家族研究》一书中亦对汉代"大人"之称父母无别现象做了梳理，参见闫爱民《汉晋家族研究》，上海人民出版社 2005 年版，第 171—172 页。

④ 《史记》卷八《高祖本纪》，第 387 页。

⑤ 《后汉书》卷六十七《党锢列传·范滂》，第 2207 页。

是吾不肖"。① 所谓"家督",可能是辅助家长处理家务的人选。陶朱公并不赞成长子之行,但在其妻的劝说下,才"不得已而遣长子"②。陶朱公显然是一家之长,他有权决定家里的大小事务。陶朱公之妻作为三子的母亲,只能劝说陶朱公这个家长。《后汉书·庞参列传》有以下记载:

> 后参夫人疾前妻子,投于井而杀之。参素与洛阳令祝良不平,良闻之,率吏卒入太尉府案实其事,乃上参罪,遂因灾异策免。③

擅杀子为秦汉律法所不允,庞参夫人擅杀前妻子,最后处置的是庞参,因为庞参是家长,其夫人只是滥用了庞参的家长权。

父在,自是绝对的家长,其家长权毋庸置疑是最高的。父亡,男性旁系尊长为家长,其家长权似不及父家长。《后汉书·薛包传》有以下记载:

> 安帝时,汝南薛包孟尝,好学笃行,丧母,以至孝闻。及父娶后妻而憎包,分出之,包日夜号泣,不能去,至被殴杖。不得已,庐于舍外,旦入而洒扫,父怒,又逐之。乃庐于里门,昏晨不废。积岁余,父母惭而还之。后行六年服,丧过乎哀。既而弟子求分财异居,包不能止,乃中分其财。④

薛包与父亲及后母居,父亲作为一家之主,可以强制其"分出";薛包所为,也只是以孝感动其父母。后薛包与弟子等同居,弟子等求"分财异居",薛包却不能止,只能主持分家。由此可见,父家长与伯、叔等旁尊家长权力有别,父家长拥有绝对的权威,而伯、叔等旁

---

① 《史记》卷四十一《越王勾践世家》,第 1753 页。
② 《史记》卷四十一《越王勾践世家》,第 1753 页。
③ 《后汉书》卷五十一《庞参列传》,第 1691 页。
④ 《后汉书》卷三十九《薛包列传》,第 1295 页。

尊家长较之父家长，其权力则大打折扣。①《后汉书·淳于恭列传》有以下记载。

> 王莽末，岁饥兵起，恭兄崇将为盗所亨，恭请代，得俱免。后崇卒，恭养孤幼，教诲学问，有不如法，辄反用杖自棰，以感悟之，儿惭而改过。②

淳于恭在兄淳于崇去世后，担起了抚养孤兄子的重任。淳于恭这时显然是以叔父之尊为家长，然而，其教育孤兄子的方法却是"用杖自棰，以感悟之"。

据前述，唐及后世法定家长虽排斥女性，但在民众实际生活中，女性尊长可以成为家长。汉代律令中的家长并未排斥女性，实际生活中，女性尊长在男性尊长去世后成为家长的可能性更大。《后汉书·皇后纪》载马援之小女马皇后居家时的故事。

> 明德马皇后讳某，伏波将军援之小女也。少丧父母。兄客卿敏惠早夭，母蔺夫人悲伤发疾慌惚。后时年十岁，干理家事，勑制僮御，内外谘禀，事同成人。③

马皇后年十岁，"干理家事"，如同成人一样干练。所谓"少丧父母"，父母指的是其父马援和其生母。据史籍记载，马援夫人直至永平十七年（47 年）才去世，《皇后纪》中提到的马皇后"母蔺夫人"，可能就是马援的正妻，也就是史书中所说的"太夫人"。马皇后当家，

---

① 日本学者堀敏一在研究家长权时指出，家长权力的大小，由担任家长者在家内的身份、地位决定。这一说法无疑是十分准确的，我们在史籍中看到不少旁尊家长，其权力远不如直尊之父、祖等家长。参见［日］堀敏一《论中国古代家长制的建立和家庭形态》，周东平译，《中国社会经济研究史》1991 年第 4 期，第 1 页。

② 《后汉书》卷三十九《淳于恭列传》，第 1301 页。

③ 《后汉书》卷十《皇后纪·明德马皇后》，第 407 页。

是在父母亡后，兄又早夭，嫡母又发病的情况下。按马援有四子："廖，防，光，客卿"①，《皇后纪》只载兄客卿早夭，而未提马廖、马防、马光等，可能是因为马廖等三兄弟出仕在外，处于分居状态。在这种情况下，年十岁的马皇后才挑起治家之重任。可以肯定的是马皇后的"干理家事"只是当家，而非家长，因为马皇后上有太夫人在。马皇后之从兄马严欲进马皇后等姊妹三人进宫，首先是"白太夫人绝窦氏婚"②，可知太夫人才是一家之长。太夫人因丧子之痛而"发疾恍惚"，所以马皇后暂理家事。

马皇后一家为官僚贵族之家，其与一般民众之家可能有所不同。但从一般民众的家庭生活看，在子幼母壮的情况下，家长仍可由母亲担任，其情况并无二致。《后汉书·郭丹列传》有以下记载。

郭丹字少卿，南阳穰人也。父稚，成帝时为庐江太守，有清名。丹七岁而孤，小心孝顺，后母哀怜之，为鬻衣装，买产业。③

郭丹年七岁丧父，与后母同居。从后母卖衣装为其买产业的情况看，后母对家事有绝对处置权，应为家长无疑。

东汉郑均兄弟同居，在兄亡后，郑均承担起养寡嫂孤儿的重任。据《东观汉记》载：

均失兄，养孤兄子甚笃，已冠娶，出令别居，并门，尽推财与之，使得一尊其母，然后随护视振给之。④

郑均养寡嫂孤儿一直到孤兄子冠娶之后，才与其分居。在同居的时候，郑均以叔父之尊，显然为一家之长。所谓家无二尊，在孤兄子

---

① 《后汉书》卷二十四《马援列传》，第852页。
② 《后汉书》卷一十七《皇后纪上·明德马皇后》，第408页。
③ 《后汉书》卷二十七《郭丹列传》，第940页。
④ 吴树平：《东观汉记校注》，中华书局2008年版，第544页。

冠娶后，郑均令其"别居"，其目的是"使得一尊其母"。也就是说，郑均孤兄子分异出去后，其母为家内之一尊，成为实际上的家长。

《后汉书·鲍永列传》载鲍永事迹：

> （鲍永）父宣，哀帝时任司隶校尉，为王莽所杀。永少有志操，习欧阳尚书。事后母至孝，妻尝于母前叱狗，而永即去之。①

鲍永因妻尝于母前叱狗而出妻，被史家当作孝子的典型。实际上，鲍永出妻，背后可能有其母的影响，寡母作为家长的权力或因此体现。这个故事使人联想到汉乐府《古诗为焦仲卿妻作》里焦仲卿、刘兰芝的故事，其序曰：

> 汉末建安中，庐江府小吏焦仲卿妻刘氏，为仲卿母所遣，自誓不嫁。其家逼之，乃没水而死。仲卿闻之，亦自缢于庭树。②

从焦母对焦仲卿所说的"吾意久怀忿，汝岂得自由"③，以及焦仲卿对刘兰芝所说"我自不驱卿，逼迫有阿母"④ 等语看，焦仲卿之母作为一家之长，家事一统，权力很大。《玉台新咏》所载这一故事虽已有后世增补的情节，但刘兰芝因为姑不满而被遣，却是早期版本里最核心的内容。⑤ 也就是说，刘兰芝作为新妇，为焦仲卿的母亲这

---

① 《后汉书》卷二十九《鲍永列传》，第1017页。

② 吴兆宜注，程琰删补：《玉台新咏笺注》卷一《无名氏·古诗为焦仲卿妻作》，中华书局1985年版，第43页。

③ 吴兆宜注，程琰删补：《玉台新咏笺注》卷一《无名氏·古诗为焦仲卿妻作》，第44页。

④ 吴兆宜注，程琰删补：《玉台新咏笺注》卷一《无名氏·古诗为焦仲卿妻作》，第44页。

⑤ 关于《古诗为焦仲卿妻作》的创作背景，学者所认为其形成有一个过程，其中有一部分出自汉代，而大部出自魏晋及以后。对于逼婚及自杀等情节，有学者认为其为后世所逐渐增补，其最初的样子，当为《艺文类聚》所引，其序作"后汉焦仲卿妻刘氏为姑所遣，时人伤之作诗"，没有逼婚、自杀情节。参见章培恒《关于〈古诗为焦仲卿妻作〉的形成过程与写作年代》，《复旦学报》（社会科学版）2005年第1期，第6页。

一家长所遣的故事，应该是发生在汉末建安时期。由此可见汉代母亲作为家长，其权力不亚于父家长。

《后汉书·胡广列传》载："广少孤贫，亲执家苦。"① 李贤注引《襄阳耆旧记》曰：

> 广父名宠，宠妻生广，早卒，宠更娶江陵黄氏，生康，字仲始。②

胡广在年少父母双亡后，与继母及异母弟胡康等同居，因为家贫，胡广很早就"亲执家苦"。胡广"亲执家苦"，显然是为养继母弱弟。在胡广家里，继母是一家之尊，为家长。胡广代陈蕃为太傅，"时年已八十，而心力克壮。继母在堂，朝夕瞻省，傍无几杖，言不称老。及母卒，居丧尽哀，率礼无愆"③。可知胡广之继母可能与胡广年龄相差无几。胡广年已八十，在继母面前却不能称老，因为继母是一家之长、一家之最尊。从胡广的孝行也可看出东汉时期寡母作为家长的权力之大。

《后汉书·杨厚列传》有以下记载：

> 厚母初与前妻子博不相安，厚年九岁，思令和亲，乃托疾不言不食。母知其旨，惧然改意，恩养加笃。④

杨厚欲令母与前妻子和睦，采取了"不言不食"的办法，使得其母"惧然改意"。杨厚采取这种极端做法，一定程度上也反映出母亲作为家长的至尊地位。杨厚作为亲生子犹不敢直谏，其前妻子与厚母所谓"不相安"，想必也是厚母待前妻子过于苛严之故。

---

① 《后汉书》卷四十四《胡广列传》，第 1505 页。
② 《后汉书》卷四十四《胡广列传》，第 1505 页。
③ 《后汉书》卷四十四《胡广列传》，第 1510 页。
④ 《后汉书》卷三十《杨厚列传》，第 2262 页。

《后汉书·孔融传》记载了一个颇耐人寻味的故事：孔融十三岁丧父，与母、兄居。山阳张俭为宦官侯览所通缉，张俭与孔融兄孔褒有旧，因往投奔。因孔褒不在家，孔融做主留下了张俭，后事发，孔褒、孔融并被收。孔融兄弟与母亲三人争抵其罪，史载：

> 融曰："保纳舍藏者，融也，当坐之。"褒曰："彼来求我，非弟之过，请甘其罪。"吏问其母，母曰："家事任长，妾当其辜。"一门争死，郡县疑不能决，乃上谳之。诏书竟坐褒焉。①

孔母所谓"家事任长"，说明其为一家之长无疑。孔融丧父时年十三，已近成年，其上有成年之兄长在，然一家之长仍是寡母。

《三国志·吴书·陈武传》有以下记载：

> （陈武）子修……黄龙元年（229 年）卒。（修）弟表，字文奥，武庶子也……兄修亡后，表母不肯事修母，表谓其母曰："兄不幸早亡，表统家事，当奉嫡母。母若能为表屈情，承顺嫡母者，是至愿也；若母不能，直当出别居耳。"②

陈表与兄陈修为同居，陈表之母与陈修之母尚健在。父亲陈武死后，嫡长子陈修统家事，陈修死后，弟陈表又继统家事。所谓"统家事"，当是当家管事，实际上一家之长还是"嫡母"。家无二主，陈表之亲母只能是尊长，却不是家长，这也是陈表劝其亲母"为表屈情"的主要原因。作为当家，因亲母与家长嫡母不和，陈表甚至要亲母"出别居"，可见作为家长的嫡母在家里的地位。

综上可知，与唐代及后世情况不同，秦汉时期的法定家长可能与实际家长是一致的。政府只是通过公领域的户来控制和管理民众，而

---

① 《后汉书》卷七十《孔融列传》，第 2262 页。
② 《三国志》卷五十五《吴书·陈表传》，中华书局 1982 年版，第 1289 页。

对私领域的家的控制还不如后世那么严格。家长作为一家之长，是一家之至尊，家事全统于家长。但家长未必实际当家，与后世情况一样，家长可以让出当家权。与唐代情况不同的是，女性尊长无论是在法律上，还是在实际生活中，都可以成为家长。这既与秦汉时期母权的强大有关，也与秦汉时期户人与家长的关系有关。秦汉时期的户人并没有与家长挂钩，在编户民家庭里，户人未必是家长，家长也未必担任户人。

三　户人与家长的关系

对于秦汉时期的户人与家长的关系，古今很多学者都将二者画上等号，混为一谈。如唐人颜师古注《汉书·惠帝纪》"赐民爵，户一级"曰："家长受也。"[1] 颜师古显然是将赐给户人的民爵等同于赐给家长，在颜师古眼中，户人就是家长。颜师古的这种认识，可能是受唐令"诸户主皆以家长为之"规定的影响。

这种观点为元人胡三省所袭，胡氏在注《通鉴·梁纪》"或小有滥恶，则坐户主，连及三长"条记载时曰："户主者，一家之长，则为一户之主。"[2] 胡氏认为一家之长就是一户之主，这种认识应该比较普遍。直至今天，有学者在论述户人问题时，有时仍将户人与家长等同在一起。[3]

唐律的"诸户主皆以家长为之"，户主与家长犹不能画等号，秦汉时期的户人与家长则更不能等同。张家山汉简《二年律令·置后律》中的代户顺序是子男—父母—寡妻—子女—孙—曾孙—祖父母—

---

① 《汉书》卷二《惠帝纪》，第 91 页。

② 《资治通鉴》卷一百八十四《梁纪四·高祖武皇帝四》，中华书局 1956 年版，第 4636 页。

③ 　如韩树峰在论述由户人到户主这一称谓变化背后的含义时，将秦汉时期的户人（户主）理解为家长，这种认识可能还是受唐令"诸户主皆以家长为之"规定的影响。参见韩树峰《汉魏法律与社会——以简牍、文书为中心的考察》，第 109、113 页。

同居数之同产子，可谓男女交错、尊卑间杂。户人可以是一家之长，也可以是家中卑幼。户人的子男相对于户人父母、寡妻、祖父母而言，自然是家中卑幼，却在代户顺序上占据绝对优势；户人的父母相对于户人的祖父母而言，无疑是卑幼，却优先承户；寡妻相对于祖父母而言，也是卑幼，却在代户顺序上优先于祖父母；子女、孙、曾孙这些卑幼则更不用说了。总之，在代户顺序上，男性未必优先于女性，尊长也未必优先于卑幼。

《二年律令》反映的是汉初的情况，汉初以后的情况由于资料有限，我们所知甚少。所幸的是走马楼三国吴简的发现，为我们了解汉末孙吴时期的历史状况提供了条件。从吴简来看，孙吴时期的户人与家长的关系比较复杂，户人不一定是家长；反言之，家长也未必是户人。大致看来，在户人与家长的关系问题上，孙吴更多的是对两汉制度的沿袭与继承，这种承袭性也表现在"户人"称谓上。① 由走马楼吴简可知，《二年律令》中所反映的户人与家长的关系，大概一直沿袭到汉末而未有太大的变化。

这点在史籍记载中亦有零星的体现。据前引东汉郑均养孤兄子故事载：郑均与寡嫂、孤兄子同户时，郑均以旁系男尊之位，既是户人，又是家长。这种情况并未维持多久，在孤兄子婚娶后，郑均令其出别居，其目的是使孤兄子"一尊其母"。孤兄子别居后则单独定居以养老母，孤兄子成为户人，其母为一家之至尊——家长。郑钧在与寡嫂、孤兄子同户时，郑钧身兼户人与家长身份，户人与家长是统一的；在寡嫂、孤兄子出居后，孤兄子自立门户，户人是孤兄子，家长是其母，户人与家长又非一统。郑钧与寡嫂、孤兄子同居，寡嫂是尊长，却不是家长。这个情况使人联想到《三国志·蜀书·赵云传》裴松之注引《云别传》所载赵范欲嫁寡嫂与赵云的故事。

---

① 钟良灿：《走马楼吴简所见户主身份研究》，第 9 页。

> 范寡嫂曰樊氏，有国色，范欲以配云。云辞曰："相与同姓，卿兄犹我兄。"固辞不许。①

赵范与寡嫂同户，显然赵范既是户人，又是家长。因其为家长，所以才能嫁嫂于赵云。由此可知，在事养寡嫂的家庭中，寡嫂虽是尊长，但却不一定是家长。也正因如此，郑钧在孤兄子成家后，令其别居，只有这样，其母才能成为一家之长，才能成为家里的"一尊"。

又有汉末时期的吕蒙的事迹。

> 吕蒙字子明，汝南富陂人也。少南渡，依姊夫邓当。当为孙策将，数讨山越。蒙年十五六，窃随当击贼，当顾见大惊，呵叱不能禁止。归以告蒙母，母恚欲罚之，蒙曰："贫贱难可居，脱误有功，富贵可致。且不探虎穴，安得虎子？"母哀而舍之。②

这里没有记载吕蒙的父亲，可能是早亡，因此吕蒙才在很小的时候与母亲一道南下"依姊夫"邓当。虽依姊夫居，然总归是寄人篱下，这可能是吕蒙急欲立功摆脱"贫贱"的原因之一。对于吕蒙而言，这种依靠可以算是"依外家居"，吕蒙母子与邓当应为同居共财关系。从常理看，邓当应该既是户人，又是家长。但因吕蒙的寡母在，邓当这个家长只能是法定的家长，而不具有实际家长的权威。所以邓当在呵斥吕蒙而"不能禁止"之后，选择"归以告蒙母"。吕蒙之母"恚欲罚之"，说明她是实际的家长，有最终处置权。因此，邓当对于吕蒙而言，虽是户人与法定家长，却不具有实际家长权威。此时的吕蒙已年十五六，数岁后邓当去世，成年后的吕蒙应是脱离了姊夫之家而自立门户。自立门户之后的吕蒙，理所当然是户人，其母则

---

① 《三国志》卷三十六《蜀书·赵云传》，第949页。
② 《三国志》卷五十四《吴书·吕蒙传》，第1273页。

为名正言顺的一家之长。从吕蒙的故事也可看出，当时编户民之家的户人与家长关系已十分复杂，需认真辨析。

再如前引孔融兄弟与母一门争死的故事，孔融之兄孔褒当为户人，孔融之母为家长。值得注意的是孔褒争坐其罪的理由并非自己为户人，却是"彼来求我，非弟之过"。从这里可以看出，在东汉后期，像孔融因收留逃犯而受牵连的所谓"家事"，其责似乎在"长"而不在"户人"。然而，从"郡县疑不能决"而上谳之事来看，法律上似乎并没有这样的明文规定。诏书最终"坐褒"，不知是孔褒所说的原因还是因孔褒的户人身份？从汉代史料和简牍材料来看，户人既然代表该户接受赐爵和受封，理应承担各项指令和责任。

上述孔融之例乃东汉末的情况，如果说汉代政府尚未对户人之责作出明确的规定，那么，在南北朝时期，情况已经发生了变化。《宋书·孝义列传》记载了这样一个与孔融、孔褒类似的案例：蒋恭与兄协遇事牵连被收，兄弟二人争受其罪。《宋书》载：

> 恭列晞张妻息是妇之亲，亲今有罪，恭身甘分，求遣兄协。协列协是户主，延制所由，有罪之日，关协而已，求遣弟恭。①

这里第一次出现"户主"一词，而且户主蒋协以"延制所由，有罪之日，关协而已"，认为户主理应承担一切责任。蒋协的说法，明确反映出时人对户主身份和责任有清晰的认识。然而即使如此，郡县仍不能判，而是"依事上详"。

同样发生在南朝刘宋时期的例子还有《南史·孝义列传》：

> 宋（孝武帝）大明五年（461年），发三五丁，（孙棘）弟孙萨应充行，坐违期不至。棘诣郡辞列："棘为家长，令弟不行，

---

① 《宋书》卷九十一《孝义列传·蒋恭》，第2251页。

罪应百死，乞以身代萨。"萨又辞列自引……棘妻许又寄语属棘：
"君当门户，岂可委罪小郎？且大家临亡，以小郎属君，竟未妻
娶，家道不立。君已有二儿，死复何恨。"①

孙棘在这里既是家长，又是户主（当门户），其责任自然不轻。
孙棘认为自己身为家长，而令弟不行，理应受到惩处；孙棘之妻却认
为孙棘身为户主，不可委罪小郎。孙棘与其妻一说家长之责，一说户
主之任，所说似为不同，然因孙棘集家长与户主于一身，所以二人所
说又是统一的。

蒋恭和孙棘的事同发生在南朝刘宋，又均被史家列入《孝义列
传》，这或许与儒家思想的复兴与强化有关。众所周知，儒学在魏晋
玄学的震荡下，一度萎靡不振，而刘宋政权曾大力发展儒学，所谓元
嘉"四学"——儒、玄、史、文，以儒学为首。从蒋恭和孙棘的事例
似乎可以看出当时已出现户主与家长身份逐渐统一的趋势。《魏书·
外戚常英传》载太后母宋氏言于太后欲黜太后之兄常英，太后却曰：
"英为长兄，门户主也，家内小小不顺，何足追记。"② 常英为男性尊
长（长兄），而担任户主，体现出男系主义和尊长主义的结合，已开
唐代之先河。要言之，在户主身份及其与家长的关系上，南北朝时期
已经出现异于两汉、下启隋唐的一面，这些变化或许可以看作儒家伦
理在民众生活中逐渐渗透和强化的反映。

由此看来，所谓从"户人"到"户主"的变化，可能还是法律
儒家化的体现。③ 两汉时期的户人确实是一户之人，它与家长分属两

① 《南史》卷七十三《孝义列传·孙棘》，中华书局 1975 年版，第 1811 页。
② 《魏书》卷八十三《外戚常英传》，中华书局 1974 年版，第 1817 页。
③ 历来学者对古代律法中的儒家因素多有提及，但法律儒家化的概念的提出，以瞿同
祖《中国法律与中国社会》一书为着。瞿同祖认为，"所谓法律儒家化表面上为明刑弼教，骨
子里则为以礼入法"。尽管对法律儒家化的争论不断，但对法律儒家化的概念的认识，学界大
体承袭瞿同祖的观点。参见瞿同祖《中国法律与社会》，中华书局 2003 年版，第 356 页。

个不同的领域，二者之间不可画等号。而"户主"称谓的出现，反映的是此时的"户人"必须是一家之主（一家之长）。因此，"户主"代替"户人"，也就意味着户主与家长的身份已出现统一趋势。"诸户主皆以家长为之"的规定，虽在唐代才得以最终在国家律令中确立，但其源头，可以追溯至南北朝时期"户主"称谓出现之时。所谓"户主者，一家之长，则为一之主"的观念的形成，正是长期以来户主与家长二者统一的结果。"诸户主皆以家长为之"的法令规定，反映的是儒家伦理对律法的渗透，是法律儒家化的主要体现。"户主"概念取代"户人"概念的过程，也正是儒家伦理对国家法律与民间社会渗透的过程。

四　结论

户与家有重叠之处，但二者毕竟有所不同。户是国家政策的产物，是国家控制、管理民众的一种手段和工具；家则是自然的产物，是社会组成的最基本单位。户与家的这种联系与区别，导致户人与家长这两个分属不同领域的代表从一开始便具有复杂的关系。

国家对民众的控制和管理，是通过户实现的，因此，对于户的代表——户人，国家也是特别重视的。从汉初的《二年律令》看，汉政权对于户人的身份及其代户顺序都有详细的规定，这一较为完备的律令规定应该是承秦而来。户人作为一户的代表，其权责自然与户内其他成员不同。

在民众实际生活中，家长的权威是至高的、毋庸置疑的。一般编户民家庭，父、祖在，他们自然是毫无疑问的家长。而对于母、祖母等女性尊长，她们能否成为家长，则需仔细辨别。唐代律令中的家长是排除女性的，只要户内有男性成员在，女性就不能成为法定的家长。但这并不意味着女性不能成为实际的家长，在民众生活中，女性尊长尤其是寡母，有时就是一家之长。这就意味着法定家长与实际家长有时存在着错位，因此，在唐律中，有些家罪是以实际家长为处置对象的。从现有的资料看，还很难说秦汉时期的法定家长是排除女性的；在民众的实际生活中，女性尊长更可以是实际的一家之长，统管着一家的大小事务。

户人与家长的不同，导致国家在管理民众家庭事务时也颇费精力。两汉时期遇有这种家人犯罪，对于何事坐户人，何事坐家长，法律可能并没有明确的说明。正是由于户人与家长的权责不甚明晰，在唐代才出现了"诸户主皆以家长为之"的规定。户主与家长直接挂钩，国家省却不少精力。但是法定的家长未必是实际的家长，因此，在具体处置时，有时是坐家长，有时却是坐尊长。唐代的户主身份也排除女性，女性只有在户内无男性的情况下才可成为户主。这与唐代法定家长排除女性相一致，因此，在一般情况下，户主就是家长。

应该看到，"诸户主皆以家长为之"法令的形成与最终确立，经历了一个漫长的过程，这个过程始于"户人"改"户主"之时。也就是说，从"户人"到"户主"这一称谓的变化，已暗含了户人与家长的最终统一趋势。从现有材料看，"户人"向"户主"称谓转变，最迟发生在南北朝时期。秦汉直至三国时期，一户的代表所使用的称谓一直是"户人"。这与秦汉时期户人与家长的关系有关：户人不必然是家长，反之亦然。

户人与家长的这种关系，与儒家伦理所倡导的尊尊原则有所违背，因此，"诸户主皆以家长为之"法令的出现，可以看成儒家伦理对民众生活的渗透。从"户人"到"户主"的转变过程，也是法律儒家化的完成过程。

（原载《文史》2019 年第 3 期）

战国秦汉时期长臂猿的形象内涵

李　勉[*]

摘　要：里耶秦简有多枚与"捕爰"相关的简牍，记录了迁陵县安排大量人力捕捉长臂猿作为贡品献给秦始皇的史实。自秦始皇二十七年至三十年的四年间，每年迁陵县都会捕捉长臂猿，已成定制。这批简牍揭示了秦代湘西地区长臂猿的分布情况。长臂猿的形象大量出现在战国秦汉时期的画像石、画像砖和器物中，并在秦国夏太后墓中发现了随葬长臂猿的遗骸。长臂猿形象大量出现当缘于战国秦汉时期盛行的导引、房中等方术和升仙思想。长臂猿作为贡品的史实一方面与禁苑饲养宠物有关，另一方面更与长臂猿背后的长生、升仙的内涵有关。

关键词：长臂猿；里耶秦简；秦始皇；长生；导引术

基金资助：国家社科重大招标项目"秦汉时期的国家建构、民族认同与社会整合研究"（项目编号：17ZDA180）；国家社科重大招标项目"秦汉三国简牍经济史料汇编与研究"（项目编号：19ZDA196）；教育部人文社科研究青年基金西部和边疆项目"战国秦汉时期中国与东南亚交流研究"（19XJC77003）；重庆市社会科学规划博士项目"秦代县政研究——以简牍资料为中心"（项目编号：2016BS021）

---

[*] 重庆师范大学历史与社会学院副教授。

长臂猿是亚洲东南部特有的类人猿①，也是唯一分布在中国的类人猿，属高等灵长目动物，与人类在亲缘关系上较为密切。历史上，中国长臂猿的分布广泛，曾遍及我国中部、南部山林之中，10 世纪猿类的栖息地覆盖中国疆域的四分之三，② 直到 500 年前，甘肃庆阳仍有关于长臂猿的记载。③ 由于长臂猿独特的形态和习性，成为我国古代文学常见意象，猿鹤图也是中国画常见题材，具有长寿、升仙的文化含义。里耶秦简公布了多枚与捕猿相关的简，从侧面为我们揭示了秦人与长臂猿的别样历史。本文试通过分析相关简文，结合秦汉考古资料，分析秦汉时期的人猿关系，探讨这种关系显示的中国人赋予长臂猿的特殊内涵，以求教于方家。

一　里耶秦简中的长臂猿

为便于论述，现将里耶秦简中的相关简文抄录于下：

简 1：卅一年五月壬子朔辛巳，将捕爰，叚（假）仓兹敢言之：上五月作徒薄及冣（最）卅牒。敢言之。

五月辛巳旦，佐居以来。气发。居手。(8—1559)④

简 2：☑□佐居将徒捕爰

☑□二、黑爰一

---

① 早在旧石器至新石器时代，中国华南地区广西田东中山遗址和泰国北部仙人洞遗址中的人们就曾捕捉长臂猿作为食物，人与长臂猿的关系当然在更早于此的时代就已展开，但长臂猿在中国古代也不仅仅作为人类食物这么简单（陈君、王颁、李大伟等：《广西田东中山遗址洞外岩厦门出土动物骨骼的初步研究》，《人类学学报》2017 年第 4 期；Chester F. Gorman，"Excavations at Spirit Cave, North Thailand: Some Interim Interpretations"，*Asian Perspectives* Vol. 13, No. 1, 1970, pp. 79 – 107）。

② 高罗佩：《长臂猿考：一本关于中国动物学的论著》，施晔译，中西书局 2015 年版，第 75 页。

③ 周云辉、张鹏：《近五百年来长臂猿在中国的分布变迁》，《兽类学报》2013 年第 3 期。

④ 陈伟：《里耶秦简牍校释》（第一卷），武汉大学出版社 2012 年版，第 358 页。

☑百五十人。·皆食巴葵。

☑□年 （8—207）①

简3：廿八年二月辛未朔庚寅，贰春乡守行敢言之：廿八年岁赋献黄二、白翰二、黑翰二、明渠鸟二、鹜鸟四，令令乡求捕，毋出三月。乡毋吏、徒，行独居，莫求捕。捕爰用吏、徒多。谒令官有吏、徒者将求捕，如廿七年捕爰乃可以得爰。敢言之（正）

仓□已付。……

二月戊戌□□□□□□□士五（伍）程人以来。/除半。行手。（9—31）②

简4：及有（又）数遣子捕爰，出入三月□至。（9—205）③

简5：☑狐初捕爰以 （9—961）④

简6：☑□虎、爰、木侯、田□、豺、□□□ （9—1005）⑤

简7：廿九年□尽岁库及捕爰徒薄廷 （9—1116）⑥

简8：贰春乡黄爰皮一，☑ 黑爰皮二。☑ （9—3311）⑦

简1是一则完整的公文，通过简文内容和公文用语"敢言之"来看，该简是秦代迁陵县"假仓兹"发给县廷的上行文书。根据学界研究，叚（假）仓的"假"有试用之意，而"仓"是县下诸官之一，直接管理县的粮仓。

"将捕爰"即简2"☑□佐居将徒捕爰"中"将徒捕爰"的省称。⑧

---

① 陈伟：《里耶秦简牍校释》（第一卷），第113页。
② 陈伟：《里耶秦简牍校释》（第二卷），武汉大学出版社2018年版，第43—44页。
③ 陈伟：《里耶秦简牍校释》（第二卷），第87页。
④ 陈伟：《里耶秦简牍校释》（第二卷），第230页。
⑤ 陈伟：《里耶秦简牍校释》（第二卷），第240页。
⑥ 陈伟：《里耶秦简牍校释》（第二卷），第262页。
⑦ 陈伟：《里耶秦简牍校释》（第二卷），第569页。
⑧ 里耶秦简载：☑敢言之。遣佐□将遣采锡苍（12-447b）（里耶秦简博物馆、出土文献与中国古代文明研究协同创新中心中国人民大学中心：《里耶秦简博物馆藏秦简》，中西书局2016年版，第200页）。

"爰"《说文解字》释为"引"，甲骨文写作𠃬，象两手相援引，中间为两手援引之物。所以"爰"字的本义即援引、攀缘。先秦秦汉文献中，猿常写作"猨"或"蝯"，在"爰"前加形旁"犭"和"虫"均表示"爰"是一种动物。如《楚辞·九章·涉江》："深林杳以冥冥兮，乃猨狖之所居。"《尔雅·释兽》曰"猱蝯善援"。高罗佩认为"'蝯'字或许是来自楚地方言的外来词"，"'猨狖'是汉语借用来表示猿的一个楚地方言词"。① 所以，简文中的"爰"就是先秦文献中的"猨"或"蝯"，也就是长臂猿。

"上五月作徒簿及冣（最）卅牒"即由仓负责的作徒劳作统计簿，包含每日的作徒劳作情况和月底的总计（最）。该则公文的书写时间为"卅一年五月壬子朔辛巳"，即秦始皇三十一年五月三十日，为五月的月底，因此仓官需要将该月的作徒使用统计簿上交县廷，以备审核。当然仓官仓吏率领作徒捕猿的记录也在五月份的作徒簿中。胡平生指出五月有三十天，再加上"最"，总共应有三十一牒，而这里仅有三十牒，而且该文书的发文时间是五月三十日，因此缺少该月最后一天的数据，因此他认为造成这种现象的原因是"大家一窝蜂出动去'捕猨'了，也就无法考核绩效了"②。可见，捕猿耗费大量的人力，乃至官府"倾巢而出"，也说明了捕猿受到迁陵县的高度重视。

简 2 是仓吏率领作徒捕猿的记录簿，该简残缺较为严重，从残存语句来看，这支捕猿的队伍可能由仓佐居率领，捕捉到黑猿一只，另外还有两只其他毛色的猿（很可能为黄色，因此"二"前阙字可能为"黄爰"，后文将申明，不予赘述）。下文有百五十人的字样，很可能是捕猿作徒的数量。这里"百五十"也好，"×百五十"也好，应该不是作徒的实际人数，而是这几日捕猿作徒的累积人数。墨点之后的

① 高罗佩：《长臂猿考》，中西书局 2015 年版，第 33 页。

② 胡平生：《也说"作徒簿及最"》，简帛网：http://www.bsm.org.cn/show_ article.php? id=2026，2014 年 5 月 31 日。

文字可能指的是喂食长臂猿的食物为巴葵①。

简 3 是一则上行公文，是二春乡守行发给迁陵县廷的上行文书。贰春乡守行在秦始皇二十八年二月二十日发布命令称该年度要求献两只黄翰、两只白翰、两只黑翰、两只明渠鸟、四只鹭鸟，要求三月完成。其中白翰②、黑翰③、明渠④、鹭鸟⑤均为鸟类，秦朝廷要求贡献这些鸟类的原因，一方面可能因对羽饰的需求，另一方面也可能将其作为园林观赏鸟类饲养。迁陵县令规定捕捉这些鸟类不能超过该年三月。该文还规定如果本乡无"吏、徒"，"行独居"，即役使"独居"的时候，"莫求捕"，不要捕捉猿。"（捕爰）用吏、徒多"，如果官府吏徒数量增加后再去捕爰，就像二十七年一样。这一点与简 8－207 所言"☐百五十人"相合，捕捉长臂猿需要较多人力，同时也说明二春乡吏徒数量很可能满足不了捕猿的需求。

简 4、简 5 均为与捕爰相关的残缺文书。简 6 列举了几种动物，如虎、爰、木侯⑥和豹，因此，该处也可能是捕猎记录。简 7 为秦始皇二十九年迁陵县库官用徒统计簿和捕爰用徒统计簿。简 8 有可能是

---

① 按：葵为中国传统蔬菜，在现代分类学上称"冬葵"，为锦葵科植物，俗称冬寒菜、滑肠菜等，秦汉时代还有"巴葵""蜀葵"之说。

② 《山海经·西山经》："又西三百二十里曰嶓冢之山。汉水出焉，……鸟多白翰、赤鹭。"郭璞注："白翰，白鹇也，亦名鹳雉，又曰白雉。"陈伟等引《本草纲目·禽二·白鹇》认为白翰即白鹇［陈伟：《里耶秦简牍校释》（第二卷），第 44 页］。

③ 黑翰即黑雉，参见看陈伟《里耶秦简牍校释》（第二卷），第 44 页。

④ 参见陈伟《里耶秦简牍校释》（第二卷），第 44 页。

⑤ 《汉书·佞幸传》："故孝惠时，郎侍中皆冠鵔鸃，贝带。"颜师古注："以鵔鸃羽毛饰冠，海贝饰带。鵔鸃即鹭鸟也。"（《汉书》，中华书局 1962 年版，第 3720—3721 页。）《尔雅·释鸟》："鵔鸃。"郭璞注："似山鸡而小，冠、背毛黄，腹下赤，项绿，色鲜明。"鹭鸟就是鵔鸃，很可能是红腹锦鸡。［十三经注疏委员会：《尔雅注疏（十三经注疏）》，北京大学出版社 2000 年版，第 354 页。］

⑥ "木侯"即"沐猴"，就是猕猴。《法言·重黎》："生舍其木侯而谓人木侯，亨不亦宜乎？"（汪荣宝撰，陈仲夫点校：《法言义疏》，中华书局 1987 年版，第 372 页），《学林·省文》："史记项羽纪曰：'人言楚人沐猴而冠。'沐猴者，猕猴也。而扬子《法言》曰：'生舍其木侯。'而谓人木侯。变沐为木，变猴为侯者，皆省文也。"［（宋）王观国撰，田瑞娟点校：《学林》，中华书局 1988 年版，第 314 页。］

贰春乡上交的长臂猿毛皮，其中黄毛长臂猿皮一张，黑毛长臂猿皮两张。

由以上内容不难发现，简文所录公文关系密切，记录了迁陵县安排人力捕捉长臂猿的史实，由官府组织、官吏领导，其主要参与者为吏、徒，即迁陵县地方小吏和作徒。由于简文残缺，我们只能大致确认捕猿时间集中在三月至五月之间，但不清楚捕猿行动耗时多少，因此很难统计具体使用的作徒人数。根据简 2，即使作徒累积①人数仅仅为一百五十，其作徒的真实数量应该不少，此点由简 3 可以印证。可见捕猿绝非易事，需要动用大量的人力。而且据已知秦简，秦始皇二十七年至三十年的四年间，每年迁陵县都会安排大量人力去捕捉长臂猿，已成为定制。秦法严苛，秦代地方政府行政对吏、徒的人力安排非常精细，无关紧要之事不准使用吏徒，尤其是作为征服不久的"新地"②，迁陵的吏、徒数量本就不足，但仍然倾巢而出捕捉长臂猿，把日常统计工作也舍弃一旁，其中必有难以回避的原因。此外，迁陵在秦始皇二十五年才设县，二十七年就开始进贡长臂猿（皮），若无相关制度，短期内不会形成这样的现象，这些问题都需要我们结合先秦文献和考古资料予以进一步解读。

二 长臂猿的习性和先秦文献中的长臂猿

关于长臂猿的捕获与贡献，秦代并非独创，亦渊源有自。我们首先来看长臂猿的分类、特点和历史分布。

长臂猿是亚洲东南部特有的类人猿，也是唯一分布在中国的类人

---

① 关于"积"字释义，请参见晋文《里耶秦简中的积户与见户——兼论秦代基层官吏的量化考核》（《中国经济史研究》2018 年第 1 期），不予赘述。

② 参见于振波《秦律令中的"新黔首"与"新地吏"》，《中国史研究》2009 年第 3 期；孙闻博《秦汉帝国"新地"与徙、戍的推行——兼论秦汉时期的内外观念与内外政策特征》，《古代文明》2015 年第 2 期；张梦晗《"新地吏"与"为吏之道"——以出土秦简为中心的考察》，《中国史研究》2017 年第 3 期。

猿，属高等灵长目动物。长臂猿的姿势为半直立，无尾、颜面部裸出。长臂猿是树栖类人猿，体型小而细长，身长44—48厘米，体重仅5—10公斤。前肢长，前臂长于上臂，手掌较长，超过足掌。直立时双手下垂可及地面，两臂展开可达1.5米左右。① 无尾、上肢更长等特点是长臂猿与其他猿猴的主要不同之处，可作为我们区分古代图像中长臂猿与猴科动物形象的主要标准。

当前全球共分布二十余种长臂猿，中国共发现有三属七种长臂猿。多数品种的长臂猿雌雄异色，例如东黑冠长臂猿，雄性全身为黑色，胸部有部分浅褐色毛发；雌性体背灰黄、棕黄或橙黄色，脸周有白色长毛。并且长臂猿幼体与成体的毛色也有差异，例如西黑冠长臂猿幼体刚出生均为淡黄色，在一岁左右逐渐变成黑色，雄性一直保持黑发至成年，雌性性成熟时则大部分体毛由黑色逐渐变成灰黄、棕黄或橙黄色（仅头顶、胸腹部遗留黑色）。里耶秦简中的"黑爰""黄爰"或为雌、雄，也可能是成体和幼体，但由于材料有限尚无法确定种属。

现今我国长臂猿仅分布在云南、广西和海南等地的保护区中，数量极其稀少，仅有不到1500只。但长臂猿历史上曾广泛分布在我国长江流域及其以南地区。高耀庭、文焕然、何业恒认为4世纪开始长臂猿的分布地界为长江三峡地区（包括湖南省西北部）②；马世来认为长臂猿在古代（公元4世纪—18世纪末）可确认的分布点为长江三峡、广东、广西、海南，云南、浙江、福建、台湾等地尚需考证③。学界对历史时期北方地区是否分布有长臂猿有不同的认识，同号文指

---

① 高耀庭、文焕然、何业恒：《历史时期我国长臂猿分布的变迁》，《动物学研究》1981年第1期。

② 高耀庭、文焕然、何业恒：《历史时期我国长臂猿分布的变迁》，《动物学研究》1981年第1期。

③ 马世来：《试论长臂猿的中国起源》，《兽类学报》1997年第1期。

出"真正耐热的东洋界分子却无一发现于北方地区，例如化石巨猿、猩猩、长臂猿、叶懒猴及鳞甲目动物等"①；但地方志却又显示了相反的信息，周云辉则根据地方推断近五百年来，长臂猿分布范围北达甘肃庆阳，其中中部地区（湖北、陕西、河南三省交界）曾有集中分布。② Samuel T. Turvey 等学者指出陕西南部、河南西部曾分布有长臂猿，而重庆江北、甘肃平凉和山东临沂也曾有孤立的长臂猿种群存在。③

直到 20 世纪初，长江以南仍有 52.8% 的地区有长臂猿分布的记录④，因此历史时期长江流域及其以南地区确曾分布有大量长臂猿。如果把时间上溯到先秦秦汉时期，长江流域，尤其是三峡一带及其周边地区极有可能分布有较大的长臂猿种群。这片地域曾被巴国和楚国占据，其后巴国被楚国吞并，三峡及其周边地区被楚国所独占。先秦时期的楚国位于周的南疆，幅员辽阔。先秦时期气候较今日温暖湿润，南中国层峦叠嶂，再加上当时的经济中心和人口主要分布在黄河流域，广阔的南方人口相对稀疏，对自然植被的破坏很小，原始林保存非常好。这些山林自然成为长臂猿生活的天堂。楚辞中多次提到长臂猿，如："置猨狖於棂槛兮，夫何以责其捷巧""猨狖群啸兮虎豹嗥"等。"狖"，《玉篇》曰"黑猿也"，《广雅》认为狖、犹、蜼为同意，《尔雅》云"蜼卬鼻而长尾"，郭璞注曰："蜼似猕猴而大。黄黑

---

① 同号文:《第四季以来中国北方出现过的喜暖动物及其古环境意义》,《中国科学》D 辑《地球科学》2007 年第 7 期。

② 周云辉:《近五百年来长臂猿在中国的分布变迁》,《兽类学报》2013 年第 3 期。

③ Turvey, Samuel T. , Crees, Jennifer J. , Di Fonzo, Martina M. I, "Historical Data as a Baseline for Conservation: Reconstructing Long – term Faunal Extinction Dynamics in Late Imperial – modern China", *Proceedings of the Royal Society B: Biological Sciences*, Vol. 282, No. 8, 2015, pp. 1 – 9.

④ Turvey, Samuel T. , Crees, Jennifer J. , Di Fonzo, Martina M. I, "Historical Data as a Baseline for Conservation: Reconstructing Long – term Faunal Extinction Dynamics in Late Imperial – modern China", *Proceedings of the Royal Society B: Biological Sciences*, Vol. 282, No. 8, 2015, pp. 1 – 9.

色。尾长数尺。末有岐。雨则自县于树。以尾塞鼻，或以两指。江东人已取养之，为物捷健。"高罗佩认为"蜼"指滇金丝猴，滇金丝猴长尾、仰鼻的形貌特征与《尔雅》所言十分贴切。当然，屈原等楚人不一定能分清长臂猿和金丝猴，因此这里的"狖"仍可以作猿解。因此"猨狖"一词是为同意复用的双音节词，指长臂猿。通过《楚辞》不难发现，春秋战国时期，楚人对于长臂猿的认识集中在"捷巧""群啸"等特性上，同时也认识到长臂猿把"深林"作为其栖息地。这种认识广泛地出现在先秦文献中，如《庄子·山木》曰：

> 王独不见夫腾猿乎？其得枏、梓、豫、章也，揽蔓其枝，而王长其间，虽羿、蓬蒙不能眄睨也。及其得柘棘枳枸之间也，危行侧视，振动悼慄，此筋骨非有加急而不柔也，处势不便，未足以逞其能也。①

《韩非子·说林下》云：

> 惠子曰："置猿于柙中，则与豚同。"②

《管子·形势》载：

> 坠岸三仞，人之所大难也，而猨猱饮焉。③

前两则文献均为《楚辞》"槛中猿"典故的变体，试图说明猿只有在"深林峻枝"的生活环境中才能发挥"灵活捷巧"的特点，第三则也说明了相似的问题。长臂猿曾在黄河流域偶有分布，但随着人口繁殖、战乱频仍，中原和关中地区的山林被开发，森林采伐与日俱

---

① 王先谦、刘武撰：《庄子集解》，中华书局1987年版，第172页。
② 王先慎撰，钟哲点校：《韩非子集解》，中华书局1998年版，第185页。
③ 黎翔凤撰，梁运华整理：《管子校注》，中华书局2004年版，第1178页。

增，长臂猿只能退缩至长江流域及以南地区的山林中。楚人的生活环境与长臂猿有重叠，因此这种动物早多见于楚人的文献中，并因此流传开来。

先秦时期，长臂猿已成为文人政客常用的意象，但除此之外，长臂猿还作为楚王的宠物出现在文献中。如《吕氏春秋》曰：

> 荆庭尝有神白猿，荆之善射者莫之能中。荆王请养由基射之。养由基矫弓操矢而往，未之射而括中之矣，发之则猨应矢而下。①

楚王的白猿被尊称为"神"，概由其灵巧敏捷的身手，使"荆之善射者，莫之能中"，这种写法的目的不过是衬托养由基的神射技能。养由基的传说亦由此被中国历代文人所引用发挥。另外，《淮南子·说山训》云：

> 楚王亡其猨，而林木为之残；宋君亡其珠，池中鱼为之殚。②

高诱注："猨捷躁，依木而处，故残林以求之。"长臂猿生活于林木之上，极少下地活动，因此楚庄王为了寻回自己的长臂猿，不惜砍伐王宫周边的林木。这些文献说明，楚王与长臂猿的故事被多方演绎，但可以说明楚人较之中原人更加熟悉长臂猿，长臂猿在林木间辗转腾跃的捷巧为楚人所喜爱。因此，生长于楚国深山中的长臂猿被楚人作为献物进呈给楚王，作为楚王的宠物，豢养于王宫禁苑之中。另外"置猿于柙（或槛）中"这样的记载，也说明先秦时期长臂猿常作为宠物被豢养。③

---

① 许维遹撰，梁运华整理：《吕氏春秋集释》，中华书局 2009 年版，第 654 页。
② 何宁：《淮南子集释》，中华书局 1998 年版，第 1123 页。
③ 高罗佩：《长臂猿考》，第 41 页。

三　战国秦汉出土资料中的长臂猿

　　上文提到长臂猿曾作为楚王的观赏物种出现在文献记载中，考古研究表明在战国时期，不仅楚国把长臂猿作为王室的宠物饲养，秦国也有这种传统。近年来，陕西省考古研究院和英国动物学会等机构组成的联合研究团队在西安长安区韦曲南郊神禾原一座战国秦墓 12 号陪葬坑中，发现了长臂猿的头骨和下颌骨。通过此前的发掘及研究，考古学者认为这座大型陵墓的主人是秦始皇的祖母夏太后。利用基因技术，研究者认为该长臂猿是一种新的长臂猿种属（帝国君子长臂猿"junzi imperialis"）。在长臂猿骨骼出土的 12 号陪葬坑中，还有其他多种动物的骨骼，包括豹、猞猁、亚洲黑熊、家养哺乳动物、鹤和其他鸟类，由于这些动物现在仍然在陕西出没，因此他们认为这只长臂猿可能也是古代陕西的物种。[①] 当然，这只长臂猿到底属于陕西本地物种，还是来自巴、蜀地区，尚期待考古学界进一步的研究。

　　中国古代墓葬常见动物随葬，尤其是在高等级墓葬中，随葬动物的数量和种类更为丰富。学界一般认为动物随葬与中国"事死如事生"的宗教观念有关，随葬动物因其在现世所体现的功用（食用、役用、观赏、祭祀）随墓主人带到死后世界。袁仲一指出"用飞禽走兽的稀珍动物作为观赏物从葬，在先秦墓中十分罕见"[②]，从豹、黑熊、猞猁、长臂猿、鹤等动物来看，夏太后墓陪葬坑发现的动物明显带有观赏的属性，我们在秦始皇陵陪葬坑中也发现了类似的珍禽异兽坑及铜禽坑。因此，这类观赏性动物很可能来自秦国王室园林。

---

　　① Samuel T. Turvey, Kristoffer Bruun, Alejandra Ortiz, James Hansford, Songmei Hu, Yan Ding, Tianen Zhang, Helen J, "Chatterjee. New Genus of Extinct Holocene Gibbon Associated with Humans in Lmperial China", *Science*, Vol. 360 (6395), pp. 1346–1349.

　　② 袁仲一：《秦始皇陵陪葬坑的主要特征及其渊源关系试探》，载《秦始皇兵马俑博物馆》主编《秦文化论丛》第十辑，三秦出版社 2003 年版，第 428 页。

战国时期列国都有王室园囿，供王室游玩、弋猎，如楚国云梦、秦国上林苑。上林苑最早为秦国园囿，一般认为秦惠文王时期就已出现，由于资料有限，我们已经不清楚营建之初上林苑的结构，西汉扩建后的上林苑中有宫室、山林、湖泊。由于上林苑是王室禁苑，人为破坏极少，为动植物的繁衍生长提供了良好的环境。上林苑所养兽类主要供秦国王室弋猎，因此兽类种类、数目繁多，① 其中根据司马相如《上林赋》所述，西汉上林苑中有"玄猨"和"素雌"，可见西汉上林苑中是有长臂猿的。结合上文提到的考古发现，我们可以推断秦国上林苑中也分布有长臂猿。

里耶秦简 8 – 2011 载：

> 卅一年五月壬子朔壬戌，都乡守是徒薄（簿）。☑
> 受司空城旦一人、仓隶妾二人。☑
> 一人捕献。☑
> 二人病。☑（正）
> 五月壬戌，都乡守是□□□☑
> 五月壬戌，旦佐初以来／气发☑（背）（8 – 2011）②

除了前文提到的猿和猿皮外，里耶秦简中还记载了明渠鸟、鲛鱼、山今卢鱼等，沈刚指出这些鸟、猿、鱼等动物是地方政府捕获上交给中央的献物③。献物是秦代中央面向全国征收的特殊物产，沈刚认为所献之物并非都是本地特产，里耶秦简 8 – 769 即可为证。

> 卅五年八月丁巳朔己未，启陵乡守狐敢言之：廷下令书曰取

---

① 参见李建超《秦岭地区古代兽类与环境变迁》，《中国历史地理论丛》2002 年第 4 辑；梁陈《秦汉上林苑的动物资源及其利用与管理》，《宁夏大学学报》2018 年第 3 期。
② 陈伟：《里耶秦简牍校释》（第一卷），第 417 页。
③ 沈刚：《"贡""赋"之间——试论〈里耶秦简〉【壹】中的"求羽"简》，《中国社会经济史研究》2013 年第 4 期。

鲛鱼与山今庐鱼献之。问津吏徒莫智（知）。•问智（知）此鱼者具署物色，以书言。•问之启陵乡吏、黔首、官徒莫智（知）。敢言之。•户曹（正）

八月□□□邮人□以来。/□发。 狐手。（背）（8－769）①

因此，里耶秦简中所载之鸟、猿、鱼等特殊物产皆由秦代中央向地方发布需求，要求地方按照秦中央需求按时捕获上呈，这种进献也呈现出制度化、常态化的特点。② 例如里耶秦简8－768出现了"四时献"：

卅三年六月庚子朔丁未，迁陵守丞有敢言之，守府下四时献者上吏缺式曰：放式上。今牒书（应）书者一牒上敢言之。
六月乙巳旦，守府即行，履手。③

诚如李兰芳所言，迁陵一带所献植物都依时令而生，又不易长久保存，明渠等鸟类可能是冬候鸟，也按季节出现，都须按时令捕获进献。④ 长臂猿的捕捉也是如此，根据前文考察，我们已知捕猿时间集中在三至五月间，秦律中针对禁苑管理有明文。

春二月，毋敢伐材木山林及雍（壅）隄水，不夏月，毋敢夜草为灰，取生荔、麛卵鷇，毋□□□□□□毒鱼鳖，置穽罔（网），到七月而纵之。唯不幸死而伐绾（棺）享（椁）者，是不用时。邑之近皂及它禁苑者，麛时毋敢将犬以之田。百姓犬入

---

① 陈伟：《里耶秦简牍校释》（第一卷），第222页。
② 里耶秦简8—768言：卅三年六月庚子朔丁未，迁陵守丞有敢言之，守府下四时献者上吏缺式曰：放式上。今牒书（应）书者一牒上敢言之。六月乙巳旦，守府即行，履手。［陈伟：《里耶秦简牍校释》（第一卷），第222页。］
③ 陈伟：《里耶秦简牍校释》（第一卷），第222页。
④ 李兰芳：《试论里耶秦简中的"献"》，《中国农史》2019年第6期。

禁苑中而不追兽及捕兽者，毋敢杀；其追兽及捕兽者，杀之。①

可见秦律对捕捉野生动物的时间有明确规定。当然，迁陵县所在并非禁苑，管理也没有这么严格，并非二至七月完全禁猎。事实上，春季植物发芽生长，野生动物不易隐蔽，正是捕猎的最佳时节，但是，不论捕鸟还是捕猿很可能均在三月开始，这在一定程度上说明，迁陵县捕捉鸟兽的时节遵守了古代环境禁忌和秦律。

结合夏太后墓出土动物骨骼，我们可以推断迁陵县所捕长臂猿活体很可能就是地方进献给秦上林苑的动物。地方进献动物作为特产的情况非常多见，前文所提各种鸟类都属于这种情况，另外广州出土的南越国木简中也有这样的记载：

野雄鸡七，其六雌一雄，以四月辛丑属中官租纵。(073)②

发掘者认为"野雄鸡"为"鸡名"，南越国把"野雄鸡"作为"租"缴纳、征收。这里不论雌雄皆称"雄鸡"，可见"雄鸡"中的"雄"另有含义。刘瑞认为"'雄鸡'非常有可能来自交趾，属于交趾向赵佗进贡的土特产"③。

地方进献给秦始皇的动物作何用途呢？用途不外六种：获取动物制品、食用、药用、役用、观赏和祭祀。通过分析先秦秦汉时期的传世文献，由于长臂猿身手敏捷，善于在高耸的枝头闪转腾挪，这点非

---

① 睡虎地秦墓竹简整理小组：《睡虎地秦墓竹简》，文物出版社 1990 年版，释文、注释第 20 页。
② 广州市文物考古研究所、中国社会科学院考古研究所、南越王宫博物馆筹建处：《广州市南越国宫署遗址西汉木简发掘简报》，《考古》2006 年第 3 期。
③ 刘瑞：《"雄王"、"雒王"之"雄"、"雒"考辨——从南越"雄鸡"木简谈起》，《民族研究》2006 年第 5 期。

常得帝王贵族喜欢，[①] 显然捕捉长臂猿的目的之一就是观赏。西汉上林苑的长臂猿即是如此，夏太后墓中出土的长臂猿在生前也应属于这种性质。但长臂猿的用途仅仅如此吗？要解决这一问题需要我们探讨长臂猿在秦汉时期的形象。

在秦汉时期，长臂猿这一形象深入民众的精神和物质生活。在汉代画像石中，常见"玄猿登高"一类造型，曹建国对此有详细解读，不予赘述。[②] 除却画像石，长臂猿形象还大量出现在秦汉时期的众多器物之中。

古人常利用猿长臂舒张的形态特征，制作具有实用功能的精美器物。例如山东曲阜鲁国墓葬出土的一件银质猿形带钩，利用猿猴前伸的长臂，制成带钩，猿爪自然曲握成钩，设计充分利用了猿长臂舒展的特征。[③] 满城汉墓一号墓出土的一件名为"花形悬猿钩"的工具，通高 13.3 厘米，状如倒挂的花朵，四片花瓣间各有一柔曲向上的长钩，花蕊下倒悬一长臂猿，猿用右掌上攀花蕊，左臂弯曲下探，左掌作钩状。其设计的巧妙之处在于猿和花蕊可随意转动，据推测可能用于吊挂墓主中山靖王刘胜的帷帐。[④] 先秦秦汉时期此类猿形器出土较多，大都充分利用了长臂猿舒张长臂的形态特征，这说明猿的形象已经被时人熟悉，深入当时社会生活，尤其贵族群体更以佩戴猿形饰品、使用猿形器物为尚。当然这种社会现象一方面与长臂猿惹人喜爱的形态密不可分，同时也与长臂猿背后的社会信仰有关。

李时珍在《本草纲目》中对长臂猿进行了概述。

---

① 明宣宗曾亲自创作"戏猿图"（现存于中国台北"故宫博物院"），显然他曾把御花园中的长臂猿作为模特（高罗佩：《长臂猿考》，第 148 页），可见直到明朝，皇室贵族仍然对长臂猿颇有兴趣。

② 参见曹建国《汉画像"玄猿登高"升仙含义释读》，《文史哲》2018 年第 1 期。

③ 山东省文物考古研究所、山东省博物馆等：《曲阜鲁国故城》，齐鲁书社 1982 年版，第 159 页。

④ 中国社会科学院考古研究所、河北省文物管理处：《满城汉墓发掘报告》，文物出版社 1980 年版，第 162 页。

猱善援引，故谓之猱，俗作猿。产川、广深山中，似猴而长大，其臂甚长，能引气，故多寿。或言其通臂者，误矣。臂骨作笛，甚清亮。其色有青、白、玄、黄、绯数种。其性静而仁慈，好食果实。其居多在林木，能越数丈。着地即泄泻死，惟附子汁饮之可免。其行多群，其鸣善啼。一鸣三声，凄切入人肝脾。①

这段材料反映了古代中国人对长臂猿的认识，多有附会。其中提到"其臂甚长，能引气，故多寿"，即长臂猿能够通过"引气"，实现"长寿"。但这种认识早在战国秦汉时代就已有之，例如苏舆注："《御览》九百十引《繁露》曰：'猱似猴，大而黑，长前臂，所以寿八百，好引其气也。'"② "引气"来自战国秦汉时期盛行的导引术。古人导引术多模仿动物，例如《庄子·刻意》篇之"熊经鸟伸"就是模仿熊攀树和鸟鸣的动作。③ 华佗的"五禽戏"所模仿五种动物分别为虎、鹿、熊、猱、鸟。④《淮南子·精神训》提到熊经、鸟伸、凫浴、蝯躩、鸱视和虎顾等导引术，⑤ 其中"蝯躩"即"猿据"，就是模仿猿攀树⑥。马王堆三号汉墓出土的《养生方》《合阴阳》和《天下至道谈》中也有"虎游、蝉附、尺蠖、麋角、蝗磔、猨据、蟾蜍、兔骛、蜻蛉、鱼嘬"等十种房中术式，这里的"猨据"也是"猿据"。马王堆帛书《导引图》录有螳狼（郎）、鹳、鼍登、岛北、木猴谨、猨墟、熊经、鹞等导引术式，所谓"猨墟"，李零认为"墟"

① 李时珍编著，张守康等主校：《本草纲目》，中国中医药出版社1998年版，第1189页。

② 苏舆：《春秋繁露义证》，中华书局1992年版，第449页。

③ 李零：《中国方术正考》，中华书局2006年版，第294页。

④《后汉书·方术列传》："吾有一术，名五禽之戏：一曰虎，二曰鹿，三曰熊，四曰猿，五曰鸟。亦以除疾，兼利蹏足，以当导引。体有不快，起作一禽之戏，怡而汗出，因以著粉，身体轻便而欲食。普施行之，年九十余，耳目聪明，齿牙完坚。"（《后汉书》，中华书局1965年版，第2739—2740页。）

⑤ 何宁：《淮南子集释》，第527页。

⑥ 李零：《中国方术正考》，第296页。

作"呼"解，根据图示，其术式"是模仿猿啼叫。"① 曹建国认为
"猨嫭"仍为"猨据"。② 对以上提到的"猨据"动作，曹建国认为就
是马王堆帛书《引书》中的"受据"③，其文曰"受据者，右手据左
足，挢左手负而俯左右"④。《说文》释"据"为"杖持也"，"挢"
《说文》释为"举手也"。通句李零解释为"其式作俯身，右手摸左
脚，左手后举，然后反之"⑤。该动作与山东阳谷吴楼一号汉墓出土的
导引俑有相似之处。虽然如此，我们认为"猨据"即"受据"仍待
进一步考证，"猨据"似接近猿攀树动作更为合理，例如前引马王堆
汉墓《养生方》《合阴阳》和《天下至道谈》中都有"爰据"，相当
于《玄女经》的"猿搏"，李零认为其体位为"女仰男立，男擎女腿
的前入位，像猿猱攀树（指男)"⑥。《云笈七签》卷三二《杂修摄部
一》载华佗"五禽戏"言："猿戏者，攀物自悬，伸缩身体，上下一
七，以脚拘物自悬，左右七，手钩却立，按头各七。"⑦

可见，在秦汉时期的导引术、房中术中都少不了模仿长臂猿动作
的术式。古人认为气息的吞吐、聚散、导引与人生寿夭息息相关，例
如《庄子·知北游》"人之生，气之聚也，聚则为生，散则为死"⑧。
高罗佩认为"猿超长之臂被认为是采气的利器"⑨。所言可从，但尚
不全面，长臂猿身处树巅枝头，极少下地行动，更易采食上天阳气。
同时"食气"还包括"行气"，即"吐故纳新"，吸进"新气"，呼出

---

① 李零：《中国方术正考》，第 295 页。
② 曹建国：《汉画像〈玄猿登高〉升仙含义释读》，《文史哲》2018 年第 1 期。
③ 李零根据后文"复据以利要"，将"受"释为"复"（李零：《中国方术正考》，第
286 页）；曹建国认为"受"即"爰"，"受据"即"爰据"（曹建国：《汉画像〈玄猿登
高〉升仙含义释读》，《文史哲》2018 年第 1 期)。
④ 张家山汉简整理组：《张家山汉简〈引书〉释文》，《文物》1990 年第 10 期。
⑤ 李零：《中国方术正考》，第 286 页。
⑥ 李零：《中国方术正考》，第 327 页。
⑦ 张君房编，李永晟点校：《云笈七签》，中华书局 2003 年版，第 731 页。
⑧ 王先谦：《庄子集解》，第 226 页。
⑨ 高罗佩：《长臂猿考》，第 49 页。

"宿气"。早在战国时代,《庄子·刻意》就言:"吹呴呼吸,吐故纳新。"① 古人认为长臂猿善啸,与"吐故纳新"之术相合。同时,古人认为长臂猿在丛林中闪转腾挪的身手有益于导引体内气息的运转,即"猿之所以寿者,好引其末,是故气四越"②,长臂猿"导气令和,引体令柔",其灵活柔韧的躯体运动与"引气"思想相合,"古之仙者及汉时有道士君倩者,为导引之术,作熊(猿)经鸱顾,引挽腰体,动诸关节,以求难老也"③ 即是此理。综上,从行气和导引两方面,古人认为长臂猿长寿难夭。

此外,值得我们注意的是,长臂猿的形象还出现在表现画像砖中。目前共有四块被定名为"野合图"的画像砖,均在成都附近发现,其图像大同小异。其中一块画像砖高 28 厘米,宽 50 厘米,画面正中画一大树,树下一男一女正在性交。男子趴在女子身上,生殖器和睾丸外露;女在下,双腿抬起,架于男子肩部,男女两人皆裸体。男子身后有一人推其臀部,大树左侧有一男子赤身,显露其生殖器,大树上挂有衣服,树的右上方有两只猿(或猴),正在树上荡秋千,其左有两只凤凰,树干上还有一雀。画面下方有一筐。④ 其他三块画像砖均与之大同小异。

陈云洪把这类图像定义为"高禖图"⑤,高文认为属于"野合图",杨孝鸿则将其定名为"秘戏图"⑥,巫鸿则结合两种观点,将这类图像分为与"桑间濮下"传统有关的"野合图"和与成仙思想相关的男女拥抱"亲吻图"⑦。联系前文所讲汉代房中术,将该类图像

---

① 王先谦:《庄子集解》,第 162 页。
② 苏舆:《春秋繁露义证》,第 449 页。
③ 张君房编,李永晟点校:《云笈七签》,第 731 页。
④ 高文:《野合图考》,《四川文物》1995 年第 1 期。
⑤ 陈云洪:《四川汉代高禖图画像砖初探》,《四川文物》1995 年第 1 期。
⑥ 杨孝鸿:《四川汉代秘戏图画像砖的思考》,《四川文物》1996 年第 2 期。
⑦ 巫鸿:《礼仪中的美术》,生活·读书·新知三联书店 2005 年版,第 502 页。

定名为"秘戏图"更为合理。该图像表现了男女于野外（树下）交媾的形象，值得注意的是树上无尾、长臂的猿形动物。长臂猿形象的出现恰恰是为突出长生主旨，从猿的图像可以发现该类图像所要表达的含义，因此猿成为解开定名这类图像谜题的钥匙。①

在方术思想盛行的战国秦汉，长臂猿因被建构的长寿形象，在战国秦汉时期成为人们崇敬、喜爱的动物。《太平御览》引《抱朴子》曰："周穆王南征，一军皆化。君子为猨为鹤，小人为虫为沙。"长臂猿在文中被赋予了君子形象。另外在战国秦汉时期，以猿为仙的思想已开始出现。例如《吕氏春秋·不苟》和《淮南子·说山》称猿为"神白猿"，曹建国指出汉墓画像中有玄猿登高图、猿骑仙鹤图、玄猿驾凤图，玄猿甚至与西王母、东王公配合出现，玄猿有导引墓主升仙的意义。②

至此，我们也可以思考迁陵县进献猿皮一事。白居易曾有一首《貘屏赞》，其言曰"寝其皮，辟瘟；图其形，辟邪"③，暂不论"貘"是大熊猫还是其他物种，人们获取其皮毛的目的就是辟瘟邪。貘皮尚且如此，"长寿"长臂猿的皮更有延年益寿的"功效"。因此，在"以形补形"这样简单类比思想下，"长寿"形象也成为人们捕捉长臂猿，猎取毛皮的一种原因。④

战国秦汉时期，追求长寿、长生乃至升仙成为当时普遍的社会意

---

① 这类图像还出现在四川德阳黄浒镇出土"交合图"、四川荥经县石棺图像、四川彭山崖墓"接吻图"、四川乐山麻浩大地湾崖墓墓顶"男女接吻图"、四川郫江崖墓"行乐图"、山东莒县沈刘庄墓前室东面中间立方柱正面画像、河南方城县城关镇"环抱图"、安徽灵璧县九层镇"织女图"、陕西绥德白家山的"男女交合图"、山东安丘董家庄汉墓的"交合图"，但这些图像中均未再出现猿的形象。

② 曹建国：《汉画像"玄猿登高"升仙含义释读》，《文史哲》2018年第1期。

③ 顾颉刚点校：《白居易集》，中华书局1999年版，第880页。

④ 2019年10月24—27日，在台湾省台南市召开的第五届东亚环境史年会上，笔者以秦汉长臂猿为题作了报告。在讨论环节，唐纳德·沃斯特先生问了我一个问题："中国人如此喜爱长臂猿，为何反而导致长臂猿濒临灭绝呢？"这里或可回答。

识，导引、房中等长生术在这种社会背景下应运而生即为必然。在传世文献中，秦始皇对长生、成仙的关切和追求显露无遗。秦始皇相信燕齐海上方士，曾派徐福征发童男童女数千人入海求仙人，使燕人卢生求羡门、高誓等仙人踪迹，后来又使韩佟、侯公、石生求仙人不死之药，等等。另外，出土文献中也有相关记载，例如里耶秦简中有"都乡黔首毋良药芳草""琅邪献昆嵛五杏药"等记录，张春龙认为这是对秦始皇求"仙药"的诏令及地方献药情况的记载①。在战国至秦代浓厚的追求长生和升仙的社会氛围中，长臂猿长臂舒展的形态和喜居高树的习性，被古人赋予了长寿的形象，继而进一步衍生出猿为君子、猿为仙人的思想，东汉的玄猿更被赋予导引墓主升仙的意义。夏太后墓中发现有鹤和长臂猿，这两种动物在后世都被视作长寿的象征，其配合随葬也非偶然。因此，不论是里耶秦简中的"捕爰简"，还是夏太后墓中的长臂猿骨骸，或者上林苑中的长臂猿，不仅作为皇家宠物，其背后所展示的长生、升仙思想也值得我们思考。

本文先后获得南京师范大学晋文，重庆师范大学李禹阶，中国历史研究院古代史研究所曾磊和美国环境史学会前会长、美国科学与社会学院院士唐纳德·沃斯特（Donald Worster）等先生的指教，谨此致谢。

（原载《贵州社会科学》2021 年第 1 期）

---

① 张玉洁：《千年简牍透露秦始皇"求仙问药"之谜》，中评电讯：http：//bj. crntt. com/crn－webapp/touch/detail. jsp？coluid＝7&kindid＝0&docid＝104919238，2017 年12 月 22 日。